四川省科技厅软科学资助项目，编号：2014ZR0199

四川省产业集群转型升级路径研究

杨 斌 著

四川大学出版社

责任编辑:胡晓燕
责任校对:孙滨蓉
封面设计:墨创文化
责任印制:王　炜

图书在版编目(CIP)数据

四川省产业集群转型升级路径研究 / 杨斌著. 一成
都：四川大学出版社，2016.11
ISBN 978－7－5690－0105－1

Ⅰ.①四…　Ⅱ.①杨…　Ⅱ.①区域经济－转型经济－
研究－四川　Ⅳ.①F127.71

中国版本图书馆 CIP 数据核字（2016）第 283279 号

书名	四川省产业集群转型升级路径研究
著　者	杨　斌
出　版	四川大学出版社
地　址	成都市一环路南一段24号（610065）
发　行	四川大学出版社
书　号	ISBN 978－7－5690－0105－1
印　刷	成都市新都华兴印务有限公司
成品尺寸	148 mm×210 mm
印　张	10.5
字　数	280 千字
版　次	2018 年 7 月第 1 版
印　次	2018 年 7 月第 1 次印刷
定　价	46.00 元

◆ 读者邮购本书,请与本社发行科联系。
　电话:(028)85408408/(028)85401670/
　(028)85408023　邮政编码:610065
◆ 本社图书如有印装质量问题,请
　寄回出版社调换。
◆ 网址:http://www.scupress.net

前　言

改革开放以来，凭借国内外市场需求的强劲拉动和国际化的产业合作和产业转移，我国的产业无论从规模、结构和布局都产生了巨大的变化，实现了高速的增长，从而带动我国经济实现了多年的高速增长，一跃成为世界经济大国，人均 GDP 也进入了中等收入国家的行列。2008 年以来，随着经济危机在世界的蔓延，国际市场需求萎缩，同时我国国内经济也面临市场有效需求不足、产能过剩、环境承载力接近上限等问题，产业发展遭遇瓶颈，经济增速逐年下降。因此，转变经济发展方式，从粗放型向集约型、低碳型、生态型等转化，最终实现经济转型升级，是突破当前经济发展瓶颈的主要路径。经济转型的根本任务是产业结构优化升级，主要包括产业结构合理化和产业结构高度化两大内容。合理化就是要推动三次产业之间各种关系的协调发展，促进产业素质和结构效应的提升。高度化就是要推动产业从低加二、低技术、低附加值向高技术和高附加值转变，将知识、技术、管理等"软"要素更多地嵌入产业发展当中。产业集群是产业发展的主要形式，产业集群的强大与否直接关系着产业发展的质量高低。同时产业集群作为区域经济的增长极，对于提升域内经济效益、增强区域竞争力具有重要作用。因此，无论是产业的转型升级还是区域经济转型发展都必然需要集群的转型升级。而产业集群升级转型不仅涉及产业升级的一般问题，如产业技术的选择、主导产业选择与发展、产业结构优化等，还涉及产业集群的专门问题，如产业集群发展动力问题、集群内部企业的产业链关联问题，以及区域集群之间的协同发展，乃至于集群的跨国合作问题等。这些问题体现在集群的产品、服务的提升，集群的品牌与商誉的提升，以及集群的竞争能力提升等多个层面。但目前产业集群发展总体水平还不高，部分产业集群集聚度较低，创新能力弱、信息化水平低、品牌建设不够、公共服务滞后、基础设施不配套，亟待转型升级，提升发展能力。因此，研究产业集群的转型升级对于产业集群的进一步可持续发展、对于产业总体的转型升级、对于区域和整个国家经济发展方式的转变具有重要意义。

四川作为中国西部的经济大省，拥有丰富的自然资源、众多的劳动力、较好的投资环境、宽广的市场空间等优势，经过十几年的积累和发展，已经具备一定的经济基础，形成了农业生产稳定、工业体系完善门类齐全、服务业快速发展的产业体系，但产业也仍然面临着层次不高、结构不优、效益不足等问题，因此需要产业转变发展方式，建立集约化、集聚化、集群化的产业发展道路。目前，四川省已初步形成了电子信息、生物制药、精密机械制造等高新技术产业集群，并呈现出良好的发展态势，但是仍然存在产业集群整体发展水平较低、集群内发展机制不完善、集群协作效应较差、区域创新能力不强等问题，这些问题是四川产业发展水平不高的体现，反过来也是提高四川产业发展水平、增强区域创新能力、转变四川经济发展方式、提升四川产业竞争力的关键抓手。

产业集群转型升级的关键因素就是其内在推动力及其驱动机制。经济和产业发展的实践和相关理论表明，经济和产业的发展需要持续的推动力。这些推动力或是源自经济要素的配置和流动、源自创新驱动，或是源自主导产业发展的推动。强大的、不断生发的驱动力是经济与产业发展的根本原因。同样，产业集群既是产业发展的重要形式，也是区域和国家经济的重要组成部分，其转型升级从而实现可持续发展也需要持续的推动力。也就是需要构建一个动能体系以促进产业集群的更好更快实现产业转型升级。

本书正是以此视角出发，在对四川省的产业集群的发展现状及其问题分析的基础上，通过深入梳理产业发展的相关理论和我国产业发展的实际演进，以及国家"十三五规划"和"中国制造2025"中关于产业集群发展的政策设计思路，选取了创新驱动、信息化、绿色化、融合化作为关键要素，并联系影响集群生成与发展的相关效应，从如何突破产业集群发展的边界为入手点，构建了产业集群转型升级的动能体系，并设计了以此动能体系促进产业集群转型升级的路径，最后联系四川省产业集群发展的实际提出了具体的发展方向和对策措施，以期为产业集群的发展进行一些有益的理论探索，为四川产业集群的发展、为四川经济转型和竞争力提升提供相应的政策思路和可操作的政策建议。

本书是在四川省科技厅《四川省软科学研究计划项目2014ZR0199》资助下完成的，参加本书编写的主要人员有四川大学公共管理学院吴耀宏教授、张平教授、彭峰老师，以及教育经济与管理 2014 级研究生马志飞、王庆，2015 级研究生吴晓梅、高晶晶，技术经济与管理 2014 级研究生王少飞、曹雅，2015 级研究生吴依贤、张雅博。作者水平有限，虽竭尽全力，然疏漏之处在所难免，望各位学界贤达不吝赐教。

2016 年 9 月　笔者于四川大学

目　录

1 我国产业集群发展概况

产业集群是我国区域经济发展的重要引擎，并成为我国经济发展的重要源泉。我国产业集群从形成到发展经历了30多年的历史，目前，全国产业集群星罗棋布。整体来看，我国产业集群中传统产业的集群所占的比例较大，多集中在纺织、服装、日用品等轻工制造业；产业集群的主体主要集中在小企业，以民营企业为主。本章主要分析了我国产业集群发展概况及产业集群发展现状，并且从创新环境、产业发展、辐射作用等方面具体分析我国5个优秀产业集群的发展概况。

1.1 我国产业发展概况

改革开放以来，我国经济发展速度持续增高，经济总量跃居世界第二。但是高污染、高耗能、低产值的传统经济发展模式给我国环境可持续发展带来了沉重的压力，主要表现为：一是产业结构不合理，二是资源环境的压力加剧，三是地区产业机构趋同严重。面临经济下行和环境可持续发展的压力，我国经济发展正处于转型升级的阶段，必须加快经济转型和产业升级。

1.1.1 我国产业发展的现状

1.1.1.1 产业总量

改革开放 30 多年来，我国经济持续高速增长，使我国发展成为世界第二大经济体，创造了中国奇迹。2005 年，我国国内生产总值为 184937 亿元，2015 年，全年国内生产总值达 676708 亿元，10 年间我国 GDP 增长 491771 亿元，增长近 2.7 倍。图 1－1 反映了我国 2005—2015 年国内生产总值。

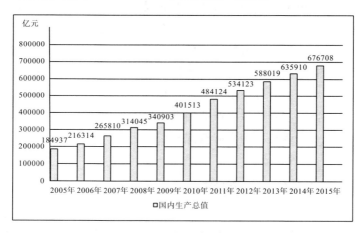

图 1－1　2005—2015 年国内生产总值

资料来源：我国 2005—2015 年国民经济和社会发展统计公报。

其中，第一产业增加值达 60863 亿元，占 GDP 比重为 9.0%；第二产业增加值达 274278 亿元，占 GDP 比重为 40.5%；第三产业增加值达 341567 亿元，占 GDP 比重为 50.5%。图 1－2 反映了我国 2011—2015 年三次产业增加值占国内生产总值的比重。

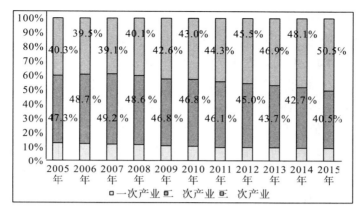

图 1-2   2011-2015 年三次产业增加值占国内生产总值的比重

资料来源：我国 2011—2015 年国民经济和社会发展统计公报。

横向来看，2015 年我国 GDP 在世界排名第二，仅次于美国。但人均 GDP 仅为 5.2 万（约合 8016 美元），与美国、日本、德国、英国等发达国家的 3.7 万美元仍有较大的差距。

1.1.1.2   产业结构

自改革开放以来，我国不断在发展中调整产业结构，通过结果调整推动经济发展，实现了产业结构调整与经济运行之间的良性循环，使我国经济取得了持续稳定的高速增长。在巩固第一产业的同时，我国积极鼓励引导第二产业和第三产业的发展，三次产业结构不断优化，实现了工业和服务业稳步升级。具体表现为以下几个方面。

一是服务业占比超过工业，三次产业结构进一步演进。近年来发展势头迅猛的服务业在 2013 年迎来了重大转折——对我国 GDP 增长贡献首次超过工业且占比近半。2013 年我国第一产业增加值比重为 10.0%，而第三产业比重达到 46.1%，高于第二产业比重 2.2 个百分点。未来，我国服务业占经济的比重将进一步提高，产业结构逐渐由制造业拉动向第三产业和制造业共同拉动转变。从产业结构演进方面来看，我国产业结构进一步优化，农业产业增加值比重在下降，非农产业增加值在上升，在1999—2013年间，农业产业增加值比重从27.12%下降到10.00%，而非农产业增加值比重从72.88%上升到89.99%。在三次产业结构调整过程中，第一产业增加值比重下降较快，第二产业增加值比重稍有上升，而第三产业增加值比重上升最快。在1990—2013年间，第一产增加值比重从27.12%下降到10.01%，下降了17.11个百分点；第二产业增加值比重从41.34%上升到43.89%，上升了2.55个百分点；而第三产业增加值比重从31.54%上升到46.09%，上升了14.55个百分点。

二是农、林、牧、渔全面发展，产业结构趋于稳定。在一系列支农惠农政策支持下，我国农业基础地位不断强化，产业结构从偏重农业和种植业逐步转向农、林、牧、渔全面发展，且结构趋于稳定。在第一产业结构中，农业比重呈现下降趋势，牧、渔业比重上升，林业比重变化不大。在1990—2013年间，农业比重从64.66%下降到53.09%，牧业比重从4.31%下降到4.02%，而渔业比重从25.67%上升到29.32%，林业比重从5.36%上升到9.93%。自2010年以来，农业产业内部结构变化不大，波动较小，农业产值比重在50%水平上下波动，林业产值比重在4%左右，牧业产值比重在30%左右，渔业产值比重在10%水平上下波动，基本上处于均衡发展状态。

三是高技术产业比重上升，工业结构不断优化。以医药制造业、航空、航天器及设备制造业、电子及设备制造业、电子计算机及办公设备制造业、医疗设备及仪器仪表制造业为代表的高技术产业是技术创新的引擎，其对提高生产效率、改造提升传统产业、优化产业结构具有重要作用。近年来，随着我国产业调整步伐的加快，高技术产业快速增长，带动工业结构优化的作用显现。高技术产业增速不但超过GDP增速，而且还高于规模以上工业增速。工业与信息化部的数据显示，2013 年全国规模以上高技术制造业增加值增速为 11.70%，比规模以上工业高 2 个百分点，高出 GDP 增速 4.3 个百分点。从高技术产业生产经营指标占制造业比重变化来看，高技术产业在制造业中的地位在提升，工业结构也在不断优化。在 2000—2012 年间，高技术产业的企业数量从 6.58% 上升到 7.73%，年均增长 0.09 个百分点；从业人员年平均人数从 8.47% 上升到 15.11%，年均增长 0.51 个百分点；出口交货值从 23.93% 上升到 43.93%，年均增长 1.54 个百分点。

四是现代服务业比重逐步上升，服务业结构转型加快。在服务业快速发展的过程中，内部结构出现了变化，表现为传统服务业比重下降，现代服务业比重上升。在 1990—2013 年间，传统服务业增加值比重出现了下滑的迹象，从 46.4% 下降到 36.0%。例如，交通运输、仓储和邮政业由 19.8% 下降到 10.4%；住宿餐饮业和批发零售业分别从 5.1% 和 21.5% 下降到 4.4% 和 21.2%。在 2005—2012 年间，现代服务业增加值比重逐步上升。例如，租赁和商务服务业比重从 4.18% 上升到 4.67%，科学研究、技术服务和地质勘查业比重从 2.89% 上升到 3.55%，金融业比重从 8.1% 上升到 12.4%，房地产业比重从 11.4% 上升到 12.7%。

1.1.1.3 产业技术

经过 30 多年的高速增长，我国已经成为世界第二大经济体和中等收入国家，我国产业的发展经历了从生产能力追赶到技术追赶的过程，产业技术逐步从模仿创造、引进技术到技术消化吸收与自主研发相结合。21 世纪以来，我国的科研投入持续增加，产业技术步伐加快，企业创新能力逐渐增强。各类产业的技术发展阶段不同，大部分行业处于技术追赶阶段，部分产业技术领域从模仿追赶者变为同行者，少数领域进入世界前列。企业的技术水平和创新能力呈二元结构，部分行业的排头兵企业具有自主创新能力，但大部分企业仍处于跟踪阶段，创新活动不够普遍。随着部分行业从中低端制造转向中高端制造、国际竞争加剧、引进技术的难度增加，产业技术升级将更多地依靠自主创新。总体来看，我国制造业增加值和科技投入总量居世界前列，创新能力居中上水平，但仍是技术和知识产权净进口国，核心关键技术的对外依赖度较高。目前，我国经济正在从高速增长转向中速增长阶段，随着要素成本的普遍上升，经济增长从依靠要素投入转向依靠效率提升，创新成为产业转型升级的重要驱动力。具体表现为以下几个特点：一是科技支出总量进入世界前列，研发强度与创新型国家仍有较大差距。目前，我国的研究与开发（Research and Development，R&D）支出总量位居世界第二位，R&D支出占国内生产总值的比重（R&D强度）居发展中国家首位，超过部分高收入国家的水平，但与创新型国家相比仍有较大差距。2002—2012年，全国 R&D 支出增长 5.7 倍，总量已超过万亿元人民币；R&D强度由 1.07% 上升到 1.97%①。二是制造能力位居世界前列。国际上，我国的制造能力排名高于产业竞争力排名，产业竞争力排名高于创新能力。目前，我国的制造业增加值居世界第一；根据联合国工业发展组织（UNIDO）的全球工业竞争力指数排序，2009 年，我国的工业竞争力指数位居世界第5。三是创新要素逐步向企业聚集，企业技术水平和创新能力开始分化，少数创新型企业与多数跟随企业并存。一些行业排头兵企业的技术装备基本可以达到世界水平，具有创新能力，掌握部分核心技术，并在部分领域与跨国公司同台竞争，例如华为、中兴、联想等一批在国际市场上有一定影响力的创新型企业正在形成。但大部分企业仍处于技术跟踪和模仿制造，以及低端加工制

———

① 数据根据各国科学技术统计年鉴计算。

造和低价竞争阶段，难以较快积累足够资金和技术能力。从平均水平看，企业的创新活动还不普遍。2011 年，大中型工业企业中具有研发活动的企业不到 30%，平均 R&D 强度仅为 0.93%；规模以上工业企业中具有研发活动的企业仅占 12%，平均 R&D 强度只有 0.71%。四是市场驱动企业的多种形式创新，以集成创新和引进技术消化吸收改进创新为主。经过多年引进技术消化吸收，我国企业的技术和资金积累能力不断提高，创新能力逐步增强。近些年，企业加大自主研发和引进技术消化吸收的投入力度，产业技术进步从依靠跟踪模仿和引进生产能力逐步转向引进技术消化吸收与自主研发相结合。

1.1.2 我国产业发展存在的问题

改革开放以来，我国经济取得了较快发展，但不可否认我国主要依靠廉价劳动力资源而迅速扩张，它是以生产要素的低成本为依托、以"高耗能、高污染"为特征、以牺牲生态环境为代价的。近年来，我国产业结构失衡严重，钢铁、电解铝、焦炭、煤炭、纺织等低端低成本劳动密集型的产业开始出现产能过剩，而"低耗能、低污染"、高附加值的技术密集型产业发展不足。当前我国经济总体面临经济下行、产业结构不够合理、部分产业产能过盛、工业污染高等制约因素，主要表现在以下几个方面。

第一，产业结构不合理。我国初期的工业化是通过要素驱动实现的，使我国从农业大国发展成为工业大国；工业化后期，必须以创新引领产业升级，使我国发展为工业强国。我国产业结构不合理不仅表现在农业基础薄弱、工业实力不强、服务业规模不大、内需不足、区域结构分布不合理等方面，还表现为经济结构减速和产业效率失衡等方面。具体表现在以下两个方面：首先，中国制造仍处于国际分工的地段地位。虽然我国在制造业和工业方面已经位居世界第二，但距离世界工业和制造业强国仍有较大差距。从产业结构上看，发达国家的制造业中高技术产额所占比重较大，传统手工业所占比重较小。例如，2002 年美国纺织服装和皮革工业增加值占制造业增加值的比重仅为 3.2%，而我国 2007 年纺织服装和皮革工业增加值占制造业增加值的比重为 9.6%。从产业内部结构看，我国处于国际价值链的低端地位。我国出口的制成品仍以初级制成品为主，即使在所谓的高技术产品中，我国从事的很大部分工作仍是劳动密集型的加工组装。我国制造业的优势主要体现在价格方面，在关键技术、关键设备等方面仍有不足，我们必须清醒地意识到我国以低成本初级要素为基础的竞争优势是非常脆弱的。其次，生产型服务业的发展较为滞后。生产型服务业是指向生产者提供中间性投入服务的产业。随着对生产性服务业重要性认识的不断提高，我国生产型服务业发展速度增加很快。根据李善同等人的研究，1992—2002 年我国生产型服务的年均增长速度为 9.02%，但与发达国家相比我国生产型服务业的发展仍相当滞后。2008 年，我国生产型服务占 GDP 的比重仅为 12.2%，OECD 国家平均为 21.7%；我国物质性投入占国民总产出的比重达 52.0%，OECD 国家平均仅为 26.86%；我国生产性服务投入占服务总产出的比重为 36.4%，OECD 国家平均达 38.3%。与发达国家相比，我国生产性服务业的发展水平较低，物质性投入的消耗相比较大，而服务型投入消耗相对较小。

第二，资源环境的压力加剧。改革开放以来特别是近年来的重工业化发展，我国对能源和资源性产品的需求越来越大。1992 年以来，我国能源消费量开始超过能源产量，能源产量与能源消耗量的缺口越来越大，从 2003 年的 7987.42 万吨标准煤扩大到 2007 年的 30168 万吨标准煤，年均增长速度高达 28.3%。与此同时，我国的能耗与污染排放物仍处于较高水平。2006 年我国单位 GDP 能耗是世界平均水平的 3 倍之多，单位 GDP 二氧化碳排放则是世界平均水平的两倍。一方面我国对资源和能源性产品的需求规模越来越大，另一方面我国排放的污染物导致环境可持续发展的压力也越来越大，造成我国资源环境的巨大压力。

第三，地区产业结构趋同现象严重。地区产业结构趋同是指一个国家各地区的产业结构在动态的发展演变过程中表现出的某种相似或共同倾向，是产业布局不合理的表现之一。我国地区间产业结构趋同主要表现在：首先，各地区行业结构趋同。这个现象突出表现在制造业内部，各地区都在追求"大而全"的产业结构，从而造成产业与企业组织的差异度小、层次较低、规模不经济的不良后果，这使得我国东部、中部与西部地区之间的工业结构相似率非常高。二是区域间缺乏有效的分工协作。各地区在发展本地区的产业的过程中盲目追求自成体系，专业化协作程度低。大中小企业间缺乏有效的分工协作，很难形成相互协调合作的企业集群。在专业化比较发达的汽车行业，日本、美国的零部件协作工厂有上万家，企业集群已成规模。而我国的汽车零部件协作工厂却少得可怜，很多的元件还要自己生产。一些专业化水平低、工业结构相似性大、相对配套的地区工业体系形成了自给自足的地区经济。经济结构趋同导致地区间竞争加剧，地方政府必然会为了保护本地区工业、维护地方利益而对市场进行分割封锁，阻碍地区间专业化分工协作。三是各地区支柱产业趋同。大多数省份都将汽车、电子、机械和石化等列为"十五"期间重点发展的支柱产业。其中，将汽车列为支柱产业的省、区、市有22个，将机械工业作为支柱产业的省份有16个，将化工工业作为支柱产业的省份有16个，将电子工业列为支柱产业的省份有24个，将冶金工业作为支柱产业的省份有14个。这表明我国"十五"期间出现了一轮地区支柱产业及相关产业结构的趋同化。

十八届三中全会以来，以"市场导向"推进体制机制改革成为政府引领经济和社会发展的目标，并提出坚持"稳增长、调结构、促改革"的战略路线。"稳增长"就是要推进产业升级，提升制造业水平；"调结构"就是要实现经济增长由原来的要素、投资驱动转为创新驱动；"促改革"就是要推进以"市场为导向"的机制体制改革。总体来说，我国经济发展总量大，发展速度快，但是人均 GDP 的增长与西方发达国家相比还存在一定的差距，而依靠传统的经济发展模式已经不能满足可持续发展的要求，必须依靠创新驱动经济发展。

1.2 我国产业集群发展现状分析

产业集群并不是现代经济出现的一种组织形式，早在 19 世纪的欧洲就已存在许多特色"产业区"，但当时并没有被称为产业集群。也没有人对其进行深入的研究。中国古代的景德镇陶瓷、苏州刺绣也可看作早期的产业集群。改革开放以来，我国部分沿海地区的"村镇经济""区域型经济""块状经济"迅速发展，产业集群初现端倪。20 世纪 80 年代开始，广东、浙江等地区首先出现产业集群，并快速向周边地区扩展。目前，我国已经形成了一批具有特色的产业集群，其中有相当一部分的产业集群不管是在国内市场还是国际市场，都占据着较高的比重，成为推动我国经济发展的重要力量。我国产业集群区域分布不均衡，主要集中在广东、浙江、江苏、福建、山东等省份，并且这些区域内部产业集群的分布也不均衡。集群较多出现在边缘地区、城市周边地区。除中关村等少量的集群外，我国大部分产业集群都是在农村和小城镇兴起的，分布在城市周边地区。另外，我国产业集群虽然覆盖了从纺织、制衣、五金机械、食品等传统产业到生物、医药、电子、高新技术等现代产业，但主要集中在传统产业，依靠廉价劳动力获得竞争优势。

1.2.1　区域分布情况

我国产业集群区域分布不均衡，总体来看，市场经济比较发达、机制比较健全的地方，产业集群发展得更好。因此，沿海地区由于其良好的区位条件、雄厚的经济基础和丰富的资源禀赋，块状经济十分活跃，各种各样的产业集群蓬勃发展。与此同时，随着国内经济发展格局不断变化，产业集群也逐渐从珠江三角洲向长江三角洲、环渤海地区发展。并且，随着体制改革进程的不断推进以及经济社会的进一步发展，中西部地区的产业集群也取得了较快的发展。从我国产业集群的区域格局来看，主要呈现出七大块状格局分布，即东部沿海的长江三角洲地区、珠江三角洲地区、环渤海湾地区、东北地区、西北地区、中部地区和西南地区，其中长三角、珠三角、环渤海湾三大东部沿海地区是产业集群最密集和发展较好的地区，占据了我国整个产业集群数量的90％以上[①]。从发展结转来看，东部沿海集群发展时间较长，集群普遍处于发展期和成熟期；而中部地区的产业集群发展时间较短，大部分产业集群处于发展的初级阶段。

1.2.1.1　珠江三角洲地区

珠江三角洲地区是我国改革开放起步较早的地区，产业集群的发展也早于其他地区。20世纪70年代末以来，我国改革开放的政策首先在深圳等地区进行试点，随后珠江三角洲依靠其独特的区位优势和各项有利政策快速发展。珠江三角洲地区发挥靠近香港、澳门、台湾等区位优势，积极吸收大量的外商直接投资，依靠该地区的劳动力优势大力发展产业集群，形成了产业集群的起步阶段：一是以深圳、东莞、惠州等珠江东岸城市为代表的

---

① 向永胜：《我国产业集群发展的模式、现状与问题：一个全国范围的样本调查》，载《科技管理研究》，2012年第10期，第176～179页。

"三来一补"基础上形成的外向型加工业聚集区，发展出一大批以简单代工为主的劳动密集型产业集群，如东莞虎门服装、大朗毛织、惠州纺织服装等产业集群；二是以佛山、中山等珠江西岸城市为代表的以民营企业为主体的内向型产业集群，如佛山容桂的家电产业集群，南庄、石湾的陶瓷产业集群，西樵纺织产业集群，等等。20 世纪 90 年代以后，珠江三角洲地区产业集群进入了一个快速发展阶段：一是产业集群的规模效应明显，逐渐形成了一批专业镇，如珠江东岸的电子信息产业集群、佛山家电产业集群都在全国处于领先地位；二是珠江三角洲地区产业集群呈现出聚集化、规模化的发展态势，产业配套齐全，产业链条也趋向成熟，产业集群成为推动广东经济持续增长的重要生产组织方式。2008 年金融危机爆发以来，珠江三角洲地区产业集群进入了一个转型升级的阶段：一是传统产业集群开始运用高新技术改造升级，运用工业设计提升传统产业产品的附加值，使产业集群逐步摆脱对人力、资源等要素的依赖；二是新兴产业集群初现端倪，如高端新型电子信息、生物医药、节能环保等产业逐步呈现出聚集发展态势；三是注重品牌建设，中山古镇灯饰产业集群打造代表古镇整体形象的"中国灯饰之都"区域品牌，举办代表灯饰行业营销、交易平台影响力的"中国古镇国际灯饰博览会"，成为全国最大的灯饰专业生产、销售基地和国际知名灯饰市场，在金融危机中也实现了产业的"华丽变身"。由此，珠江三角洲地区产业集群主要依靠资源整合逐渐发展，在发展初期阶段整合外资资源和地区内廉价的劳动力资源，形成简单代工的劳动密集型集群；在快速发展阶段，通过各集群间资源的有效整合，形成配套设施齐全的产业链条；在转型升级阶段，通过"互联网＋"、产业融合等方式将产业间资源进行充分整合，不仅大力发展新兴产业，也提升了传统产业附加值。

珠江三角洲地区的产业集群以劳动密集型产业集群为主，根据资本构成的不同，主要分为内源型产业集群和外源型产业集群。其中内源型产业集群主要依靠内资驱动，以本地民间资本的增值为诱因，依靠本地的资金、技术等生产要素逐渐发展，加上单个企业的经济活动主要依赖集群的配套协调，因此地方根植性较强，例如佛山陶瓷、中山古镇灯饰、东莞虎门服装、江门摩托车等产业集群。外源型产业集群主要依靠外资驱动，以降低整个价值链劳动、厂房等要素成本为诱因，依靠国外的资金、技术等生产要素发展外向型经济，因此地方根植性较弱，例如东莞大岭山家具、东莞厚街鞋业、珠海市斗门区井岸镇计算机及通信设备等产业集群。

珠江三角洲地区产业集群的突出特点主要有以下四个方面：第一，产业规模优势明显。据统计，2010 年全省珠江三角洲产业集群升级示范区共有特色产业企业 53259 家，实现工业总产值 11574.73 亿元，增加值 2480.79 亿元，出口交货值 697.98 亿元。第二，产业链条完整。珠江三角洲地区各产业集群升级示范区相应制订了集群发展规划，并以规划为引导着力推动重点产业基地、重大项目、产业转移工业园等建设，提高产业集聚度，发展产业链，有效促进产业集群科学、有序发展。如花都汽车产业集群，以乘用车和零部件产品研发、制造及相关服务业为发展重点，规划建设整车生产区、汽车零部件工业园区、物流中心区、行政管理区、汽车贸易服务区、出口加工区、汽车文化娱乐旅游区、生活区等九大功能区，初步形成了一个集汽车研发、整车制造、零配件生产、汽车贸易、汽车人才市场和汽车文化、教育等和谐发展的汽车产业链。第三，公共服务平台比较健全。珠江三角洲地区已建成产品研发、质量检测、信息服务、人才培训、知识产权保护、教育培训等各类公共服务机构近 700 个，拥有省级以上企业技术中心（工程中心）273 个，建立技术创新中心等创新服务机构 86 个，为集群的发展提供了有力的公共服务保障。

公共创新服务中心、企业技术中心和工程中心、产学研结合示范基地、国家重点实验室的建设，推动了以企业为主体的创新体系的完善，建成了一批联合攻克关键技术的公共平台，成为当地最重要的创新高地。第四，品牌建设成效明显。产业集群通过实施名牌带动战略，大力培育名牌、名标和区域品牌，支持具有自主知识产权、技术含量高、具传统特色和优势的企业开展品牌经营，壮大名牌队伍，有效提升了集群产品的市场覆盖率和产品竞争力。目前，珠三角的产业集群升级示范区内企业已获得省级以上名牌产品 486 个，驰名（著名）商标 506 件，分别占全省的 33.73％和 19.11％；示范区已申请或注册集体商标 45 个。

1.2.1.2 长江三角洲地区

长江三角洲地区是以上海为龙头，由浙江和江苏 16 个城市组成的一个扇形区域，该地区现已形成了一批具有核心竞争力的国际性产业集群。从行业分布来看，长江三角洲地区的产业集群逐渐由传统行业向高新技术行业发展，呈现出"重型化""高新化"的趋势。目前，长江三角洲地区已经形成了独具特色的 8 个产业的产业集群，主要涵盖汽车、石化、机械、电子、钢铁、纺织、服装、食品。长江三角洲都市圈有国家级经济技术开发区 9 个，国家级高新技术产业开发区 8 个，国家级保税区 9 个，国家级旅游度假区 4 个，以及省级开发区 88 个。这些产业集群集中了经济、技术、资金和人才等方面的优势，形成了长江三角洲地区新的经济增长极。

长江三角洲地区由于制度变迁方式的不同，经济发展的方式也各具特色，形成了"浦东模式""温州模式""苏南模式"等不同的产业组织方式及特色产业集群。

"浦东模式"以上海产业集群为代表，其特点是以高新技术开发区为核心，以基地为载体，向地区四周发散形成完整的产业链或产业带，带动当地集群及经济发展。目前，上海已经形成了东、南、西、北四个产业集群，即以张江高科技开发区为核心，包括漕河泾开发区、青浦开发区和松江工业区的微电子产业带，初步形成包括集成电路、IC 配套业、微电子信息、整机及软件在内的完整的集成电路产业链；以金山石化和再建的上海化工区为主的化学工业区，形成石油加工、异氰酸酯 MDI 和 TDI，聚碳酸酯 PC、聚氯乙烯 PVC 的产业链；以安亭轿车生产基地为核心，建成集汽车贸易、研发、制造、物流、文化等多功能综合性汽车产业基地；以宝钢为核心，形成包括汽车用钢、造船用板、电工钢、石油管、不锈钢、高等级建筑用钢在内的钢铁精品生产基地和钢铁行业新工艺、新装备、新材料研究开发的重要基地。

"温州模式"以浙江产业集群为代表，其特点是以个体和家庭化的小制造业为基础，以地方性的批发贸易大市场为交易方式，利用庞大的销售网络将产品销往全国各地。浙江自改革开放以来，创造性地发展了以"温州模式"为代表的浙江产业集群，目前已基本上形成了一批以市场化网络为基础的分工精细、联系紧密、生产规模化的产业集群，并在当地先后被称为"块状经济""特色区域经济"，其产业集群数量多、整体规模大，具有显著的集群效应。在浙江 88 个县市区中，有 85 个县市区形成了800 多个产业集群。产业集群是"浙江活力"的核心，也是"浙江现象"的标志。目前，浙江主要有杭州湾的信息产业集群、上虞的照明产业集群、镇海的石化产业集群、绍兴的化纤纺织产业集群、温州的制鞋及嵊州的领带产业集群。

"苏南模式"以江苏产业集群为代表，其特点是政府规划扶持或政府主导的产业集群发展。江苏省产业集群基本上属于政府规划扶持的园区型中小企业产业集群，或者说是政府主导型的乡镇企业产业集群。近年来，江苏正在积极探索"新苏南模式"，希望通过大力发展外向型经济来加快地区经济发展。目前江苏已经形成了 12 个产业集群，即：以工程机械、数控机床和输变电设备为主的车船及关键零部件的产业集群，以烟气脱硫、气体净化和废物处理成套设备为主的环保设备产业集群，以环保、节能型多缸柴油机和中型拖拉机为主的新型农机产业集群，以高浓度复合肥、高效、低毒、广谱、低残留农药为主的高效化肥及新品种农药产业集群，以热冷轧薄板、不锈钢和石油管线用钢板等为主的冶金短缺品种产业集群，以池窑拉丝、浮法玻璃和玻璃钢制品等为主的新型建材产业集群，以全自动洗衣机、智能型空调、数字化视听产品为主的新型家电产业集群，以精纺呢绒、丝绢织物、牛仔布和差别化等为主的新型纺织产业集群，以高品质纸业、热收缩可降解薄膜和复合包装材料为主的纸塑制品及包装材料产业集群，以名烟名酒、绿色方便快捷卫生食品为主的食品饮料产业集群，等等。由此，长江三角洲地区产业集群主要依靠成本优势发展。长江三角洲地区依靠优越的地理位置和天然优越的港口条件，快速聚集外部生产要素，同时将区域内部产品迅速转移，降低产业集群交易成本。政府积极采取合理的产业规划和产业政策扶持，加快提升长江三角洲地区的产业集群效应。长江三角洲地区的产业集群概况见表1-1。

表1-1　长江三角地区产业集群概况

地区	特点	典型集群
上海	以高新技术开发区为核心，以基地为载体，向地区四周发散形成完整的产业链或产业带，带动当地集群及经济发展	松江、青浦、张江、漕河泾的微电子，嘉定的汽车制造，宝山的精品钢材，金山的石油化工
浙江	以个体和家庭化的小制造业为基础，以地方性的批发贸易大市场为交易方式，利用庞大的销售网络将产品销往全国各地	杭州湾信息产业集群，上虞照明产业集群，镇海石化产业集群，绍兴化纤纺织产业集群，温州制鞋产业集群，嵊州领带产业集群

地区	特点	典型集群
江苏	政府规划扶持或政府主导的产业集群发展	车船及关键零部件产业集群，环保设备产业集群，新型农机产业集群，高效化肥及新品种农药产业集群，冶金短缺品种产业集群，新型建材产业集群，新型家电产业集群，新型纺织产业集群，纸塑制品及包装材料产业集群，食品饮料产业集群

1.2.1.3 环渤海湾地区

除东南沿海以外，山东、河北、北京等地也涌现了一批产业集群，主要有山东寿光水果蔬菜产业集群、文登工艺家纺产业集群，河北清河羊绒产业集群、辛集皮革产业集群、白沟箱包产业集群、胜芳金属玻璃家具产业集群，北京的中关村高科技产业集群等。在上述产业集群中，北京的中关村可以看作中国高科技产业集群的代表，发展比较早，其他主要集中在传统产业，发展也较晚。这些特色产业有些是发挥传统的优势，在过去传统产品的基础上发展起来的，如安国的中药产业集群；有些是接受城市工业的辐射，在为城市工业的服务中由城市逐步带动发展起来的；有的则是引进技术、人才、资金，先在一些点上干起来，然后逐步扩展，由专业户发展到专业村，最后在一个区域内形成生产同类产品的特色产业集群，如清河的羊绒产业集群；有些则是依靠本地资源优势，通过不断扩大市场影响力形成的，如寿光的果蔬产业集群。该地区产业集群虽然起步不如广东、浙江等地，但是后发优势明显。以山东为例，2008年，山东省营业收入过5亿元的产业集群246个，从业人员476万人，实现营业收入12708亿元，利税1212亿元。全省产业集群拥有省级以上名牌产品、驰名商标、著名商标577个，部分产业集群被国家有关部门授予产业基地县（名城、名镇）。

1.2.1.4　其他地区

　　虽然中国的产业集群主要集中在沿海地区，尤其是发展较好的产业集群更是集中于珠江三角洲和长江三角洲地区。但是，近年来我国中西部部分地区也呈现出产业集群化的趋势，或者说具有了产业集群的雏形和发展潜力。例如，中部地区有湖北武汉光电子产业集聚、湖南浏阳花炮产业集群、江西赣州稀土新材料集中区等；西部地区有陕西鄠邑区纸箱产业集群、四川夹江陶瓷产业集群，重庆摩托车产业也有集群化的趋势；东北地区有长春汽车产业、光电子信息产业，大庆石化产业等也出现了较明显的集群化趋势。不过，从总体上看，目前中西部地区还没有充分发挥产业集群的优势，企业之间的联系还比较少，同类或相关企业没有形成有机的整体，地方产业配套能力还较低。

1.2.2　优秀产业集群

　　据统计，2015 年我国国内生产总值 676708 亿元，比上年增加 6.9%。其中，第一产业增加值 60863 亿元，增长 3.9%，占国内生产总值的比重为 9.0%；第二产业增加值 274278 亿元，增长 6.0%，占国内生产总值的比重为 40.5%；第三产业增加值 342567 亿元，增长 8.3%，占国内生产总值的 50.5%，首次突破 50%[①]。产业集群是产业发展的一种重要形式，成为推动各区域经济发展和国家整体经济增长的重要力量，并且在整个国民经济中占据着越来越重要的地位。我国产业集群发展主要有几个特点：第一，产业集群发展较早且较为成熟的地区是东南沿海地区，而中西部的产业集群仍然处于发展期。第二，东部地区的产业集群对市场环境的依赖较高，而中西部地区产业集群主要以资

---

① 　数据来源：《中华人民共和国 2015 年国民经济和社会发展统计公报》。

源依赖型为主。第三，我国产业集群仍然集中在制造业，并且处于全球价值链中低端部分。我国产业集群在第一、二、三产业中均有分布，但第二产业的产业集群数量多、分布广，且绝大部分为制造业产业集群，集中在传统的劳动密集型产业和中低端的生活品消费，如纺织、服装、鞋业、玩具、家具等。第四，我国产业集群仍以中小企业为主，少数大企业引领产业集群的发展。我国各地区不同类型的产业集群的产生及发展，既有外部因素推动的萌芽和发展，也有依靠区域内部良好的政策环境和政府的大力扶持引导而产生的，还有以利益为诱因而在当地创业并带动周边企业不断发展而自发形成的，等等。因此，根据产业集群出现的动力源类型、动力源产生的原因、集群产生路径等的不同，可将我国产业集群的发展模式分为四种类型，即：政府规划引导型产业集群、自发成长型产业集群、资源驱动型产业集群和产业转移型产业集群。其中，政府规划引导型产业集群也称为园区型产业集群，主要集中在长江三角洲地区的浙江、江苏、上海，环渤海湾地区的北京、天津等；从产业类别看，主要集中在电子信息、汽车、金融、软件、创意、医药等资本与技术密集型产业，例如北京中关村科技园等。自发成长型产业集群主要集中在东部沿海地区尤其是江浙闽一带；从行业类别看，主要集中在丝绸、服装、鞋业等进入壁垒较低、创业成本和风险较小的传统行业，偏重于资源密集型和低技术含量的行业，以低成本、低价格为主要竞争优势，例如浙江绍兴纺织产业集群等。资源驱动型产业集群是指依托当地自然资源，以资源开发、加工和利用为基础而形成的产业集群，主要集中在甘肃、新疆、云南等资源丰富的地区；从行业类别看，主要集中在石油化工、金属冶炼、非金属矿物等市场需求较大的资源密集型行业，例如新疆石油石化产业集群等。产业转移型产业集群也称"嵌入式"产业集群，主要集中在广东、福建等地区；从行业类别看，主要集中在电子信息、电子设备、纺织服装等劳动与资本密集型产业，例如广东东莞石龙电子信息产业集群等。因此，本文选取以下四个不同类型的产业集群为代表，分析我国产业集群的发展现状。

1.2.2.1　北京中关村科技园[①]

北京中关村科技园（简称中关村）起源于20世纪80年代的"中关村电子一条街"，是我国第一个国家自主创新示范区。历经30多年的发展，中关村已经发展成为拥有"一区十六园"的创新集群，主要以电子信息、生物医药、能源环保、新材料、先进制造、航空航天等为主导产业，同时，中关村也聚集了大量的创新资源和创新人才，建立了官产学研用为一体的协同创新机制。2013年，中关村在创新创业环境、创新能力、产业发展、辐射带动等方面在全国均遥遥领先。

（1）创新创业环境。

第一，高端人才聚集。2013年，中关村"人才特区"建设效果显著，从业人员高达189.9万人。从学历结构来看，拥有本科及以上学历的从业人员达94.9万人，占从业人员总数的比重为50%以上，其中，拥有硕士和博士学历的从业人员数量达到18.3万人和1.8万人，分别较去年增加了17.0%和21.3%；留学归国从业人员规模达到1.9万人，同比增长22.7%。中关村年轻商业经营层出不穷，在《福布斯》公布的2014年度"中国30位30岁以下创业者"榜单上，中关村有13位创业者榜上有名。第二，科技融资环境优化。中关村创业投资、上市融资、债券融资、科技信贷等融资体系不断完善，知识产权质押、信用贷款和担保贷款、小额贷款等科技金融服务不断创新。2013年，中关村创业投资金额约133亿元，占全国创业投资总额的33.4%；新增上市企业6家，上市企业达到230家，累计IPO

---

① 资料来源：中关村指数2014。

融资额近 2000 亿元，在"新三板"累计挂牌企业 255 家；新增债券融资额 896.0 亿元，实现翻倍增长；截至 2013 年年底，各银行累计为 1130 家企业提供 2596 笔信用贷款，实际发放 321.2 亿元；累计发放知识产权质押贷款 121.1 亿元；中关村小额贷款公司累计发放贷款 54.5 亿元。第三，创新创业体系完善。中关村聚集了一大批创新型孵化器、信用评级机构、知识产权机构、行业协会、开放实验室等创新创业服务资源，创新创业服务新模式加速涌现。截至 2013 年年底，中关村拥有国家重点实验室 112 家、国家工程研究中心 27 家、国家工程实验室 38 家、国家工程技术研究中心 52 家；2013 年中关村新挂牌开放实验室 25 家，总数达到 159 家。创新创业服务方面，中关村拥有各类创业孵化机构 100 余家，孵化总面积超过 320 万平方米，其中国家级科技企业孵化器 30 家、国家级大学科技园 14 家，两者合计在孵企业数量 3529 家，累计毕业企业数为 4859 家；中关村一批成功企业家、天使投资人、平台型企业等社会资本投资创建了车库咖啡、创客空间、天使汇、云基地、36 氪、创业家、创业邦等 17 家创新型孵化器，并已纳入国家级科技企业孵化器管理体系；中关村协会联席会的成员单位增至 61 家，较上一年增加 10 家。

（2）创新能力。

第一，创新投入增加。2013 年，企业科技活动经费支出高达 1319.8 亿元，同比增长 28.1%。从创新投入强度来看，中关村远远领先于全国平均水平，2013 年每千名从业人员拥有科技活动人员 263.3 人，比全国 115 个国家级高新区平均水平高出 86.2 人；中关村 R&D 经费内部支出占增加值的 10.8%，高于同期北京市创新投入强度 4.7 个百分点。从企业层面来看，2013 年中关村科技活动经费超亿元的企业达 172 家。第二，创新成果高效。2013 年，中关村企业专利申请 37782 件，获得专利授权 20991 件，分别占北京市的 30.6% 和 33.5%。从专利类型来看，

60.0%为发明专利申请。2013年中关村企业发明专利申请22506件，同比增长29.4%；发明专利授权共6628件，占中关村企业专利授权总量的31.6%，占北京市发明专利授权量的32.0%。截至2013年年底，中关村企业主导创制的标准共4882项，国际标准130项；商标申请量再创新高，累计达98182件，有效注册商标达60950件；12件商标被授予中国驰名商标称号，47件商标被授予北京市著名商标称号。第三，技术交易增加。2013年，中关村技术交易异常活跃，企业输出技术合同45260项，合同成交额突破两千亿元，达2484.1亿元，比上年成交额增加了1.1倍，占北京市技术合同成交额的87.1%，占全国的33.3%。从技术合同类型看，2013年中关村企业技术服务合同成交额达2007.1亿元，同比增长1.5倍，占中关村技术合同成交总额的八成以上；技术开发合同成交额407亿元，同比增长30.4%，连续两年保持30.0%以上的增速。

（3）产业发展。

第一，产业规模扩大。2013年，中关村实现增加值4227.7亿元，同比增长15.9%，对全市经济增长的贡献率达35.8%；占全市地区生产总值的比重达21.7%，比上年提高1.3个百分点。2013年，中关村实现总收入3.05万亿元，规模是批复前的3倍，年均复合增长率达24.4%。从全国高新区发展情况看，中关村总收入占115个国家级高新区总收入的比重增至15.3%，总收入规模超过位列2~5位的高新区总收入之和。第二，战略性新兴产业壮大。中关村"六大优势产业"和"四大潜力产业"继续保持良好发展态势，整体实力不断增强。2013年，"6+4"战略性新兴产业集群实现总收入19820.2亿元，同比增长17.0%，占中关村总收入的65%；实现利润1454亿元，同比增长16.2%；六大优势产业集群中，除卫星应用集群规模较小外，其余5大产业集群的收入规模均超过千亿。以科学研究和技术服务、租赁和商务服务业等为代表的现代服务业对中关村支撑作用明显。2013 年，中关村现代服务业实现收入 19787.2 亿元，占中关村总收入六成以上，同比增长 18.8%，对中关村经济增长的贡献率为 57.2%。

（4）辐射带动。

第一，辐射效应显著。2013 年，技术交易幅度和广度进一步增大，中关村流向外省市技术合同 25030 项，成交额 1464.1 亿元，同比增长 1.4 倍，占中关村技术交易额近 6 成。从技术流向看，与中西部、南部地区技术交易增长明显，其中福建省、广西壮族自治区技术成交额分别达 302.2 亿元和 108.5 亿元，分别为上一年的 21.7 倍和 12.1 倍，跃居中关村技术成交额前两位。与津、冀地区的技术交易不断活跃，流向津、冀地区的技术合同 2444 项，较上年增加 715 项，成交额 64.6 亿元，同比增长 36.6%。从技术领域看，现代交通领域成为第一大技术交易领域，成交额高达 522.8 亿元，是上年的 3.1 倍；核应用技术交易实现爆炸式增长，技术成交额达 316.2 亿元，而 2012 年成交额仅为 0.3 亿元，超越电子信息成为第二大技术交易领域。第二，辐射模式多元。跨区域共建园区逐渐成为中关村推进异地合作的首选模式，参与跨区域共建的主体更加多元。截至 2014 年上半年，中关村已经与全国 21 个省（含香港）的 54 个地区建立了战略合作关系，覆盖京津冀、长三角、珠三角、东北老工业基地、中西部及重点援建区域。其中，2013 年新增 27 个地区，2014 年上半年新增 4 个地区。另外，中关村产业技术联盟的辐射带动作用逐渐加大。截至 2013 年年底，由中关村企业发起或主导的产业联盟累计达到 156 家，其中一半左右的联盟吸纳了京外地区成员，有力促进了两地产业合作和技术交流。

1.2.2.2 浙江绍兴纺织产业集群

绍兴位于浙江省中北部，长江三角洲南翼，面积达 1177 平方公里，人口达 71 万人，全县各类纺织企业 4500 家，纺织从业人员 30 余万人。绍兴是我国传统纺织工业的发源地之一，绍兴纺织业在我国已有 2500 多年的历史，素有"国际纺织之都，现代工贸之城"的美誉。从产业规模看，绍兴纺织产业总产值在 2008 年突破了 1000 亿元，产值增长从 2006 年的 8.11% 上升到 46.16%；从集群效益看，利润总额从 2005 年的 43.02 亿元上升到 2007 年的 61.18 亿元，利润总额增长百分比从 2006 年的 5.53% 增长到 2007 年的 34.76%[①]。

（1）产业发展。

第一，集群产业规模庞大。目前，绍兴是全国纺织产业链最完整、生产规模最大、市场销售量最多和纺织设备最先进的生产区域，绍兴纺织集群连续入选全国百强产业集群，并创造了化纤原料产量、印染布产量、织布产量、袜子产量、领带产量、纺织品销量、袜子销量 7 个全国第一，其生产的纺织面料和印染产品分别占全国市场份额的 25% 和 30%。截至 2010 年，绍兴纺织产业占绍兴工业总产值的 39.8%，且规模以上纺织企业的工业总产值占全市规模以上总产值的比重达 41%，其中中国轻纺城市场和钱清轻纺原料市场 2010 年的成交额分别达 438.6 亿元和 355.1 亿元，是亚洲同行业最大的市场。第二，创新能力日益增强。2008 年，全县纺织业拥有省级企业技术研发中心 19 家，占全县省级企业技术研发中心总数的 40%；拥有市级技术研发中心 62 家，占全县市级技术研发中心总数的 47%；拥有纺织发明专利 24 件，占全县发明专利总数的 30%；国家纺织工业 CAD 咨询推广中心、国家级纺织生产力促进中心、国家级纺织高新技术研究中心均在绍兴落户。第三，集群品牌建设成效明显。绍兴

① 陈瑾：《中小企业产业集群升级的探索式案例分析——以绍兴纺织产业集群升级为例》，载《中小企业研究》，2012 年第 12 期，第 76~81 页。

产业集群区域品牌和产品品牌在全国和全球市场都具有较强影响力，目前，绍兴纺织集群拥有各级名牌产品 247 个，国内注册商标 1832 件，国外注册商标 576 件，各级著名商标 229 件，参与制定并发布国家标准 12 个。

（2）集群环境。

第一，集群龙头企业带动能力强。经过改革开放 30 多年的快速发展，在化纤、织造、印染、服装、经编、纺机等行业涌现一批带动能力较强的大企业大集团。尤其自 2007 年实施"131"行业龙头企业培育工程以来成效更为显著。2008 年，浙江天圣控股集团有限公司进入中国纺织行业销售收入前 10 强，浙江远东化纤、浙江赐富化纤集团进入中国化纤行业前 20 强，印染业有永通、天马等一批国内知名企业。第二，集群资源要素利用充分。从人才资源看，绍兴纺织集群人才支撑较强。2008 年年底，全市纺织业从业人员 20.06 万人，其中各类纺织专业技术人员 4.57 万人，中高级技术人员 1.9 万人，每百人专业技术人员拥有量达 23 人。中国工程院 7 位纺织专业院士中有 6 人担任了绍兴市纺织技术顾问。从土地利用来看，工业用地开发强度较大，工业主导园区建设较快，能源、交通设施和保障能力较大。第三，集群服务平台建设加快。绍兴建有国家级纺织生产力促进中心、中纺院染整研究中心、省级纺织中小企业技术创新公共平台（浙江现代纺织工业研究院）、纺织品检测与技术公共平台，正在推进国际性纺织创意中心建设。

（3）空间布局。

第一，集群空间结构布局合理。绍兴纺织产业在空间上已经形成集聚发展态势，滨海工业区被中国印染行业协会称为"中国绿色印染研发生产基地"，绍兴纺织产业已经形成了"一个主体园区、七个特色名镇"的空间格局：齐贤镇重点发展纺织业、杨汛桥镇重点发展经编家纺、兰亭镇和漓渚镇重点发展针织、马鞍镇重点发展化纤原料、夏履镇重点发展非针织布、钱清镇重点发展轻纺原料市场、柯桥街道重点发展专业市场和研发设计等服务机构。第二，集群市场网络发达。绍兴拥有亚洲最大的中国轻纺城市场和钱清轻纺原料市场，通过两大市场的规模带动，以与国内众多纺织品批发市场密切合作配套，设立境外公司或营销窗口等，绍兴纺织国际营销网络逐步形成。

1.2.2.3　新疆石油石化产业集群

新疆是我国石油资源蕴藏最为丰富的地区之一，2006 年，新疆生产原油近 2500 万吨，居全国第三位；天然气产量 260 余亿立方，居全国首位，由此，石油石化产业成为新疆第一大支柱产业。随着西部大开发战略的推进，新疆依托石油、天然气产量的优势，着力延伸油气加工产业链条，大力发展大乙烯、芳香烃、大化肥等石油天然气下游产品，大力引进大企业、大集团以及其他社会资本，参与石油石化下游产品的开发利用，形成独具特色的新疆石油石化产业集群。据统计，2008 年新疆全区规模以上独立核算的石油石化企业达 253 家，就业人数达 19.6 万人；完成工业总产值 2430 亿元，工业增加值 1210 亿元，占全区工业增加值的 67％。

（1）产业发展。

第一，产业格局形成。新疆地区已建成准噶尔盆地、塔里木盆地、吐哈盆地三大石油天然气生产基地，初步形成了克拉玛依、独山子、乌鲁木齐、库车、库尔勒、泽普、鄯善等各具特色的石油化工产品生产加工基地。2012 年新疆地区共生产原油 2670.6 万吨，居全国第 5 位；生产天然气 253.2 亿立方，居全国第 3 位；油气生产已超过 4600 万吨，油气产量居全国第 2 位；原油加工量 2426.9 吨，居全国第 6 位。第二，行业固定资产投资。2012 年自治区石油和化工行业完成固定资产投资 887.71 亿元，同比增长 13.0％。其中石油和天然气开采业完成固定资产投资 440.51 亿元,同比增长 7.3%;原油炼制和加工业完成 135.72 亿元,同比增长 10.1%;地方化学工业完成固定资产投资 311.48 亿元,同比增长 23.9%。2011—2012 年固定资产投资共计 1678.8 亿元。

(2)空间布局。

第一,管线建设成效显著。新疆的油气管道运输建设发展迅速,目前已基本形成了北疆、南疆、东疆油气管网的框架。2011 年 4 月,伊宁—霍尔果斯煤制气输气管道工程、王家沟—乌石化原油管道工程、乌石化—王家沟成品油管道复线工程、阿拉山口—独山子原油管道二期工程、独山子—乌鲁木齐原油管道工程五条油气管道同时开工建设。2012 年年底,西二线轮台—吐鲁番支干线建成投产。目前,新疆已经建成国家“西油东送”“西气东输”能源战略通道。第二,园区建设。按照现代工业园区建设模式,依托区内优势资源和石化、化工等大型龙头企业,我区石化、化工园区建设取得显著成效。目前,国家、自治区已先后批准鄯善、库车、克拉玛依、奎—独、米东、库尔勒等 23 个以石化、化工产业为主的园区,在数量上比“十一五”末有大的增长。

(3)辐射带动。

第一,地方工业发展迅速。近年来,新疆盐化工进入高速发展期,新疆天业集团、中泰化学等公司电石、聚氯乙烯、离子膜烧碱产能迅速提高。到 2012 年年底,新疆地区形成了年产 435 万吨电石、278 万吨 PVC、220 万吨烧碱生产能力,PVC 产能、产量居全国第一,电石产能产量居全国第二,已成为国内最大的氯碱化工生产基地。第二,依托独山子大炼油、大乙烯、乌石化大型芳烃装置,奎—独石化园区和乌鲁木齐市分别组织编制了《奎屯—独山子石化园区石化产业规划》和《新疆乌鲁木齐芳烃产业集群下游装置发展规划》,加大招商引资力度,推进一批项目的建设，石油石化对下游产业的集聚和带动作用逐渐显现。

1.2.2.4　东莞石龙电子信息产业集群

石龙是东莞市以电子信息产业为特色的专业镇，现在已成为广东乃至全国科技、经济、社会综合实力名列前茅的现代化小城镇。目前，石龙已成为以数码复印机、激光打印机、数码相机、电脑整机为主的电子信息产品生产基地，形成了较完整的电子信息产业集群，日本京瓷、柯尼卡美能达、电产三协、托普康、利富高、TKR、山阳稻田、北大方正等一批国内外企业先后在石龙镇设立了生产和开发基地。2006 年，电子信息产业产值达到132.9 亿元，占全镇工业生产总值的 85％，形成年产值 50 亿元以上的电子信息高新技术企业 2 家，年产值超过 1 亿元的电子信息高新技术企业 14 家，现在全镇有省级高新技术企业 19 家，省级民营科技企业 25 家，市级民营科技企业 50 家。该镇经济发展的关键和动力就在于科技创新和科技进步，现在石龙已成为"国家星火技术密集区""国家电子信息产业基地""广东省产业集群升级示范区"[①]。

（1）产业发展。

第一，技术创新活动。作为电子信息产业的重镇，石龙非常重视引导企业开展技术创新活动。为了促进产业集群内外源企业的同步发展，石龙积极引导外资企业开展本地化技术创新活动，鼓励其在当地设立研发机构，同时也使其产业配套大部分实现本地化，技术创新局部实现本地化，产生了明显的技术溢出效应和二次创新成效。内源企业通过与外源企业在产业链上的相互配套，在承接外资企业订单的同时，在创新上相互学习，不断适应和学习外资先进的发展理念，推动形成自身的技术创新发展思

---

① 薛捷：《产业集群的知识基础与创新网络研究——以东莞石龙电子信息产业集群为例》，载《科技进步与对策》，2009 年第 16 期，第 66~70 页。

路。这种根植于当地的学习与合作也为综合性知识基础的形成打下了根基。第二，产业链条完整。石龙电子信息产业的迅速发展带动了光学、电子、五金等上下游产业的发展，形成了比较完善的制造研发链条和生产流通网络，区域内企业间的邻近便于开展各种正式和非正式的学习。石龙外来企业的产业配套大部分实现了本地化，如东莞方正科技电脑有限公司，除硬盘与 CPU 之外，90％的零配件供应商均分布在以石龙为中心的 80km 范围之内，而柯尼卡美能达的 350 多家零配件供应商中，有 84％来自本地。外来企业与当地民营科技企业形成相互配套和相互依托，根植性大大增强，产生了明显的技术溢出效应。而民营企业在与外来企业的合作和配套中，也通过学习加快了与外资企业在技术、产品和工艺方面的融合步伐，如东莞泽龙线缆有限公司就在与韩国三星、日本三菱和三洋电机等跨国大企业的配套协作中，加快了自有技术的研究开发，通过吸收消化与再创新稳步提升了技术创新能力。

（2）集群环境。

第一，公共服务平台。石龙镇政府充分发挥公共服务职能，建成石龙科技创新中心并设立科技创新风险基金，打造了石龙电子信息产业集群电子商务公共服务平台，与华南理工大学和广东工业大学合作设立了研究生工作站，还引导产业集群内的企业与 26 所省内外高校和科研机构开展合作，这种合作也为解析性知识基础的形成打下了根基。此外，石龙生产力促进中心还从本地实际出发，整合各方资源，先后与东莞石龙协通企业事务所、东莞中正知识产权事务所、广州赛宝认证中心 & 深圳南晟管理咨询公司等科技服务机构建立了合作关系，为镇内企业的创新提供全面的指导和帮助。第二，产学研合作。石龙的相关企业非常重视与高校和科研机构的合作，通过发挥高校和科研院所作为知识源的作用来强化自身的创新能力。如从 1989 年起，东莞龙基电子便与上海硅酸盐研究所开展了科技合作；随后东莞泽龙线缆有限公司也与华南理工大学环境学院进行合作开发清洁生产关键技术；广东炬龙电气与华南理工大学合作开发电力变压器新产品并获得国家发明专利1项；万通实业通过与华南理工大学、广东工业大学合作改造导轨生产线，使得生产效率和效益大大提升。这些产学研合作的成功例子也让越来越多的企业和高校走上了合作之路。第三，金融支持。石龙还设立了石龙科技发展基金和科技风险投资基金，通过设立科技发展基金引导和支持高校科研人员深入地方企业第一线，帮助企业解决实际问题、培训人才。迄今为止，华南理工大学和广东工业大学有180多位专家教授及其科研团队深入企业，开展新产品开发和技术培训等工作，每年有5~7个项目获石龙基金立项支持，并与中山大学电子信息学院合作建立了培训中心。而通过设立科技风险投资基金，扶持企业与高校联合创办实体，加快了科技成果的转化，提升了当地企业的技术水平。如石龙现在已为开普互联与北京大学的合作提供了1000万的风险基金，为元典科技与中国科技大学的合作提供了250万元的风险基金，为巨龙科技信息与武汉大学的合作提供了250万的风险基金。

　　以上四个产业集群虽然不能完全反映我国产业集群发展的全貌，但每个产业集群都有各自的行业类别、发展动力、经济优势等，具有一定的代表性。具体来说，中关村在相当程度上掌握了我国IT产业的市场脉络，培育出一大批有影响力的IT企业和IT人才，但是中关村要加强实现国外优秀技术的本地化，逐渐成为以创新为主、由独特发展动力的创新型高科技产业集群是目前发展的主要方向。浙江绍兴是以劳动密集型和低技术含量的纺织工业为主体，实现低成本、低技术的经济规模扩张，但是这类型的产业集群行业进入壁垒较低，同质化严重，并且很容易被模仿，集群的整体竞争优势很难长时间保持，因此不断增加新技术的研发和投入是保证其可持续发展的关键。新疆依赖于当地不可再生的石化资源进行开发而逐渐形成的，这类型的集群的资源优势弱化了集群企业不断提升能力的动机，降低了资源开发效率，同时，这类型集群多依赖于初级生产要素，产业链条短，集群往往对资源进行粗放型的开采和加工，因此要注意开发下游产业链的深加工环节，使资源优势转变为经济优势。以东莞电子信息产业典型的产业转移型的集群，这类集群很容易成为一个生产制造中心，由于其技术资源、市场和销售网络都在外部，缺少地方性相关产业和支持产业，导致其与地方经济联系不够紧密，抗风险能力较低，因此要注意保持地区的成本优势并强化集群的内部发育。根据对以上 5 个产业集群的具体分析，我们可以对照出四川省产业集群的发展状况，为四川省产业集群的发展方向提供参考依据。

2 四川产业集群发展现状与问题

根据前文分析，我国产业集群目前仍然处于发展阶段，集群整体竞争力较弱。四川省工业发展存在的根本问题在于工业整体竞争力较弱，因此，积极推进产业集群发展战略是提升四川经济发展的重要战略手段。本章主要分析了四川省产业集群的发展现状及发展过程中存在的问题。

2.1 四川产业集群产生与发展

"十二五"时期，四川省产业经济取得了较大进展，三次产业都取得了较高增长率，但是产值结构呈现出"二、三、一"的特点，与全国产业结构相比仍存在较大差异。近年来，四川省开始承接产业转移工作，重点发展高新技术产业、先进制造业和现代服务业，依托产业带形成了一批特色鲜明、规模成熟的产业集群。产业集群的发展为四川省经济增长做出了巨大贡献，同时也推动了四川省产业结构调整。四川省产业集群经过发展虽初具规模与成效，但由于起步较晚、地理环境局限、产业基础支撑不足、配套机制不健全等因素的制约，在整体发展水平、内部机制和外部环境等方面仍存有诸多问题。

2.1.1 四川省产业发展概况

四川省产业经济在"十二五"时期取得较大进展，五年来，四川省委、省政府坚持"稳重求进"的工作方法，面对新的经济社会形势，不断出台稳增长的新政策，保持较快的发展速度，显著提升了综合实力。四川省用四年的时间将经济总量推上了一个万亿的新台阶，2011 年地区生产总值（GDP）为 2106.7 亿元，2015 年达到 30103.1 亿元，GDP 总量在全国各省（市、区）的排位上升至第 6 位。图 2-1 反映了四川省 2011—2015 年地区生产总值的变化情况。无论是农业现代化水平、工业化水平还是特色优势产业，以及战略性新兴产业都取得突破，同时也存在一些问题。

图 2-1　四川省 2011—2015 年地区生产总值

资料来源：四川省统计年鉴 2011—2015 年。

2011—2015 年，四川省第一产业的地位进一步巩固，第二产业较快发展，第三产业加快发展。四川省加快推进新农村建设，保证了农业生产的稳定；2011 年第一产业增加值为 2983.5 亿元，2015 年增加至 3677.3 亿元。省内新兴产业不断壮大、传统产业保持活力；2011 年第二产业增加值为 11027.9 亿元，2015 年增加至 14293.2 亿元；规模以上工业企业主营业务收入由 2011 年的 30138.7 亿元增至 2015 年的 37876.3 亿元。随着改革开放不断深入，服务业逐渐成为四川省稳定经济增长的重要动力，2011 年第三产业增加值为 7015.3 亿元，2015 年增加至 12132.6 亿元。图 2-2 反映了四川省 2011—2015 年第一、二、三次产业增加值的变化情况。

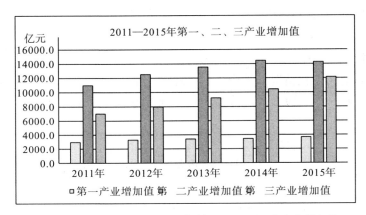

图 2-2　四川省 2011—2015 年第一、二、三次产业增加值

资料来源：四川省统计年鉴 2011—2015。

《四川省"十二五"工业发展规划》中明确提出，四川省将根据资源优势、区位条件、产业基础和主体功能区规划，依托不同区域发展定位，以城市、产业园区为载体，重点打造成德绵自内资装备制造产业带、成德绵广遂内电子信息产业带、成德资眉内宜泸饮料食品产业带、成眉乐自泸宜遂南达化工及新材料产业带、攀西和三江流域特色资源产业带五大产业带，具体如图 2-3所示。

其中，成德绵自内资装备制造产业带是以成都为中心，依托成绵高速、成绵乐城际铁路、成自泸高速，由北向南连接绵阳、德阳、成都、资阳、内江、自贡等城市，形成了一条"Z"形产业带，主要的工业园区有德阳经济开发区装备产业园、广汉石油钻采设备产业园、泸州长江机械工业园、资阳机车产业园、自贡板仓工业园、宜宾志诚机械装备产业园等；成德绵广遂内电子信

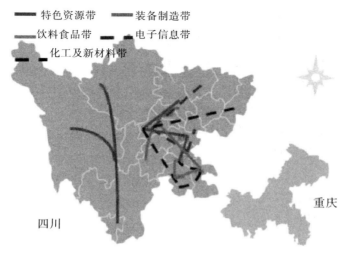

图例：
- 特色资源带
- 饮料食品带
- 化工及新材料带
- 装备制造带
- 电子信息带

四川

重庆

图 2-3　四川省产业带分布情况①

息产业带是以成都为中心，依托成南高速、成绵高速、成绵乐城际铁路、成渝高速，由北向南连接绵阳、德阳、成都、内江、遂宁等城市，形成了一条"L"形产业带，主要的工业园区有成都高新技术产业发展区、遂宁经济开发区、资中经济开发区工业园、隆昌经济开发区等；成德资眉内宜泸饮料食品产业带，是以成都为中心，围绕德阳、资阳、眉山、内江、泸州为发展半径，依托成渝高速、成绵高速、成乐高速形成的一条"J"形产业带，主要的工业园区有邛崃工业集中发展区、浦江工业集中发展区、临邛白酒工业园、什邡经济开发区等；成眉乐自泸宜遂南达化工及新材料产业带，是以成都为区域发展核心，围绕眉山、自贡、乐山、宜宾、泸州、达州、南充为发展半径，依托成渝高速、成绵高速、成乐高速形成的一条"b"形产业带，主要的工业园区有泸州化工园区、宜宾罗龙工业园区、眉山铝硅产业园区、眉山

---

① 数据根据《四川省"十二五"工业发展规划》整理。

金象化工产业园区等；攀西和三江流域特色资源产业带，是以三江流域为核心发展区域，围绕攀枝花、凉山、阿坝、甘孜、雅安为发展半径，依托成灌高速、雅康高速、汶马高速、汶九高速、成青高速形成的一条"y"形产业带，主要的工业园区有钛钢产业园区、米易白马园、西区格里坪园区、盐边园区等。这五大产业带发展态势良好，促使四川省逐步形成比较优势突出、区域特色鲜明、区际良性互动的产业。

总体来说，四川省产业发展具有以下几个特点。

一是产值结构呈现出"二、三、一"特点，与全国相比差异显著。四川省 GDP 及构成见表 2—1。

表 2—1　四川省 GDP 及构成

年份	地区 GDP（亿元）	第一产业		第二产业		第三产业	
		增长率（%）	占 GDP 比重（%）	增长率（%）	占 GDP 比重（%）	增长率（%）	占 GDP 比重（%）
2012	23849.8	4.5	13.8	15.4	51.7	11.2	34.5
2013	26260.8	3.6	13.0	11.5	51.7	9.9	35.3
2014	28536.7	3.8	12.4	9.3	50.9	8.8	36.7

数据来源：2012 年、2013 年、2014 年四川省国民经济和社会发展统计公报。

由表 2—1 的纵向比较可以观察到，四川省三次产业近三年都取得了较高的增长率。其中，第二产业增长率最高，第三产业只比第二产业稍低，第一产业增长率较低，说明四川省产业发展速度快，产业发展后劲足、潜力较大。从占 GDP 比重来看，第一产业则连续三年比重下降，第二、三产业占据了 85% 以上的GDP 比重，说明四川省正处于工业化的中期阶段，大力发展二、三产业是促进全省经济发展的核心任务。观照二、三产业的比重，发现第二产业比重有所下降而第三产业比重增长较快，说明四川省尽管处在工业化中期阶段，但也正在逐步实现产业结构的良性升级，即第三产业因其更快的增长速度和更大的增长空间等优势开始迅猛发展。除了纵向比较，还必须要横向比较，分析四川省产值结构状况所处的地位。

四川省产业产值构成与全国比较情况见表2-2。

表2-2　四川省产业产值构成与全国比较情况

年份	四川省			全国		
	第一产业占GDP比重（%）	第二产业占GDP比重（%）	第三产业占GDP比重（%）	第一产业占GDP比重（%）	第二产业占GDP比重（%）	第三产业占GDP比重（%）
2012	13.8	51.7	34.5	9.5	45.0	45.5
2013	13.0	51.7	35.3	9.4	43.7	46.9
2014	12.4	50.9	36.7	9.2	42.7	48.1

资料来源：《四川统计公报2014》，《中国统计年鉴2015》。

由表2-2显示，2012—2014年3年四川省三次产业占GDP的比重与全国相比差异比较明显。四川省第一产业比重高于全国平均水平，这是由于四川是西部农业大省，农业发展规模也较大。四川省第二产业比重也高于全国水平，并且差距更大，这是在四川省工业强省战略下发展的结果，也说明四川省第二产业发展仍处于中期阶段，第二产业主导的产业结构特征明显。四川省第三产业比重低于全国平均水平，且差距最大，均大于10%，说明四川省第三产业发展滞后，处于起步阶段，但未来将是产业增长的重要支撑点。

二是三次产业内部结构差异明显，发展不均衡。

首先，四川省第一产业占GDP的比重逐年下降，但经济总量仍然上升。由于第一产业主要是农业，从农业发展的内部结构来看，存在明显差异。农业总产值主要由农业、林业、牧业、渔业以及农林牧渔服务业构成。四川省2013年农业总产值为

3368.66亿元，农业生产占据整个农业总产值的51.66％，畜牧业占据40.34％，而林业和渔业分别只占3.20％和3.16％，服务业占1.64％[1]，说明四川省第一产业发展主要以农业生产和畜牧业为主导，而其他产业发展规模较小，产业类型之间发展不平衡。尤其是在农业的现代化进程中，农村工业、建筑业、农村服务业发展水平较低，对农业发展贡献作用微弱，导致农业产业供需结构的矛盾，农民收入增加缓慢。根据四川省"十二五"规划，目前四川省的农业发展重点是深度开发饮料食品行业，利用"公司＋农户＋基地"模式增强农产品深加工，提升农产业品附加值，推进农业工业化进程。饮料食品行业已经成为四川省优势产业之一，农业发展的园区化和基地化趋势明显，农业现代化进程加快。

其次，第二产业的比重虽然在近三年逐渐下降，但是仍占50％以上的GDP，且经济总量增加较快。第二产业主要是工业。从工业发展内部来看主要包括工业和建筑业。2013年四川省工业总产值为13472.05亿元，其中，轻重工业占85.15％，建筑业占17.14％[2]，说明四川省第二产业发展主要依靠轻重工业推动，且重工业比重更大，如冶金、采掘、机械、化工、低端装备制造业等占据了较大比例，而战略性新兴产业发展不足，对产业升级的拉动作用不明显。由于发展方式的"三高一低"，导致了竞争力的下降、市场优势的丧失，在当前保护生态环境、建设美丽四川的背景下，粗放型的发展方式不可持续。根据四川省工业发展"十二五"规划，工业发展的重点是通过"7＋3"计划深入推进四川省工业体系的完善，培育一批优势产业，如电子信息、装备制造、能源电力、油气化工、钒钛钢铁、饮料食品、现代中

---

[1] 根据《四川省统计年鉴2014》数据计算得出。
[2] 根据《四川省统计年鉴2014》数据计算得出。

药等已经成为四川省优势产业，而航空航天、汽车制造、生物工程以及新材料等已经成为四川重点开发的潜力型产业。以高新技术产业为例，四川省已经成功申请了7大国家级高新区，以战略性新兴产品培育为重点、以高新技术园区为载体，加快高新技术产业园区建设，以市场为导向、以企业为主体，强化科技成果转化和产业化。四川省高新技术产业重点分布在电子信息、先进制造、航空航天、新材料、生物医药与农业、核技术与新能源六大领域。截至2014年年末，四川省高新技术企业共计2199户，全年总产值达12230.5亿元，与2013年相比增长18.3%，其中规模以上工业高新技术企业达1779户，占全省高新技术企业的80.9%。2014年实现总产值10521.4亿元，较去年同比增长10.4%[①]，因此具备很大的增长潜力和拉动作用。利用高新技术产业改造传统行业是四川省产业结构调整的重点，也是第二产业转型升级的重点。

最后，第三产业保持了较快的发展速度，占GDP比重也逐渐上升，经济总量上升也较快。第三产业涉及的产业门类较多，主要分为交通运输和仓储以及邮政业、批发和零售业、住宿和餐饮业、金融业、房地产业、其他服务业。2013年四川省第三产业总产值为9420.06亿元，其中，交通运输等占7.98%，批发和零售占15.63%，住宿和餐饮占7.28%，金融占16.79%，房地产占8.1%，其他服务占44.22%[②]，说明四川省第三产业发展目前主要依靠批发和零售业、金融业以及其他服务业驱动为主，但齐头并进、多点开花的特征也较明显，未来具有很大的发展潜力。同时，以服务业为主的第三产业发展存在结构性问题，

---

① 四川省科技学术厅：《2014年高新技术产业统计简析》，四川省科技学术厅2015年报告。

② 根据《四川省统计年鉴2014》数据计算得出。

如生产性服务业发展滞后，不能为第一、二产业发展提供及时和有效的支撑，生活性服务业发展严重滞后，社会保障体系建设缓慢，人民幸福指数有待提升。根据发展规划，服务业发展的重点是将四川建设成为西部的金融、物流和商贸以及会展中心，从生产性服务业和生活性服务业入手转变服务业发展方式，提升服务业层次和水平，建立四川省现代服务业体系。如目前省级的现代服务业集聚区已经达到了 30 个，电子商务市场交易规模已经突破 1.2 万亿元[①]。

三是产业竞争力总体提升，主要依靠第二产业拉动。

根据相关学者对四川产业结构的量化分析，2012 年四川省三次产业的比较劳动生产率分别是 0.333、2.054、1.018，反映了四川省产业结构效应存在较大差距，第二产业劳动生产率最高，第一产业最低，并且第一产业与二、三产业存在较大差距，说明四川省第一产业效益较差，第二产业最好，第三产业效益处于增长期，这与上述就业结构现状一致。四川省仍然是工业大省，今后发展的重点是加强工业实力，积极促进第三产业增长，发挥对第一产业的拉动作用。从竞争力角度看，2008—2012 年的 5 年中，四川省三次产业的竞争偏离度总量居于中等水平，说明四川省产业竞争力显著增强，产业实力较为雄厚。但是第一、三产业竞争偏离度均为负值，说明第一、三产业的竞争实力处于较为落后的地位，只是依靠第二产业的发展提升了整体竞争力。5 年期间四川省产业整体的区域竞争力系数为 1.89266，大于 1，说明尽管四川省产业结构不尽合理，但是仍有较多的产业部门取得了突破性的增长，在某些行业或领域具备了竞争优势，在全国的竞争地位上升。

---

① 中商情报网，《2014 年四川省三大产业经济运行情况分析》，http：//www.askci. com/news/finance/2015/04/21/104924ze0s. shtml

　　四是各个经济区发展不平衡，差异显著。

　　根据四川省经济发展规划，目前全省划分了五大经济区，分别是成都平原经济区、川南经济区、攀西经济区、川东北经济区、川西北经济区。按照 2013 年三次产业划分的情况，可以分别计算出五大经济区在三次产业方面的综合进行比较，详见表2—3。

表 2—3　2013 年四川省五大经济区主要城市产业产值构成

经济区	主要城市	第一产业产值（亿元）	第二产业产值（亿元）	第三产业产值（亿元）
成都平原	成都、绵阳、德阳、眉山、乐山、雅安、资阳、遂宁	1493.06	8211.92	6496.74
川南	宜宾、泸州、自贡、内江	649.95	2758.78	1145.58
攀西	攀枝花、凉山州	261.77	1239.40	514.11
川东北	南充、达州、广安、广元、巴中	886.96	2229.04	1227.79
川西北	甘孜州、阿坝州	82.36	201.62	151.23

　　数据来源：根据《四川省统计年鉴2014》相关数据计算得出。

　　表2—3的数据显示，成都平原经济区在三次产业上都保持了绝对的优势，发展速度也是最快的。川南经济区第一产业相比于川东北经济区缺乏优势，但第二产业产值较高；两大经济区第三产业产值差距不大，同时超过千亿元级水准。攀西经济区由于中心城市较少，经济总量相比而言较低；第二产业具备较优的发展效益，第一、三产业发展不足。川西北地区在三次产业产值上都处于最后位置，区位条件较差，产业培育不足，产业发展效益不佳。综合来看，五大经济区三次产业产值排名依次为成都平原、川南、川东北、攀西、川西北，除成都平原经济区已经达到

万亿元级产值外,其余均未达到五千亿元级;其他四大经济区内川东北与川南三次产业总产值差异不大,与剩余两大经济区差异显著,显示出五大经济区发展的不平衡性特征明显。

综上所述,四川省现代产业体系基本轮廓较为清晰,但如何推进现代产业体系建设进程,实现四川省产业的转型升级,目前尚处于阶段性探索中。从产业发展的方式来看,依然存在诸多局限,如农业发展集约化程度低,农业基地建设缓慢,专业化、规模化程度低,标准体系建设滞后。工业方面,则龙头企业数量少、品牌影响力不足、产业集聚效益差、带动作用不强,且科技创新水平较低、技术进步缓慢;产业关联度低,内部联系较松散。四川省部分地区服务业发展滞后,城乡差距大;服务业发展环境不优,重视程度不足,标准体系和规范化程度低;服务业从业人员素质偏低;生产性服务业和生活性服务业发展不足,产业支撑能力较弱。要改造四川省产业发展方式,需要建立一条低碳生态、集约利用、布局合理、竞争力强的发展道路。产业集群作为产业发展的高级阶段,在创新、集约、效应提升等方面具备先天优势。将其作为产业培育的对象,符合建立现代产业体系的要求,是四川省推进产业升级、提高产业发展速度的重要方向。

2.1.2 四川省产业集群发展概况

四川省已经具备了产业集群发展的产业基础和条件,集群化发展趋势日益明显。四川工业不仅总量大、特色优势产业基本形成,而且工业体系日趋完善、工业门类更为齐全。目前,四川已经成为拥有 40 个主要工业部门、200 多个主要行业的工业大省,是我国西部工业门类最齐全和优势产业最多的省份。四川省产业集群虽然起步较晚,但是部分集群发展速度很快,产生了一批在全国范围竞争力较强的知名品牌集群,如绵阳汽车产业集群、德阳装备制造产业集群等。但同时我们也要看到,四川省绝大部分集群属于传统产业集群，主要是依靠廉价劳动力、特色资源等形成的，集群整体竞争力较弱，因此，四川省产业集群急需转型升级。

2.1.2.1 四川产业集群的基本发展历程

20 世纪末，四川省逐渐形成部分产业集群，主要集中在农业和手工制造业。依托当地特色农产品，四川省发展了一批以农产品生产为主的产业集群，如郫县（注：2017 年改为郫都区，下同）豆瓣集群、蒙顶山茶叶集群、邛崃白酒集群等。此外，借助于手工业集中发展的优势，形成了早期的手工制造业产业集群，例如武侯家具集群、崇州皮革集群、夹江陶瓷集群等。

21 世纪初，随着市场化和工业化步伐的加快，四川省产业集群进入以"龙头企业带动、市场驱动、产业链整合、同业集聚"为特点的发展新阶段。截至 2005 年，四川省产业集群数量达 40 余个，包括德阳重大技术装备产业集群、绵阳数字家电产业集群、成都软件产业集群、夹江陶瓷产业集群等一大批特色产业集群；广汉钻机、泸州白酒、攀枝花钒钛产业等产业集群也在迅速发展。这些省内集群中，集群企业共 3236 户，平均每个产业集群拥有企业 124.5 户，集群销售总收入达 671.4 亿元，为全省规模以上企业销售收入的 11.2%；集群实现利润达 54.9 亿元，为全省规模以上企业利润总额的 16.8%[①]。

近年来，四川省开始承接产业转移工作，重点发展高新技术产业、先进制造业和现代服务业，依托产业带形成了一批特色鲜明、规模成熟的产业集群，包括成德绵汽车产业集群、成绵乐电子信息产业集群、攀西钒钛产业集群等。产业集群的发展为四川省经济增长做出了巨大贡献，同时也推动了四川省产业结构调

---

① 姜君：《我省 40 余个产业集群大丰收 年利润达 54.9 亿》，网易新闻，http：//news．163．com/07/1121/23/3TS23DHH00011229．html

整，促进企业技术创新。

2.1.2.2　四川省产业集群发展的基本情况

（1）新兴休闲农业产业集群蓬勃发展。

随着新型城镇化的推进和居民生活水平的提高，农业已不再是传统意义上的农林牧渔，目前正逐步发展成农业和餐饮、休闲相结合的现代新兴农业。一批以"农家乐"为支撑体系的农业和乡村旅游业的融合发展，成为促进农民增收、改善农民就业、发展现代农业的新兴产业。截至2012年，四川省休闲农业与乡村旅游示范基地2.8万个，接待游客共2.2亿人次，休闲农业乡村旅游综合经营性收入突破450亿元，带动四川省750万农民就业增收。2012年，四川省"农家乐"接待了全国31%的客源，取得全国38%的收入，产业规模效益居全国首位。为了促进农业和乡村旅游业的融合发展，四川省重点打造了"五大休闲农业产业带"：以成都平原为核心的平原风光产业带，以甘孜、阿坝、凉山为重点的民族风情休闲农业与乡村旅游产业带，以巴中、达州、广安等为重点的红色故里产业带，以乐山、宜宾、泸州等为重点的川南田园风光产业带，以德阳、绵阳、阿坝等为重点的灾后重建新貌产业带[①]。除此之外，四川省近年来举办了许多以"春赏花、夏避暑、秋采摘、冬年庆"为主题的农业节庆活动，如龙泉的"国际桃花节"，蒲江的"国际郁金香节"，青白江的樱花节、双流的草莓节等；另外，围绕创意农业精品大赛、蒲江的郁金香节、宜宾的早茶节、彭州的蔬菜博览会、眉山的泡菜国际博览会等大型节会，举行了专题新闻发布会。这些活动不仅吸引

[①]　许静：《四川农家乐产业规模效益全国第一》，载2013年2月20日《四川日报》第9版。

了广大游客，还提高了农业产业集群的知名度，扩大了社会影响力①。

（2）高新技术产业集群初具规模。

四川省通过建设高新技术产业化基地和高新园区来促进高新技术产业发展；通过培育战略新兴产业，有效促进科技成果转化，为四川省产业结构调整发挥了积极作用。2014 年年底，四川省陆续认定的特色高新技术产业化基地达 42 家，包括成都信息安全高新技术产业化基地、自贡节能机电装备高新技术产业化基地、遂宁光电高新技术产业化基地、凉山州冕宁稀土高新技术产业化基地、阿坝新材料高新技术产业化基地等。截至 2015 年10 月底，四川省国家级高新技术产业开发区已达到 7 个，包括成都高新技术产业开发区、绵阳国家高新技术产业开发区、自贡国家高新技术产业开发区、乐山国家高新技术产业开发区、泸州国家高新区、德阳高新技术产业开发区、攀枝花钒钛高新技术产业开发区（表 2－4）。

（3）文化创意产业集群初露头角。

随着产业结构的不断调整，四川省第三产业规模逐渐扩大，对经济增长的贡献越来越明显。第三产业的发展为传统文化行业带来新的发展机遇，特别是文化创意产业发展迅速，目前已初步形成了以成都市为中心，辐射川南、川北的若干文化创意产业集群。自贡市以"盐、龙、灯、盐帮菜"等特色文化产业为核心，重点扶持和指导彩灯对外贸易，推动首个彩灯文化产品项目尽快投产，引导彩灯文化创意企业共同发展；内江市依托其独特的"大千文化"，建设大千文化旅游产业园，打造大千文化产业市场聚集区，通过营建产、供、销渠道组建集书、画、教育等产业于

---

① 四川省农业厅：《强化"六抓六推动"，实现农业产业新格局——四川省休闲农业与乡村旅游发展现状》，四川省农业厅 2013 年报告。

表2-4　四川省七大国家级高新技术开发区概况①

	成都高新区	绵阳高新区	自贡高新区	乐山高新区	泸州高新区	德阳高新区	攀枝花高新区
基本情况	1991年被国务院批准为全国首批国家级高新技术产业开发区，在科技新区综合排名中长期稳居全国第四，现有规划面积130平方公里，由南部园区和西部园区组成	1992年11月经国务院批准建立为国家级高新区，现辖永兴、磨家、河边三个建制镇和普明街道办事处，总人口30万，辖区面积105平方公里	2011年经国务院批准升级为国家级高新技术产业开发区，现规划面积100平方公里，目前已开发30平方公里，总人口20万人	2012年8月经国务院批准升格为国家级高新区，规划面积22平方公里	2015年2月，泸州高新区升级为国家级高新技术产业开发区，总规划面积62.62平方公里，形成"一核两翼四园"格局，"一核"即泸州高新区科技研发中心，"两翼"即江阳区和泸县片区，"四园"机械装备产业园、新能源医药产业园和酒业发展园和酒业发展创新园	2015年10月成为国家级高新技术开发区，园区规划面积26.65平方公里，管理面积40.8平方公里	2015年10月成为国家级高新区，管辖面积78平方公里，管理面积3.16平方公里
重点产业	新一代信息网络产业、生物医药产业、航空装备产业、先进环保产业	电子信息产业、汽车及零部件产业、新材料产业	节能环保产业、装备制造业、新材料产业、电子信息产业、生物医药产业	光伏新能源产业、电子信息（物联网）产业、生物医药产业	机械装备产业、新能源新材料产业、医药（生物医）产业、酒业发展产业	新材料新能源产业、生物医药产业、油气装备与服务、通用航空产业	钛钢综合利用产业、新金属材料产业、节能环保产业

① 资料根据成都高新技术产业开发区官网、绵阳高新技术产业开发区官网等整理。

续表2-4

	成都高新区	绵阳高新区	自贡高新区	乐山高新区	泸州高新区	德阳高新区	攀枝花高新区
经济规模	2014年，成都高新区（集中区）实现生产总值1178.2亿元，增长13.6%；规模以上工业增加值753亿元，增长16.2%；固定资产投资606.3亿元，社会消费品零售总额263.1亿元，增长14.7%；一般公共预算收入115.11亿元，增长15.7%	2013年，全区实现地区生产总值190.03亿元，增长12.7%；全区86家规模以上工业增加值874.78亿元，完成总产值874.78亿元，增长11.1%；区属工业增加值60.7亿元，增长12.7%；实现财政总收入11.71亿元；完成固定资产投资74.5亿元，增长17.7%	截至2015年9月，自贡高新区规模以上工业总产值272.6亿元，同比增长13.1%；实现地区生产总值（GDP）207.29亿元，同比增长12.4%；完成规模以上工业增加值81.2亿元，同比增长15.1%	2014年，乐山高新区入驻企业453家，其中，规模上企业95家，高新技术企业48家，实现工业总产值502.7亿元，工业增加值150.7亿元	截至2014年年底，泸州高新区内企业数量达到400家，其中高新技术企业36家；2014年，泸州高新区实现工业总产值406亿元，其中高新技术产业产值144亿，占工业总产值的比例达到35.7%	2014年高新区入驻企业641户，规模工业企业236户，实现规模工业总产值355.6亿元，总产值660亿元同比增长24.5%；实现利税97.2亿元，进出口总额达到15亿美元，高新技术产业值达44.5%，申请专利572件，授权专利375件，高新技术专利专利权数量和授权量增长76%和61%	2014年，钒钛高新区完成规模以上工业总产值198.5亿元，利税总额7.72亿元；其中，高新技术企业2014年实现总产值72.09亿元，利税2.8亿元，占全市高新技术企业总收入的48%；2014年实现高新技术企业人入30家，建成国家级高新技术企业30家，占全市总数的65%

一体的"大千巴蜀苑",并积极开发张大千艺术品高仿制作,推出涵盖大千毫系列、大千蜀锦系列、大千陶瓷系列、大千框画系列四大系列文化创意产品;巴中市依托其特色鲜明的巴中南龛文化,以建设中国红色文化旅游新高地、巴文化展示区、三产业发展新引擎为目标,规划建设了南龛文化产业园;绵阳市在不断推进文化创意产业与一、二、三产各次产业以及各领域企业深度融合的进程中,由中科院投资 60 亿元,建设以发展数字新媒体、工业创意设计、软件和动漫游戏、影视传媒、文化旅游、川派艺术创作为重点的国际科技文化产业园,推动形成富有特色的科技文化创意产业集群。

2.2　四川产业集群发展存在的问题

自 20 世纪末至今,四川省产业集群虽初具规模与成效,但由于起步时间较晚、地理环境局限、产业基础支撑不足、配套机制不健全等因素的制约,在整体发展水平、内部机制和外部环境等方面仍存有诸多不足之处。

2.2.1　整体发展水平较低

从整体发展水平来看,四川省产业集群在经济规模、地域分布与发展成熟度、驱动方式以及区域品牌竞争等方面相比于江苏、浙江、广东、福建等先行地仍存在较大差距。

一是集群经济规模小,经济贡献率较低。

在规模方面,截至 2009 年,四川省工业产业集群数量为 50 个左右。其中年销售收入在 10～50 亿元之间的有 21 个,占总量的 42%;年销售收入在 50～100 亿元之间的有 7 个,占总量的 14%;而年销售收入超过 500 亿元的仅有 2 个。各产业集群对当地经济贡献率较小，达到 30％的仅有 9 个[①]。比较而言，据浙江省政府调查研究室数据显示，早在 2001 年浙江省已有 800 多个产业集群；至 2014 年，浙江省年销售收入超过 1000 亿的有 15个，其中超过 1500 亿的有 6 个，销售收入最高的纺织业集群实现年销售收入 5723 亿元[②]。至 2010 年，广东产业集群对当地经济的贡献率超过 34％，其中汕头、佛山、中山等多个专业镇经济贡献率均已超过 50％[③]。由此看来，与浙江、广东等先行地区相比，四川省产业集群在经济规模和集群的经济贡献率方面仍存在一定的差距。

二是集群地域发展不平衡，发展成熟度差距大。

四川省产业集群发展不平衡主要体现在两个方面：一方面，产业集群地域发展不平衡，不同地域之间的产业集群发展差距较大。以五大经济区的高新技术产业集群分布为例，2014 年四川省高新技术企业共计 2199 户，其中成都经济区依托有利的经济地理位置和丰富的资源，高新技术产业发展良好，高新技术企业达到 1740 户，占全省 79.1％；川南经济区次之，高新技术企业达 232 户，占全省 10.6％；川东北经济区再次之，高新技术企业有 149 户；然后是攀西经济区，有 73 户；最少的是川西北经济区，仅有 5 户高新技术企业。另一方面，产业集群发展的成熟度不平衡，各集群间因所围绕产业的发展现状和问题的不同而呈现出不同的集群发展态势。这其中包括发展态势越来越良好的新兴产业集群，例如攀西钒钛产业集群、成绵乐电子信息产业集群等，这些产业集群在全国范围内都具有相当高的知名度和一定的

---

① 四川省人民政府研究室：《四川培育发展优势产业集群研究》，天地出版社2011 年版。

② 李彦翔：《浙江产业集群现状、问题及发展策略研究》，上海交通大学 2014年毕业论文。

③ 广东省科技厅，http：//www. gdstc. gov. cn

影响力，对四川省经济增长做出了突出的贡献。其中也包括发展急需转型的传统产业集群，例如成都制鞋产业集群等，这类型产业集群经过多年的发展其内部发展趋于成熟，但是缺乏创新的动力，如果不能转型发展成为高端化产业集群，就会逐渐失去市场竞争力。

三是四川省产业集群市场化程度较低，驱动方式单一。

政府驱动是目前四川省产业集群发展的主要方式。政府在集群规划和基础设施建设方面发挥着主要的作用。然而这种单一的驱动方式在一定程度上制约了集群市场化程度的进一步提高，表现为：一，政策的倾斜性以及政府主体组织结构和运行机制的特点在一定程度上降低了集群的发展效率，不利于各个产业集群的协调、充分发展；二，单一的驱动方式不利于集群形成稳定有效的资金支持，制约了技术、人才、资本等要素的活力，进一步影响了产业集群的市场化程度。这些制约在资源开发型产业集群尤为凸显，以"凉山、阿坝、甘孜三州"为例，依托当地自然资源，政府鼓励引导企业大力发展矿产、农业、牧业以及藏医药等产业，其他产业发展相对不足。同时，产业集群内重复、同质性建设现象较为严重，导致集群间价格竞争等问题突出，又缺乏创新能力，整体呈现出"高投入、低产出"的粗放型经济特点。

四是四川省产业集群区域影响力小，品牌竞争力较弱。

品牌经济是集群经济发展的重要方向，区域品牌的建立对于提高产业集群市场竞争力和集聚效应具有重要作用。2015年，四川省工业企业品牌发展研究中心公布的四川省名牌企业名单中显示，四川省34个行业中知名企业品牌共有1440个。其中，32.35%的行业内拥有知名企业品牌数量不超过30家，过半数的行业内知名企业品牌数量不超过50家（58.82%），拥有超过100家知名企业品牌的行业仅有5个。四川产业集群知名品牌除了存在数量较少的问题外还存在品牌影响力不大的问题。2013

年，国家工商行政管理总局认定的全国知名品牌中四川省仅有55个，以四川省优势产业茶产业为例，四川是茶产业发展最早的地区，省内相关企业众多，仅雅安市茶叶加工企业就多达500余家，但企业规模均较小，没有一家国家级龙头企业，品牌影响力与浙江西湖龙井、福建铁观音、云南普洱茶等相比差距较大①。相比较而言，浙江省的产业集群品牌美誉度较高，如桐庐被称为"中国制笔之乡"、永康被称为"五金之都"、浦江被称为"中国水晶玻璃之都"，温州则赢得了"中国鞋都""中国锁都""中国印刷城"等美誉②。

五是集群产业整体发展层次较低。

从农业产业集群的角度看，优势特色农业发展存在严重问题。建立科技园区、实施产业化经营是促进优势特色产业集中和发挥其联动效应的有效手段。"十五"规划以来，四川省十分重视农业科技园区的打造，通过优势特色农业向科技园区集中发展，促进专业化生产、社会化协作和集约化发展。目前，我省有国家级科技园区如乐山农业园区、广安农业科技园区等，除此之外，还有很多省、市、县级农业发展园区。从成都市的情况来看，截至2009年全市95个农业科技示范园区中，有省、市级农业科技园区（基地）35个，其中省级农业科技园区（基地）4个、省级中药规范化种植示范区4个、市级农业科技园区（基地）27个。据四川省农业厅的相关数据显示，2010年四川省有44个园区进入了全国首批标准园创建名单，农业部还安排了专项资金支持创建活动。

优势特色农业产业发展集聚效果主要取决于产业在空间的聚集度，合理的布局是优势特色农业产业聚集的保障。从农产品生

---

① 中国行业研究网，http：//www. chinairn. com
② 中国行业研究网，http：//www. chinairn. com

态适宜度、地区分布相对集中度、人均农产品占有量、种植面积、产量、商品率等多项指标综合衡量，四川省现阶段的农业发展在地域布局和专业化分工方面的特征仍不十分突出，各地农业产业结构的趋同性较为严重。部分地区对主导产业的选择具有盲目性，对自身优势的评价和市场需求的分析不够准确，造成农业产业发展项目盲目和重复建设的现象均有存在。同时，有的地区还没有充分发挥自身的比较优势，未能形成具有鲜明地区特色的优势农产品区域布局结构，以致难以形成生产的规模优势和专业化优势。虽然四川省蔬菜、水果、油菜、茶叶产量位居全国前列，但分散在 100 多个县。生产基地与加工龙头企业的结合不紧，基地建设的规模化、标准化、专业化程度较低；品种结构和质量标准不适应加工需要，有规模化的生产却没有规模化的精深加工，有大型加工龙头企业的入驻地却又没有原料的保障。

2.2.2　集群内部机制不完备

　　产业集群是由多个主体相互协作、共同形成的多层次体系。集群的发展离不开企业间的专业分工与合作，合理高效地配置使用资源也离不开由政府、高校科研机构、中介服务机构等组织通过一定的机制在集群内进行辅助。四川产业集群在培育龙头企业、建立分工协作机制和产学研机制以及提供公共服务能力等方面仍有不足。

　　一是集群内部企业规模普遍较小，缺乏龙头企业辐射带动。

　　从江苏、浙江、广东等地产业集群的发展经验来看，龙头企业在吸引配套中小企业集聚、发挥行业标杆作用以及建立区域品牌优势等方面具有重要的作用。四川省产业集群中企业规模普遍较小，龙头企业尚未发挥辐射带头作用。首先，在龙头企业数量方面，与东部地区差距明显。以绵阳电子产业集群为例，具备较高知名度的仅有"九洲"和"长虹"两家，而广东顺德家电集群却拥有 TCL、美的等数十家国内外知名企业①。其次，在龙头企业规模及影响力方面，以四川省优势产业装备制造业为例，在 2010 年四川省 3107 户规模以上装备制造企业中，龙头企业产值超过 10 亿的仅有 60 户，超过百亿的仅有 4 户②。对比制造装备发展较好的辽宁省，该省分别在金属制造业、普通设备制造业、专用设备制造业、交通运输设备制造业、电气机械及器材制造业、电子通信设备制造业、仪器仪表设备制造业分别形成了 2 家、8 家、8 家、11 家、5 家、3 家、2 家核心企业。这些龙头企业行业分布较为均匀，且企业影响力较大，已成为全省装备制造业产业结构调整和经济规模提升的主要动力。因此，从四川省产业集群内的企业的发展情况来看，龙头企业培育不足、数量较小，尚未发挥出辐射带动作用。

二是集群内企业专业化水平较低，分工与协调机制不完善。

集群发展经验表明，企业专业分工与协作体系的完善、特定的技术流程从企业中分离并形成相关配套企业、以"龙头＋配套企业"的形式发展是集群发展的一种重要模式。从四川省产业集群发展现状分析，专业化水平与分工协调机制相互制约，阻碍了集群的规模化发展。一方面，集群内较低的专业化水平不利于分工协调机制的形成，大量企业集中在产业链条的资源开发和加工制造环节，技术创新能力较弱。如邻水县经济开发区虽拥有一批零部件、元器件制造能力很强的龙头企业，但专业化水平和产品附加值较低，对于高端设备生产所需的配套产品仍主要通过向重庆或其他省份的进口，集群内相关企业合作较少。另一方面，分工与协调机制的不完善又反过来影响企业生产专业化水平。四川

① 四川省经济委员会：《四川省产业集群发展报告》，中国发展出版社 2009 年版。
② 四川省重大装备办：《四川省"十二五"装备制造产业发展规划》，四川省重大装备办 2012 年报告。

省产业集群的发展在现阶段更多地体现在地域的集中上，尚未凸显出规模的经济性。集群内企业依赖多个生产环节以降低企业内部生产成本，在此基础上出现了产业集群内大量同等规模、"小而全"企业的普遍存在，地域上的集合使得内部的竞争强于内部的合作，如此限制了集群规模扩大。与此相反，江苏、浙江、广东等地在集群内基本形成了一套较为完善的分工机制，大量企业围绕集群龙头企业提供配套服务。综上所述可知，四川省产业集群分工与协调机制的不完善制约着企业的专业化生产，不利于集群整体水平的提升；反过来，集群内企业的同质化和粗放的分工方式，又导致企业无法获得集群分工与协调带来的专业化和成本优势，成为制约四川省产业集群整体竞争力提高的重要因素。

三是产业集群内部创新能力较低，产学研联合机制尚未形成。

四川省产业集群的发展注重官产学研为一体的创新体系建设，但相较于其他地区同期兴起的高新技术产业园区的创新体系构建情况仍有差距。以成都高新技术开发区为例，政府积极引导产业园区内创新实力的培养，积极整合区域创业孵化资源，构建以创业工作室、大学生创业园、留学生创业园、企业加速器等为主体的多元、梯级孵化体系①，在园区内引入电子科技大学、成都中医药大学等一批西南高校，形成产业集群的创新研发力量，但相比于我国中东部地区国家首批高新技术开发区而言，在规模上仍存在较大的差距。产学研体系作为企业创新发展的重要路径之一，是推动创新型产业集群发展的重要举措，因此相较而言，四川省产业集群的产学研机制仍有待完善。

---

① 发展规划局：《成都高新区产业发展情况简介》，http：//www. cdht. gov. cn/cdht/article. do? act ＝ detail&service ＝ About&service ＿ id ＝ 00000047&id ＝ 00012484

四是集群内公共服务能力较弱，辅助机构发展不平衡。

文件《关于进一步促进产业集群发展的指导意见》（工信部企业〔2015〕236号）指出要支持产业集群公共服务平台建设，并大力发展行业协会和产业联盟，引导和推动产业集群依法组建行业协会、商会。国内外的产业集群发展经验表明，公共服务平台的建立对加强集群融合度、协调度，提升集群整体创新能力有突出贡献；同时，充分发挥行业协会和产业联盟的自律、自主管理、品牌营销等作用，制定行业标准规定和示范集群推广，对产业集群的规范化发展、加强跨区域集群发展有重要作用。首先，四川省产业集群发展存在辅助机构发展失调、平台化建设不完备的问题，如在成都高新技术产业园区规划中提出要形成天使投资、风险投资、债权融资、上市融资等为一体的"梯形融资"体系，引进了益丰投资、格兰西亚等20余家投资机构和投资管理机构，基本形成了较为完备的融资平台。但与之相比，辅助企业发展的相关配套咨询机构尚未形成规模化群体，咨询平台、技术交流平台的作用尚未发挥。其次，行业内不同产业集群彼此独立，缺乏有效的沟通交流渠道，发展水平存在较大差异，没有具有影响力的行业协会起协调作用。因此，结合四川省产业发展现状来看，四川省产业集群的发展缺少有效的公共服务平台和行业协会、产业联盟等交流平台。

2.2.3　集群外部环境有待改善

集群是一个开放创新的系统，通过与外部要素的交换和各类市场间的协作，才能实现产业集群的高效市场化。同时，产业集群发展的最终结果将形成空间上相互联系的经济网络。从四川省产业集群的发展情况来看，区域产业集群缺乏有效的交流联系平台，区域联系的范围较小，交流层次较低；从四川省产业集群发展的整体环境而言，市场环境和政治环境仍有待改善。

第一，跨区域集群间联系松散，集群网络化体系尚未形成。

跨区域集群交流、形成网络化发展有利于增强区域经济的协调性。四川省现阶段区域分工不合理以及产业链较短，导致省内集群联系零散，网络化体系尚未建立起来。一方面，在四川省四大城市群中，虽然各城市群综合分析当地自然资源、产业结构、人才优势、科技实力、资金等因素形成了不同发展重点的产业集群，但从整体而言，各城市群经济战略和支柱企业构成较为趋同，在很大程度上阻碍了区域之间的集群联系。以综合实力最强的成都平原城市群为例——成都形成以电子、医药等为主的产业群，绵阳形成以电子为主的产业群，德阳形成以机械为主的产业群，眉山形成以农业为主的产业群，资阳形成以企业工业为主的产业群，实现了城市间经济功能的分工。但具体分析这些城市的支柱产业（表2—5）可以发现，成都平原城市群中大部分城市都将机械、化工、冶金、医药、纺织、食品等列为本区域的发展重点，产业集群的区域分布未能实现较大的差异性[①]。区域内集群发展的这一特点也造成目前各区域之间产业集群发展相互独立、合作较为零散的现象。另一方面，四川省产业集群跨区域合作的主要形式是形成特色产业带，如电子信息产业的成都—绵阳—乐山产业带，装备制造产业的成都—德阳—资阳—自贡—宜宾产业带，现代中药产业的以药材种植业、加工提取为主的凉山—乐山—雅安产业带和以加工提取、制药为主的成都—德阳—绵阳产业带及资阳—内江产业带，等等，这些产业的形成多依托同质化的资源市场和产品，集群集中在产业链的某几个环节，现阶段产业链条的短缺造成产业带覆盖范围较小，未能形成大范围的"面"的协作。总而言之，四川省产业集群的地区分布趋同，

---

① 四川省统计局：《四川省四大城市群经济实力研究》，四川省统计局2014年报告。

表明四川省较江浙等省份在地区分工上的不够合理；加之产业链条较短，共同加剧了四川省产业集群区域联系不紧密、区域网络不完善的问题。

表 2-5　成都平原城市群主要城市支柱产业

成都	机械、电子、医药、冶金、化工、纺织、食品
德阳	机械、化工、食品、建材、纺织品
绵阳	电子、冶金、机械、建材、食品、化工
眉山	轻工、医药、化工、冶金、机械、电子、建材、食品、饮料
资阳	汽车、橡胶、石化设备、加工制造工业、食品
乐山	冶金、建材、水电产业、盐磷化工

资料来源：四川省统计局《四川省四大城市群经济实力研究》，2014年。

第二，区域市场存在贸易壁垒，产业集群发展的市场环境有待改善。

在市场经济不断呈现出合作、融合发展的背景下，产业集群作为其中一个重要的产物，需要更加开放的商品市场作为规模化商品的承销地。从我国目前的商品市场发展来看，国内市场与国外市场、国内各地区市场之间由于关税、市场政策的差异等，导致市场之间存在较为严重的贸易壁垒。以四川省旅游产业集群为例，由于四川省特殊的地理位置，旅游产业集群是全省较为重要的产业集群，且旅游行业不同于其他产业，其更强的开放性要求需要一个更为灵活的产品市场以支持旅游行业附加产品的开发和发展，而目前较高的关税则成为阻碍行业集群进一步扩大的突出因素。因此，需要打破区域市场的贸易壁垒，为产业集群的发展创造良好的环境。

第三，政府扶持手段单一，配套政策不完善，集群发展环境有待改善。

西部地区产业集群开始多依托政府支持，相较于东部地区，政府的地位和政策的协助对西部地区产业集群的发展有更为重要的影响。从四川省产业集群的发展来看，由于产业集群发展尚不成熟，政府对产业集群发展的支持主要为园区规划、招商引资和财税支持，扶持手段较为单一，未能从根本上激发集群主体——企业的发展活力，使得集群整体发展较为被动。以成都高新技术开发区为例，政府的优惠政策包括国家自主创新示范区政策、企业政策、人才政策、科技政策和知识产权这五个方面，其中集中强调通过税收调节和财政奖励的方式支持园区建设，并通过鼓励人才引进、知识创新和产权保护实现对园区内企业创新的辅助支持。对比具有代表性的青岛家电产业集群发展中，政府从企业及企业家的角度制定了跨度广、多样化、创新性的政策制度来激发主体的积极性。由此来看，四川省各级政府引导作用发挥还不够充分，政策支持手段较为传统，缺乏多样化的创新手段，发展环境还有待加强。

3　构建新动能体系促进产业集群转型升级

　　和全国产业集群的发展情况相比，四川省产业集群发展虽然已初具规模，但是离全国优秀产业集群还有很大的差距，集群整体竞争力较弱。因此，四川省需要发掘新的产业集群发展的动力，提升四川省产业集群整体实力和竞争力。本章通过分析产业发展的动力和产业集群发展的动力，提出集群发展边界及转折点的概念，认为四川省产业集群发展的关键在于寻找转折点的动力，通过构建新动能体系促进集群产业转型升级。

3.1　产业集群发展动力

　　改革开放以来中国保持着高速的经济增长，1978—2008 年中国 GDP 年均实际增长 9.8%，但与此同时，我们也意识到宏观经济运行出现了一些问题，如内外失衡、收入分配不公、资源配置效率低下等。藤泰（2008）将我国的经济增长模式概括为"斯密+库兹涅茨增长型"，即经济增长动力为基于要素投入增加、技术引进和体制改革所带来的分工的形成和效率的提高。传统经济增长结构面临着巨大的危机：第一，从需求的视角看，中国的经济增长主要依靠增长投资和扩张出口，但投资过度在一定程度上导致宏观经济内部失衡，具体表现为短期物价上涨、长期产能过剩、资源与环境压力加大、收入分配不公、国民消费需求增长不断下滑；出口扩张导致外部经济失衡，同时加剧了内部经济失衡，具体表现为贸易摩擦频繁、资源和环境恶化、产业结构发展不均衡、产业链低端、人民币升值和国内通货膨胀的压力加大。第二，从供给的视角看，中国经济增长主要依靠要素投入、技术引进和体制改革等，但是中国的资本深化型增长模式是低效并且不可持续的，同时全要素生产率的增长对经济增长的贡献明显下降，并且体制改革和制度变迁的激励作用已经递减。因此，中国经济增长的动力结构的调整势在必行。2015 年 11 月 10 日，习近平在中央财经领导小组第 11 次会议上强调在适度扩大总需求的同时，着力加强供给侧结构性改革，着力提高供给体系质量和效率，增强经济持续增长动力，推动中国社会生产力水平实现整体跃升。经济新常态下，中国经济发展动力结构的变革主要表现在三个方面：一是从需求动力层面看，投资和出口动力衰减，消费将成为新动力；二是从供给动力层面来看，资本、劳动力等要素规模扩张难以为继，创新将成为新动力；三是从产业动力层面来看，工业带动作用下滑，服务业发展将成为新动力。

3.1.1 产业发展的动力

对于产业有不同的定义，马克思认为产业是指资本主义商品经济条件下的物质生产部门，并且具有投入与产出效益；产业经济学则认为产业是指从事同类物质生产或相同服务的经济群体，产业有多种分类方法，马克思将全社会的物质生产部门分为生产生产资料部门和生产消费资料部门，其中生产资料部门指生产生产工具、原材料、设备的生产部门，生产消费资料部门是指生产个人消费品的部门。根据产业在国民经济中的不同地位可将产业分为基础产业、主导产业、支柱产业和先行产业等。库兹涅茨在《各国经济增长》一书中对克拉克关于三次产业的分类做了进一步完善，将三次产业分为农业、工业和服务业。

主导产业最早是由罗斯托提出的"主导部门"一词延伸出来的。人们在运用主导产业理论研究经济问题时，由于研究视角迥异，因此对于主导产业的认识也各不相同。Hirschman（1958）提出产业联系的概念，并指出一个产业部门与消耗部门投入的各产业之间的联系叫作后向联系（backward linkage），反之，一个产业部门与投入到该部门的各产业之间的联系叫作前向联系（forward linkage），进一步从产业关联基准度提出发展中国家应该首先发展产业关联度高的产业作为主导产业。周民良[①]认为在经济增长过程中，各产业的扩张速度不同，对经济增长的影响也有所不同，从而形成了主导产业部门与一般产业部门的差别，并且认为主导产业在国民经济中的地位表现在以下三个方面：第一，主导产业在国民经济中起支柱作用，能够通过产业间的联系产生影响力从而带动其他产业的发展；第二，主导产业的发展有利于国民经济结构性转变——国民经济的大幅度的结构变动都发生在主导产业急剧增长或变动的阶段；第三，主导产业的发展能够带动国民经济快速稳定的增长。林善炜[②]指出，主导产业是指经济发展过程中影响全局、在国民经济中居主导地位、在产业结构中起支配作用的能够较多吸收关键技术、适应需求的增长，使自身能保持高增长的速度，并能较强地带动其他产业发展的产业部门。因此，主导产业的关键性在于其"导向"作用，包括对国民经济的导向和其他产业的导向。

3.1.1.1 国际产业的演进历程

产业革命是否发生的根本是生产方式是否发生改变，而生产

---

① 周民良：《中国主导产业的发展历程与未来趋势》，载《经济学家》，1994 年第 3 期。

② 林善炜：《中国经济结构调整战略》，中国社会科学出版社 2003 年版，第165 页。

方式是生产力与生产关系的统一。生产力包括劳动者、劳动工具和劳动对象三个要素，反映了人与物的相互关系；生产关系包括生产资料的所有关系、劳动分工关系、产品分配关系三个要素，反映了人与人之间的关系。从世界范围看，人类的生产方式正在发生着巨大的改变，在生产力方面主要变现为知识民主化、工具数字化、产品服务化，而在生产关系方面则表现为资源共享化[①]。

第一，知识民主化。知识民主化主要体现在劳动者层面，即所有的社会成员都可以通过大众化、普及化的高等教育成为有文化的劳动者。在新兴产业革命出现以前，由于教育资源的有限性，只有少数人才能接受良好的教育，成为有文化的劳动者。但是随着知识的民主化发展，所有的社会成员都可以通过类似在线学习等便捷的方式而掌握良好的专业知识。

第二，工具数字化。工具数字化是指软件工具在实际生活中的广泛应用，带动实物工具逐渐由数字程序控制。数字化的工具能使社会成员便捷地获取软件工具。

第三，产品服务化。产品服务化是指劳动产品逐渐变成从诞生到回收整个系统过程，而在这个系统过程中服务是最主要的部分。新兴产业革命出现以来，产品不仅仅是传统意义上的物质单品，还包括围绕物质单品的服务，主要有产前服务、产中服务和产后服务。产前服务主要是指产品的研发和设计，产中服务主要是指厂内生产和社会的相关生产服务，产后服务是指从实体产品诞生到消失的整个过程。

第四，资源共享化。资源共享也称为共享经济，是指由于通信技术和网络技术的发展使得交易成本极低，人们可以免费或者

---

① 郭铁成：《关于新产业革命的三个基本观点》，载 2016 年 3 月 29 日《中国科学报》。

低价使用闲置的资源。现实生活中，资源共享主要有两种形式：一种是完全免费，如 MOOC、微信等免费软件；另一种是部分免费，只需要少量费用就可以享受以前昂贵的商品或服务，如在线音乐等。

国际主导产业的演进是以社会分工细化、科技进步、新技术的应用为前提的，并且英国爆发的产业革命具有里程碑意义。国际主导产业的演进历程可以概括为四个阶段：以纺织工业为主导产业的第一次产业革命、以钢铁工业为主导产业的第二次产业革命、以高技术产业和服务业为主导产业的第三次产业革命、以知识产业为主导产业的第四次产业革命。

（1）第一次产业革命：以纺织工业为主导产业。

第一次产业革命开始于 18 世纪 60 年代，以瓦特发明蒸汽机为开端，以蒸汽机运用于纺织机为标志，此后英国纺织工业迅速发展，成为世界上第一个工业国家。18 世纪末期，工业革命向欧洲大陆和北美迅速传播扩散，并迅速影响世界其他国家和地区，逐步奠定了大机器工业体系的基础。第一次产业革命引起了产业结构的变化，一方面冲击了传统农业的主导地位，使经济中心从农业开始逐步转向工业；另一方面，冲击了传统手工业，大机器生产开始在工业中逐渐占据统治地位。

（2）第二次产业革命：以钢铁工业为主导产业。

第二次产业革命开始于 19 世纪 70 年代，以电的发明和应用为标志。20 世纪初，产业结构不断变化，开始由初级阶段向高级阶段过渡。第二次产业革命由于电的广泛使用，促进了电力、化工等新技术的形成和发展，使石油、钢铁、化工行业开始兴起，促进了社会生产力的发展。第二次产业革命改变了工业生产内部结构：第一，重工业发展迅速，并逐渐在工业生产中占主导地位，由棉纺织工业时代进入钢铁工业时代；第二，由于科学技术的不断进步，新兴产业部门不断兴起并发展，由传统轻工业的劳动密集型向资本密集型转化。

（3）第三次产业革命：以高技术产业和服务业为主导产业。

第三次产业革命开始于 20 世纪 40 年代，以微电子技术的发展和普遍应用为标志。由于二战时期战争的需要，原子能、电子计算机、航空等技术相继突破发展，带来了第三次科技革命，而信息技术的飞速发展掀起了第三次产业革命的高潮。电子计算机、航空航天、原子能、高分子等产业的迅速发展使得发达国家和地区的产业结构逐步走向高度化，同时各种高附加值的产业迅速发展。科技进步带来了生产方式的转变，促进了生产社会化和产业全球化的发展，同时科技进步对经济增长的贡献也越来越大，极大提高了劳动生产率，高技术产业和服务业逐渐成为主导产业。第三次产业革命带来了极大的影响：第一，极大地提高了劳动生产率，促进生产的迅速发展；第二，促进社会经济结构和生活结构的变化，一大批新兴产业开始产生，第三产业迅速发展，同时推动了社会生活的现代化，改变了人们的生活、学习、交往和思维方式。

（4）第四次产业革命：以知识产业为主导产业。

第四次产业革命开始于 20 世纪 90 年代，以信息技术的快速发展和广泛应用为标志。全球产业结构经历了巨大的变革，世界各国将以技术为核心的高新技术产业的发展作为产业发展的主要方向，并由此推动产业结构的升级和转型。信息产业的快速发展推动了金融、知识、电子软件等产业的技术进步，同时改造了传统的产业技术，促进传统产业转型升级。很多发达国家主要从事高附加值、高技术产品的生产，产业结构向信息化、技术化等方向发展。

这四个阶段的信息列于表 3−1。

表 3-1　国际主导产业的演进历程

	开始时间	标志	主导产业	对生产方式的改变	特点	影响
第一次产业革命	18世纪60年代	蒸汽机运用于纺织机	纺织工业	实现了生产方式的机械化	许多技术发明来源于工匠的实践经验,科学和技术尚未真正结合	1. 使人类进入了蒸汽时代 2. 创造了巨大生产力 3. 资本主义战胜了封建主义,世界形成了西方先进、东方落后的局面
第二次产业革命	19世纪70年代	电的发明和应用	钢铁工业	实现了生产方式的电气化	自然科学和生产技术结合,使得科学技术成为生产力发展的直接动力	1. 使人类进入电气时代 2. 科学技术成为第一生产力
第三次产业革命	20世纪40年代	微电子技术的发展和应用	高技术产业和服务业	实现了生产方式的自动化	科学技术转化为直接生产的速度加快,缩短了知识变为物质财富的过程	1. 推动社会生产力空前发展 2. 促进了社会经济结构和社会生活结构的革命性变化 3. 引起国际经济格局的变化,从而引起世界经济格局的多极化
第四次产业革命	20世纪90年代	信息技术的快速发展和应用	知识产业	生产方式向信息化、智能化方向发展	科学技术各领域间相互渗透,互联网和其他信息工具使知识成了大众财富	

3.1.1.2　产业理论

（1）主要的产业理论概述。

马克思的生产力发展理论、社会资本再生理论和流通理论为产业结构的研究提供了理论和方法基础。产业发展的理论具体可以归纳为以下三种：一是产业结构演变趋势理论，二是产业结构调整理论，三是产业结构演变模式。

第一，产业结构演变趋势理论主要分为封闭型产业结构理论和开放型产业结构理论。

封闭型产业结构理论不考虑外贸因素对产业结构的影响，具体包含：①配第—克拉克定理。配第在《政治算术》中提出，工业的收益比农业多得多，而商业的收益又比工业多得多，这是西方经济理论中最早、最朴素的产业结构论述。在配第理论的基础上，克拉克在《经济进步的条件》中建立了完整、系统的结构演变理论框架，提出了经济发展过程中，随着人均国民收入水平的提高，劳动力首先由第一产业向第二产业转移；当人均国民收入水平进一步提高时，劳动力便向第三产业转移的配第—克拉克定理。劳动力在不同产业之间的转移是由于经济增长过程中各产业之间收入的相对差异造成的。②库兹涅茨理论。20世纪五六十年代，库兹涅茨在《现代经济增长》和《各国经济增长的数量方面》等著述中，侧重于从三次产业占国民收入比重的角度论证了产业结构演变规律。在工业化起点，第一产业比重较高，第二产业比重较低。随着工业化进程的推进，第一产业比重持续下降，第二产业和第三产业比重都相应有所提高，而且第二产业上升幅度大于第三产业，第一产业在产业结构中的优势地位被第二产业所取代。在整个工业化进程中，工业在国民经济中的比重将经历一个下降的变化。库兹涅茨的研究，把配第—克拉克定理在广度和深度上又推进了一步。③重工业化规律。霍夫曼在1931年出版的《工业化的阶段和类型》一书中，根据比例变化的趋势把工业化过程划分为四个发展阶段：第一阶段是消费品工业占统治地位；第二阶段是资本品工业的增长快于消费品工业的增长，但消费品工业的规模仍然比资本品工业的规模大；第三阶段是资本品工业继续比消费品工业更快地增长，资本品工业的规模达到甚至超过消费品工业的规模；第四阶段是资本品工业的净产值已经超过消费品工业的净产值，已经处于主体地位，这是实现重工业化的重要标志。工业化的进程越高，霍夫曼比例越低。④投入产出分析法。里昂惕夫（1941）出版了《美国的经济结构，1919—1929》一书，详细阐述了投入产出分析的主要内容。1953年，里昂惕夫的《美国经济结构研究》中进一步阐释了投入产出分析的基本原理及其发展，它标志着投入产出经济学作为一个独立学科的形成。里昂惕夫在《投入产出经济学》中提出的投入产出分析法把封闭型产业结构理论定量化，从一般均衡理论出发，分析国民经济各部门之间的投入与产出的数量关系，利用投入产出表和投入产出系数推断某一部门经济活动的变化对其他部门的影响，计算为满足社会需求所需要生产的各种产品总量，并分析国民经济发展和结构变化的前景。开放型产业结构理论考虑了国际分工及国际贸易对产业结构的影响：①成本学说。斯密在1776年出版的《国富论》中论述了产业部门、产业发展及资本投入应遵循农工批零商业的顺序，提出了绝对成本说，即国际分工的基础只能是各国的绝对成本，按此进行，资源就能合理配置。李嘉图于1817年出版的《政治经济学及赋税原理》一书中提出了比较成本说，他认为各国不应按绝对成本而应按比较成本进行国际分工，以获得比较优势，这是对绝对成本说的进一步发展。②要素享赋理论。俄林1933年出版的《地区间贸易和国际贸易》一书中提出了著名的要素享赋论，以李嘉图比较优势论为基础，以各种要素的相对丰歉程度即要素享赋的差别角度来解释贸易产生的原因。各国应从事自己拥有优势生产要素的那些商品生产，发展有相对比较优势的产业，通过资源贸易重新分配各国生产要素，以实现国际商品价格的均等化，通过贸易使国民产品和社会福利达到最大。这种理论是对比较成本说的完整化。③动态比较成本说。筱原三代平发展了李嘉图的静态比较成本说，提出了著名的动态比较成本说。他认为，产品的比较成本是可以转化的，现在处于劣势的产业，从发展的眼光看有可能转化为优势的产业。因此要支持那些有发展潜力但现在还弱小的产业。④动态发展论。钱纳里在《工业化和经济增长的比较研究》中提出了产业结构变化过程的动态形式，得出了与库兹涅茨不同的三次产业间的价值比例和劳动力比例。其第一阶段是传统社会经济阶段，第二阶段是高增长的工业化阶段，第三阶段是经济增长进入发达阶段，工业制造业的贡献率下降，服务业具有非常重要的意义。钱纳里的标准产业结构及其改进以后的模型，描述了不同类型的国家产业结构变动过程中的特征及差异性，深化了对产业结构变动及一般趋势的认识。

第二，产业结构调整理论包括：①二元结构转变理论。刘易斯《二元经济论》中提出了二元经济理论，指出工业发展可以从农业中获得无限的廉价劳动力，由此产生一种累积性效应，其结果是工农业的边际生产率趋于相等，这时，二元结构消失，二元经济转变为一元经济。二元经济模型强调，经济发展一定要有资源从低效率部门向高效率部门转移，从而实现产业结构升级，带动经济增长。费景汉和拉尼斯（1961）对刘易斯的二元结构模型进行了改进，提出了刘易斯—费—拉尼斯模型，这个模型反映了发展中国家在经济发展过程中城乡对立运动的一些客观规律，曾为许多发展中国家政府所采用。1961 年，乔根森发表了他的两部门发展理论，采用新古典学派的极大化理论来说明农、工两个部门的劳动力供求、资本积累、生产、消费和人口增长等问题，为研究发展中国家的经济开辟了一条新的思路和研究手段。②平衡增长理论。罗森斯坦·罗丹和纳克斯主张发展中国家在经济增长过程中实行平衡增长战略。所谓平衡增长是指在整个工业或国民经济各部门中，同时进行大规模投资，使工业或国民经济各部门按同一比率或不同比率全面地得到发展，以此来实现工业化。可见平衡增长理论包括两方面内容，一是投资应大规模进行，二是各部门的均衡发展。③不平衡增长理论。赫希曼在《经济发展战略》中认为，发展中国家应当集中有限的资金和其他资源优先发展一部分产业，以此为动力逐步扩大对其他产业的投资，带动其他产业的发展，推动经济的总体增长。有两种不平衡增长的途径，一是"短缺的发展"，即先对直接生产资本投资，引起社会资本短缺；二是"过剩的发展"，即先对社会资本投资，降低直接生产成本，促使更多的投资。④新贸易理论的产业结构调整。克鲁格曼等人的"新"贸易理论认为，由于发达国家拥有比较优势的产品大多属于规模收益递增行业，发达国家通过贸易不仅可以获取传统比较利益，还能赢得规模生产带来的好处。对于后进国家，情况则大不相同。贸易引起的竞争导致后进国家福利及效率的损失。在自由贸易情况下，发达国家从国际贸易中获得了更多的利益，而后进国家福利是获益还是受损，则视该国参与国际贸易的程度及其他非经济因素的综合影响而定。⑤主导部门理论。罗斯托在《工业化和经济增长的比较研究》中提出了著名的主导产业扩散效应理论和经济成长阶段理论。他把经济成长阶段划分为六个阶段，而每个阶段的演进都是以主导产业部门的更替为特征的，主导部门对其他部门有较大的带动作用，主导部门不可任意改变，任何国家都要经历低级向高级的发展过程。他认为，主导产业应具有以下特征：一是依靠科技进步，获得新的生产函数；二是形成持续高速增长的增长率；三是具有较强的扩散效应。⑥两基准理论。筱原三代平（1957）在《产业结构与投资分配》的论文中提出，两基准是指收入弹性基准和生产率上升基准。收入弹性基准要求把积累投向收入弹性大的行业或部门，生产率上升基准要求把积累投向生产率上升最快的行业或部门。该理论是建立在产业发展中没有技术约束和资金约束，各要素能够在各产业间自由流动的前提假设基础之上的。⑦幼小产业扶植说。德国经济学家李斯特在《政治经济学的国民体系》中提出，现在看起来还幼小的未成为出口主力的产业，经过政府的扶植，有可能成为主要出口产业，所以应当加以扶植。理论核心是一国实行的贸易政策必须同本国工业发展的进程相适应。贸易保护是对有前途的工业采取贸易保护；贸易保护也不是持续性的，而是暂时性的；贸易保护的主要手段应该是关税。

第三，产业结构演变模式。①"雁行产业发展形态"理论。赤松要（1960）提出了"雁行产业发展形态"理论，用来说明一国产业结构的内在变化，即不同产业的兴衰变化过程，提示了后进国家参与国际分工实现产业结构高度化途径。这个一国进口、国内生产和出口的发展过程，用图形表示出来很像三只大雁在飞翔——第一只大雁是进口的浪潮，第二只大雁是国内生产的浪潮，第三只大雁则是出口的浪潮。"雁行模式"是以不同地区产业的垂直分工为前提的，强调的是一种动态的产业梯度转移和传递过程。产业结构演进和工业化过程呈现为由低到高梯度发展，由高到低梯次推进。②产品循环发展模式。弗农认为产业结构演变模式要与国际市场的发展变化紧密结合，并通过参与国际分工来实现本国产业结构升级，从而实现产业结构的国际一体化，这种产品循序是"新产品开发—国内市场形成—出口—资本和技术出口—进口—新一轮产品开发"。产品经过这一循序不断循环，带动了工业结构由劳动、资源密集型向资金、技术密集型演进，以此实现产业结构升级。③技术开发发展模式。这是后发的经济发达国家在发展技术密集型产业中所采用的一种主要的发展模式。为取得后发优势，各国纷纷发展高新技术产业，以至后起的经济发达国家在技术开发和高新技术产业建立的时期，大致与先行的经济发达国家相同。技术开发发展模式使后起的经济发达国家迅速赶超先行的经济发达国家，在赶超接近尾声时，为使本国在高新技术领域继续保持领先地位，只有继续不断地将更多的资金投向研究和开发环节，持续地保持自身的技术竞争优势。

（2）主导产业理论概述。

古典经济学家认为经济发展是一个连续、渐进的过程，且经济发展的前景是美好、乐观的。20世纪30年代，熊彼特提出了著名的"创新理论"，用"创新"解释经济发展的周期。他明确提出"创新"是指经济发展的本质在于创新，并且创新的过程就是一种不断打破原来经济平衡的过程，因此创新就是把从未有过的生产要素和生产条件放入生产体系；创新的主体是企业家，创新的前提是适宜的社会环境和经济条件。熊彼特虽然没有直接研究主导产业理论，但是他用创新打破均衡等观念来解释经济发展，为主导部门的形成、演变和发展提供了理论基础。库兹涅茨通过对欧美主要资本主义国家19世纪初到20世纪初主要工农产品产量和产品价格进行分析，发现各个产业发展均存在增长率递减的规律。他通过研究发现，当某个产业增长速度降低时，便会有新的高增长产业替代原来的产业。库兹涅茨的理论证明了产业的发展是不断更替的，不断会有高增长的产业取代原来低增长的产业。霍夫曼通过分析发达国家18世纪到19世纪的工业化历史，认为世界各国的发展过程都具有同一特征：资本品的工业净产值无论是在数量方面还是整个工业净产值中所占份额都稳定提高。因此，他认为在经济发展过程中，一定会有一个最先进的产业在净产值上超过其他所有产业，而这个最先进的产业就是主导产业。同时，随着经济的发展，会不断有新的主导产业取代原来的主导产业。霍夫曼是第一个明确提出"主导产业"的人，他的研究揭示了随着工业化的不断发展，产业结构会不断调整，同时主导产业也会不断更替。罗斯托提出了主导产业分析理论，认为主导产业理论的核心是"创新"和"扩散"，并将经济增长划分为六个阶段——传统社会阶段、为"起飞"创造前提阶段、起飞阶段、成熟阶段、大众高额消费阶段和追求生活质量阶段——且每一个阶段都有与之对应的主导产业。传统社会阶段的主导产业为农业，为"起飞"创造前提阶段的主导产业为食品、烟草、建筑材料等，起飞阶段的主导产业是纺织工业等，成熟阶段的主导产业是重工业和制造业，大众高额消费阶段的主导产业是汽车工业，追求生活质量阶段的主导产业是服务业等新兴产业。同时，罗斯托认为前一个阶段的主导产业的发展对下一个阶段主导产业有诱导作用。通过上述主导产业理论研究我们可以发现，主导产业是随着经济发展而不断变化更替的，随着需求的不断变化，原来的主导产业就会被新的主导产业替代。同时，每一次主导产业的更替都需要不同的要素投入，但技术进步是主导产业发展的关键因素。

根据以上理论的发展演变，我们可以看出产业结构的演进是有阶段的，一般来说，包含前工业化时期、工业化中期、工业化后期和后工业化时期四个阶段。在前工业化时期，第一产业在国民经济中的比重逐渐缩小，其地位也在不断下降；第二产业发展较为迅速，工业重心从轻工业主导型逐渐向基础工业主导型发展，第二产业占主导地位；第三产业发展也较好，但在国民经济中的比重较小。在工业化中期，工业重心由基础工业向高加工度工业转变，第二产业仍占据主导地位，但是第三产业所占比重逐渐上升。在工业化后期，第二产业仍占据主导地位，甚至占有绝对支配地位。在后工业化时期，产业知识化成为主要特征。总体来说，产业结构的发展就是沿着由低级向高级的进程发展，即产业结构的演进沿着以第一产业为主导到第二产业为主导，再到第三产业为主导的方向发展的。同时，从演进角度看，后一阶段产业的发展是以前一阶段产业充分发展为基础的，只有第一产业的劳动生产率得到充分的发展，第二产业才能得到应有的发展。同样，第二产业的快速发展，是第三产业发展成熟的基础。

3.1.1.3 我国产业发展阶段及动力分析

（1）我国主导产业发展阶段及动力。

中华人民共和国成立后，以20世纪70年代末的改革开放为分界点，前后两个30年间，我国的产业结构发展经历了两个截然不同的时期，每个时期主导产业的发展不一样，并且促进主导产业发展的动力也不一样。因此，本文将我国主导产业的发展划分为六个阶段：第一阶段从中华人民共和国成立到50年代中期，以农业、纺织工业、钢铁工业为主导产业；第二阶段从50年代中期到改革开放初期，以重工业为主导产业；第三阶段从改革开放初期到 80 年代中期，以轻工业为主导产业；第四阶段从 80 年代中期到 90 年代初期，以农业、能源、交通、家用电器产业等基础工业为主导产业；第五阶段从 90 年代初期到 21 世纪初期，以汽车、电子、石油、化工等为主导产业；第六阶段从 21 世纪初期至今，以战略性新兴产业为主导产业。具体见表 3-2。

①第一阶段：以农业、纺织工业、钢铁工业为主导产业。

中华人民共和国成立初期，我国的经济发展水平较低，经历三年国民经济的恢复，我国还是一个明显不发达的以农业为主的国家。1952 年，我国农业产值占工农总产值的 58.5%，并且国内外政治环境不稳定，因此国家迫切需要发展工业。在经济恢复时期，主要通过限制改造调整民族工业的方式促进工业的发展，并取得了明显的成效。1952 年，现代工业占全部工业产值的比重由 1949 年的 56.4% 提高到了 64.2%，重工业占工业产值的比重由 1949 年的 26.4% 提高到了 35.5%，农业、轻工业、重工业的产值比例从 1949 年的69.95：22.11：7.94转变为 56.9：27.8：15.3。①

"一五"时期，我国的产业结构开始进一步调整。据统计，"一五"时期在限额以上的 921 个重点工程中，轻工业只有 108 个，仅占 12%，其余基本上是重工业项目。国民经济恢复时期和"一五"计划时期我国农轻重环比增长速度分别为 1：2.06：3.44 和 1：2.84：5.64，② 重工业增长速度明显提高。由表 3-3 我们可以知道，感应度较大的产业部门为食用农产物、钢铁、纤维制品等，而影响力系数较大的产业部门为纤维制品、其他生产品、其他消费品、钢铁等，由此我们可以推断我国在第一阶段的

---

① 龚仰军、应勤俭：《产业结构与产业政策》，立信会计出版社 1999 年版，第 115 页。

② 中国社会科学院、中央档案馆编：《1953—1957 中华人民共和国经济档案资料选编·工业卷》，中国物价出版社 1998 年版，第 1086 页。

表 3-2　我国主导产业发展阶段及动力

	第一阶段	第二阶段	第三阶段	第四阶段	第五阶段	第六阶段
时间	中华人民共和国成立—50年代中期（1949—1958）	50年代中期—改革开放初期（1959—1978）	改革开放初期—80年代中期（1979—1984）	80年代中期—90年代初（1985—1991）	90年代初—21世纪初（1992—2001）	21世纪初—至今（2002—）
主导产业	农业、纺织工业、钢铁工业	重工业	轻工业	农业、能源、交通、家用电器产业等基础工业	汽车、电子、石油、化工	战略性新兴产业
背景	中华人民共和国成立初期，我国是一个明显不发达的以农业为主的国家，并且国内外政治环境不稳定	"大跃进""全面大炼钢铁、大办工业"的热潮、"文化大革命"	我国经济从"文化大革命"的严重破坏中得到恢复，开始进入经济改革时期	经济体制改革和经济发展战略开始调整，少量的产业集群开始形成	社会主义市场经济体制开始形成，产业集群大量形成并开始向全国范围辐射	随着市场化进程的推进，我国经济市场化程度逐步提高
政策手段	通过限制改造调整民族工业的方式促进工业的发展	重工业轻农业、重重工业轻轻工业	农业：提高农产品收购价格，放松对农村自由市场的管制，开始了家庭联产承包责任制轻工业；增加对轻工业的投资，决定对轻纺工业实行六个优先政策	进一步调整产业结构，产业发展重点由发展重工业为主转变为发展生产消费品的轻工业	鼓励具有比较优势、技术趋于成熟的高附加值产品和高新技术产品的出口，鼓励新技术设备进口，鼓励传统产业升级、支持新兴产业发展等	

续表3-2

	第一阶段	第二阶段	第三阶段	第四阶段	第五阶段	第六阶段
有利影响	我国的工业体系初步形成，为以后的工业发展奠定了基础	重工业发展迅速	重工业发展速度减慢，农业、轻工业发展迅速，大部分日用工业品满足市场需求	劳动力从第一产业大量转移到第二、第三产业，推动第三产业的发展	……	
不利影响	我国形成了和苏联一样的以纵向联系为主的行政命令式集中计划经济管理体制。在这种体制下，企业同正常的横向联系被切断，资源配置的中心由基层经济上移，经济发展的动力由企业上升至政府	产业结构畸形，重工业内部存在着诸如冶炼能力、机械加工与原材料生产之间的结构失衡问题，同时以工业品为原料的轻工业品甚至小商品都供不应求，衍生出大量票证泛滥的现象	物价上涨，通货膨胀严重	过分强调经济发展速度，产业结构矛盾仍然存在，经济过热和通货膨胀使得经济发展不稳定，城乡差距进一步扩大，中西部地域发展开始落后，区域经济发展不平衡	各地产业趋同，即各地区提供的产品或服务是一致的，导致了各产业在竞争中只能采取降价的方式，使国内陷入的方，重复建设、资源浪费的怪圈	……
动力	政府、自然资源、劳动力资源	政府、自然资源	政府、劳动力资源、投资、国内消费需求	自然资源、劳动力资源、技术引进	要素投入、技术、集群效应	创新驱动

主导产业为农业、纺织工业、钢铁工业等。这一阶段我国主导产业的发展主要依靠政府政策和原始的要素投入，例如基础自然资源和人力资源，其中政府政策是主导产业发展的主要动力。"一五"时期发展的重点为重工业，我国的工业体系初步形成，为以后的工业发展奠定了基础，但是我国也形成了和苏联一样的以纵向行政命令管理经济的集中计划体制，在这种体制下，企业间正常的横向联系几乎被切断，资源配置的中心由基层不断上移，经济发展的动力由企业上升至政府。

表3-3　1956年中国产业关联程度[①]表

向前联系效果		向后联系效果	
部门名称	感应度系数	部门名称	影响力系数
食用农产物（含渔业）	2.1327	纤维制品	1.3590
钢铁	1.9325	其他生产品	1.3149
分类不明	1.7296	分类不明	1.2848
纤维制品	1.2025	其他消费品	1.2304
其他消费品	1.0645	钢铁	1.2270
运输通讯	1.0261	建设资财	1.2249
其他矿业及非铁金属	0.9986	加工食品	1.2165
煤炭及制品	0.9801	建设业	1.2005
建设资财	0.9356	金属加工品	1.1665
其他生产品	0.8992	煤炭及制品	1.1390

---

①　感应度系数（影响力系数）大于1，反映某产业部门所受到的感应程度高于社会平均感应程度；系数越大，表示国民经济发展过程中对某产业的需求越大。感应度系数和影响力系数较大的产业，都是在产业部门间和整个国民经济中发挥较大作用的产业，也就是国民经济中的主导产业部门。

向前联系效果		向后联系效果	
部门名称	感应度系数	部门名称	影响力系数
金属加工品	0.8239	化学制品	1.0484
林业	0.7752	机械	0.9689
建设业	0.7293	电力	0.9533
电力	0.7289	其他服务业	0.8816
加工食品	0.7013	其他矿业及非铁金属	0.8501
纤维原料农作物	0.6956	运输通讯	0.8224
铁矿石	0.6375	铁矿石	0.7914
原油及制品	0.6341	食用农作物（含渔业）	0.6139
机械	0.5774	林业	0.5697
煤气	0.5382	原油及制品	0.5274
		纤维原料农作物	0.5198

资料来源：高梓泽《中国钢铁工业之研究》，载于《中国大陆经济研究论丛》第二辑（工业卷），（台）中华经济研究院1987年5月。

②第二阶段：以重工业为主导产业。

1958年以后，全国范围内出现"大跃进"和"全面大炼钢铁、大办工业"的热潮，我国的产业结构发生了剧烈变动。在这种自上而下以群众运动形式执行经济政策的过程中，主导产业的选择在政策走向上发生了巨大的转折，我国形成了重工业轻农业、重重工业轻轻工业的状态，重工业的发展是以牺牲农业和轻工业的发展为代价的。由于轻视甚至无视轻纺工业和农业的发展，产业之间的正常联系被割断，跳过经济发展的必经阶段而强调发展钢铁工业，使得产业结构在演进过程中出现畸形状态。与

1957 年相比，1960 年全国的钢产量增长了 2 倍以上，铁产量也增长了 3 倍以上，但是轻工业和农业的发展变慢，1958 年至 1960 年农业总产值增长率则分别为 2.4%、－13.6% 和 －12.6%[①]。在这种情况下，工农业之间、轻重工业之间的结构关系出现了剧烈变化：工农业产值比例由 1957 年的 43.3∶56.7 变为 1960 年的 21.8∶78.2；轻重工业产值比例则由 1957 年的 53∶47 变为 1960 年的 33∶67。同时由于过分偏重于钢铁产业，重工业内部也存在着诸如冶炼能力与采掘能力、机械加工与原材料生产之间的结构失衡问题，同时以工业品为原料的轻工业品甚至小商品都供不应求。

"文化大革命"时期，经济工作的重点是进行三线建设和国防建设，产业结构仍朝着重工业化的方向演变，农业增长十分缓慢，对经济发展的基础性支撑十分脆弱；工业发展中，由于军工产业、"五小"工业的发展，重工业所占比重又有所升高，农轻重比例由 1965 年的 37.3∶32.3∶30.4 变为 1978 年的 27.8∶31.2∶41.1；第三产业的发展则受到限制，其就业人数所占比重由 1965 年的 10% 下降到 1975 年的 9.3%[②]。轻纺工业产品和农产品的供给远远满足不了居民的消费需求，从而造成商品供给奇缺和普遍的排队等候现象，并由此衍生出大量票证泛滥的现象。在"大跃进"和"全民大炼钢铁"的特殊背景下，我国的主导产业主要是重工业，而促进这一主导产业发展的动力主要是政府政策。

③第三阶段：以轻工业为主导产业。

1978 年召开的十一届三中全会是我国改革开放的基点，同

---

① 伍华桂、苏东水：《开放经济条件下中国产业结构的演化研究》，上海财经大学出版社 2007 年版，第 45 页。

② 伍华桂、苏东水：《开放经济条件下中国产业结构的演化研究》，上海财经大学出版社 2007 年版，第 52 页。

时也是我国主导产业政策走向的一个转折点。在十一届三中全会上，我国决定提高农产品收购价格，放松对农村自由市场的管制，并在此后不久开始了家庭联产承包责任制。从1979年开始，我国开始有意识地降低重工业的发展速度，采取了一系列发展轻工业的政策措施：第一，增加对轻工业的投资，1978年我国用于轻工业的投资占整个工业投资的比重为9.3％，1980年提高到了14.9％；第二，决定对轻纺工业实行六个优先政策，即原材料、燃料、电力供应优先，基本建设优先，挖掘、革新、改造优先，银行贷款优先，外汇与引进技术优先，交通运输优先。由表3-4我们可以看出，1981年感应度系数较大的产业部门为纺织工业、农业、金属工业、重化学工业等，而影响力系数较大的产业部门为缝制皮革工业、纺织工业、建设业、金属工业等，由此我们可以推断出这一阶段我国的主导产业为纺织工业、缝制皮革工业、农业、金属工业等，发展这些主导产业的动力主要是政府、劳动力资源、投资。

表3-4　1981年中国产业关联程度表

向前联系效果		向后联系效果	
部门名称	感应度系数	部门名称	影响力系数
纺织工业	2.0869	缝制皮革工业	1.3480
农业	1.9460	纺织工业	1.2652
金属工业	1.6052	建设业	1.2470
重化学工业	1.5455	金属工业	1.1714
重机械工业	1.2818	轻化学工业	1.1659
石油工业	1.2671	轻机械工业	1.1618
电力业	1.0983	重机械工业	1.1468
煤炭煤气	1.0275	造纸文具业	1.1410

向前联系效果		向后联系效果	
商业服务业	1.0167	重化学工业	1.0916
运输通讯业	0.9118	食品工业	1.0838
重森林工业	0.8880	轻森林工业	1.0653
畜牧业	0.8803	其他工业	1.0577
造纸文具业	0.8747	建设材料工业	1.0006
轻化学工业	0.8632	副业	0.9765
其他工业	0.8433	石油工业	0.9193
食品工业	0.8294	煤炭煤气	0.9098
建设材料工业	0.7539	商业服务业	0.9027
林业	0.7341	重森林工业	0.8318
轻机械工业	0.6706	渔业	0.8160
缝制皮革业	0.6481	畜牧业	0.8070
副业	0.6399	运输通讯业	0.7796
轻森林工业	0.5450	电力业	0.7793
渔业	0.5298	农业	0.7512
建设业	0.5031	林业	0.5809

资料来源：吴家俊、汪海波《中国的宏观经济管理》，经济管理出版社1988年版。

这一阶段重工业发展速度减缓，农业、轻工业发展迅速。农业方面，由于家庭联产承包责任制的成功实施和农产品价格的提高，调动了广大农民的生产经营积极性，全国粮食产量由1978年的3.048亿吨增加到1984年的4.073吨，增长率为33.6%，并且农业在物质生产部门净产值的比重由1978年的33%提高到1984年的40%。同时，由于家庭联产承包责任制的责权相结合所产生的激励效应，提高了土地的利用效率，大量劳动力从土地中解放出来，转入其他非农产业领域。轻工业方面，除了给予重点政策照顾倾斜之外，我国还鼓励其他行业支援轻工业的发展。1981年，轻工业总产值达2663亿元，占全部工业总产值的比重为51.4%。从1978年到1985年，轻工业产值增长了130%。轻工业不仅在总量上大幅提高，内部结构也得到了一定的改善，市场上轻工业品的供应也逐渐好转，大部分日用工业品满足市场需求，部分商品也从买方市场转为卖方市场。

④第四阶段：以农业、能源、交通、家用电器产业等基础工业为主导产业。

1985年我国提出进一步合理调整产业结构，以适应人民生活需求和经济发展的要求。改革开放以来，我国经济迅速发展，但是一些问题例如物价上涨、通货膨胀等问题也逐渐显露出来。因此，1989年开始我国政府开始逐步调整产业结构，集中力量发展农业、能源、交通、家用电器产业等基础工业。20世纪80年代到90年代底，经济体制改革和经济发展战略开始进行调整，产业发展重点由发展重工业为主转变为发展生产消费品的轻工业，家用电器产业和纺织工业迅速成长为这一时期的主导产业，带动了中国经济的高速增长。同时，由于巨大的市场需求，电力、石油化工、交通运输、第三产业中的商业、饮食以及基础设施产业也成为这一时期的主导产业。这一阶段主导产业发展的动力主要来源于自然资源、劳动力资源、技术引进，在广东、浙江等地区形成了少量的产业集群。

1979—1989年间，我国国民生产总值年均增速达9%，而家用电器产业年均增速达90%，我国建立起家电工业体系，但是家电工业和其他基础产业的关联程度不高，并且家电产业的自主创新能力低，主要依赖技术进口的方式发展。随着家电产业对国民经济的带动能力降低，家电产业也丧失了主导产业的地位。这一时期的产业政策不仅对我国各产业进行协调，也对我国未来的主导产业进行了初步规划。但是这一阶段的缺陷也十分突出，过分强调经济发展速度，产业结构矛盾仍然存在，经济过热和通货膨胀使得经济发展不稳定。同时，城乡差距进一步扩大，经济发展中心向东移，中西部地区发展开始落后①，区域经济发展呈不平衡的状态。

⑤第五阶段：以汽车、电子、石油、化工为主导产业。

1992年以来，政府工作报告中多次提到将机械电子、石油化工、汽车制造、建筑业发展成为国民经济的主导产业。这一时期发展主导产业的动力主要来源于要素投入、技术进步和集群效应。1992年，社会主义市场经济体制改革的确立，将社会主义基本制度和市场经济结合起来，建立社会主义市场经济体制。这一阶段，中国提出了两个根本性转变目标：一是经济体制从传统的计划经济体制向社会主义市场经济体制转变，二是经济增长方式从粗放型向集约型转变。为了鼓励主导产业迅速发展，政府实行了多项鼓励政策：鼓励具有比较优势、技术趋于成熟的高附加值产品和高新技术产品的出口，鼓励新技术设备进口，鼓励传统产业升级、支持新兴产业发展，等等。同时，这一时期产业集群大量形成并向全国范围内辐射发展，逐渐成为区域产业发展和产业布局的重要模式和发展趋势。由于国家政策的大力支持，各地方政府也纷纷将汽车、电子、石油、化工等产业作为地区的主导产业，造成了各地产业趋同、各地区提供的产品或服务是一致的或是接近的，导致了各产业在竞争中只能采取降价的方式，使国内陷入重复建设、资源浪费的怪圈。

---

① 魏鹤群：《中国主导产业变迁和经济发展模式的变革》，载《经济研究导刊》，2012年第24期，第5～7页。

⑥第六阶段：以战略性新兴产业为主导产业。

随着新技术的迅速发展，新一轮的产业革命悄然发生，新兴产业逐渐成为引领未来经济社会的重要力量。当前，我国正在逐渐改变经济增长的方式，积极推进中国特色新型工业化进程，促进经济长期保持平稳较快发展。因此，必须科学判断未来需求的变化和技术发展的新趋势，并且大力培育战略性新兴产业，优化升级产业结构，促进其成为支撑社会可持续发展的先导性产业和支柱性产业。现阶段是我国战略性新兴产业提升核心竞争力的关键时期，既面临着难得机遇，同时也存在严峻的挑战：从有利条件看，首先，我国工业化、城镇化的推进速度不断加快，城乡居民消费结构升级使得国内市场需求快速增长，为战略性新兴产业的发展提供了广阔的空间；其次，我国装备制造业、高技术产业以及现代服务业的快速发展大幅度提升了我国的综合国力，为战略性新兴产业的发展提供了良好的基础；最后，随着世界多极化、经济全球化的不断深入，为我国战略性新兴产业的发展提供了有利的国际环境。但同时我们也要看到面临的严峻的挑战：首先，我国的战略性新兴产业的创新能力严重落后，缺乏关键核心技术，与发达国家相比还存在着较大的差距；其次，我国特殊的投融资体系、市场环境、体制等还不能很好地满足战略性新兴产业发展的要求。

2002年以来，我国按照新型工业化道路的要求继续推进产业结构的升级发展，鼓励自主创新，大力发展战略性新兴产业。一方面鼓励航空航天产业的发展，另一方面继续支持交通运输、汽车、电子、石油化工、钢铁等传统产业的升级转系。2010年4月，国家发改委确定现阶段应重点培育和发展战略性新兴产业，主要包括节能环保、新一代信息技术、生物医药、高端装备制造、新能源、新材料、新能源汽车七大产业。战略性新兴产业近年来成为我国政府扶持发展的重点对象，肩负着对经济发展全局性、长远性发展的使命，意义重大。但是就战略性新兴产业的定义来说，学术界还没有形成统一的定论。刘洪昌（2011）提出战略性新兴产业必须具备战略性、创新性、成长性、关联性、导向性、风险性等关键特征。霍国庆（2012）在对已有的国内外有关战略性新兴产业文献梳理的基础上，从"战略性"和"新兴性"另个角度界定了战略性新兴产业的概念和相关特点：就其战略性而言，战略性新兴产业是指能够带动我国经济社会发展并形成国家竞争力的产业；就其新兴性而言，战略性新兴产业是指以新兴技术产业为基础且在全球范围内都处于孵化期或成长期的产业①。国务院工作报告指出，增强自主创新能力是培育和发展战略性新兴产业的中心环节，必须完善以企业为主体、市场为导向、产学研相结合的技术创新体系，结合实施产业发展规划，突破关键核心技术，将创新成果产业化，提升产业核心竞争力，换句话说，创新驱动是发展战略性新兴产业的主要动力。

我国产业发展方向主要有以下七个②：其一是节能环保产业（主要包括高效节能产业、先进环保产业、资源循环利用产业等），要求充分运用现代技术成果，突破能源高效、污染物防治及安全处理、资源回收与循环利用等关键核心技术，大力发展高效节能、先进环保和资源循环利用的新产品、新装备，同时大力推行清洁生产与低碳技术，提高资源利用效率，促进资源节约型与环境友好型社会的建设；其二是新一代信息技术产业（主要包括下一代信息网络产业、电子核心基础产业、高端软件和新兴信息服务产业等），要求把握信息技术升级与产业融合的发展机遇，突破超高速光纤与无线通信、物联网、云计算、数字虚拟等新一

---

① 霍国庆：《战略性新兴产业的研究现状与理论问题分析》，载《山西大学学报》，2012年第5期，第231页。
② 资料来自《"十二五"国家战略性新兴产业发展规划》。

代信息技术，带动我国信息产业的发展；其三是生物产业（主要包括生物医药产业、生物医学工程产业、生物农业产业、生物制造产业等），要求把握生物资源利用、转基因、生物合成等关键技术，提升生物医药的研发功能，快速构建具有国际先进水平的现代生物产业体系；其四是高端装备制造产业（主要包括航空装备产业、卫星及应用产业、轨道交通装备产业、海洋工程装备产业、智能制造装备产业等），要求大力发展现代航空装备、卫星及应用生产，促进制造业向智能化、精密化和绿色化发展，把高端装备制造业逐渐培育成我国国民经济的支柱产业；其五是新能源产业（主要包括核电技术产业、风能产业、太阳能产业、生物质能产业等），要求加快发展核电、风电、太阳能光伏、生物质发电、地热、沼气等新能源，推进新型太阳能光伏、热发电、生物燃料、海洋等可再生能源技术的产业化；其六是新材料产业（主要包括新型功能材料产业、先进结构材料产业、高性能复合材料产业等），要求大力发展新型功能材料、先进结构材料和复合材料，并建设产学研紧密结合的、具备较高自主创新能力的高性能、轻量化、绿色化的新材料产业体系，引导材料工业结构的调整；其七是新能源汽车产业，要求掌握高性能动力电池、电机、电控关键核心技术，推进燃料电池汽车的研发，初步形成较为完善的产业化体系，促进新能源汽车产业的快速发展。

过去我国经济的高速增长是建立在粗放型增长模式基础上的，依靠的是资源的大量投入、生产要素的低成本和技术的模仿。这种粗放型的增长模式为我国资源和环境带来了一系列问题，因此，未来我国经济的增长要更多地依靠技术创新，通过技术创新来实现可持续发展，解决环境治理问题。2008年世界金融危机以后，世界经济增速普遍下降，西方发达国家都抓紧时机进行技术创新，进行产业结构调整，以便找到重振经济的一条新途径。我国作为制造业大国，由于缺乏核心技术，制造业大而不强。与发达国家相比，目前我国创新能力不足，科技对我国经济增长的贡献还不高。因此，粗放的要素驱动模式转向集约的创新驱动模式及数量型产业结构向质量型产业结构转变能够为产业结构优化升级提供持续动力[①]。

"创新驱动"的概念最早来源于波特提出的国家竞争优势理论，他从竞争优势的来源判断国家竞争力发展的不同阶段：第一阶段是生产要素驱动阶段，即处于该阶段的国家在资源、环境、劳动力等方面具有优势，基本生产要素是国家竞争优势的主要来源；第二阶段是投资驱动阶段，即处于该阶段的国家仍然以基本生产要素为优势，但是创造了更多、更先进的生产要素，企业战略、企业结构和竞争环境都得到了相应的改善，政府和企业都有积极投资的意愿和能力，国内市场竞争比较激烈，市场规模逐渐成为一项重要的竞争优势；第三阶段是创新驱动阶段，即处于该阶段的国家对生产要素形成的竞争优势的依赖越来越少，而竞争优势主要来源于持续的创新能力，不仅能够创造并提升先进和专业化的生产要素，而且生产要素的选择性不利条件加速了竞争优势的提升，企业投资国外、服务业走向国际化，产业竞争的重点是技术和产品差异；第四阶段是富裕驱动阶段，经济发展逐渐疲软，国家的目标转移为社会价值，人们对其他领域的兴趣大于产业界，持续的投资和创新动机下降、竞争衰退，产业投资不足，过去在生产要素的创造机制上的积累投资仍然作为一项竞争优势，但需求面的优势窄化到相关的富裕型产业，如精致和高级需求的产业、该国长期投资特定领域形成的产业（基础科学、艺术、高级专业化教育、健康医疗）等[②]。

---

① 肖国东：《经济"新常态"下我国产业结构调整趋势分析——基于居民消费结构升级的思考》，载《内蒙古社会科学》，2015年第4期。

② 迈克尔·波特：《国家竞争优势》，华夏出版社2002年版，第527~557页。

　　我国长期依赖基本要素投入推动经济的增长方式，即由投资带动的要素驱动阶段，这种增长方式不可避免地会遭遇到资源和环境不可持续供给的极限，而转向创新驱动就是利用知识、技术、企业组织制度、商业模式等创新要素对现有的资本、劳动力、物质资源等有形要素进行新组合，以创新的知识和技术改造物质资本、提高劳动者的素质和科学管理水平。创新驱动的增长不只是解决效率问题，更为重要的是依靠知识资本、人力资本和激励创新制度等无形要素实现要素的新组合，通过转变技术进步的模式，将知识创新与技术创新协同，由外生转为内生，是科学技术成果在生产和商业上的应用和扩散，是创造新的增长要素。目前，我国已经进入了中等收入国家行列，处于工业化中期的后半阶段，面临着从工业大国转向工业强国的重任，但是外部环境发生了巨大的变化：2008 年以来的国际金融危机和持续数年的欧债危机，都表明世界经济发展正进入转折极端，因此我国必须进行战略调整，应更注重内源发展，发挥我国内生潜力。基于这样的背景和现实需求，创新驱动发展成为一项重要国策。中国共产党第十七次全国代表大会提出将"建设创新型国家"作为国家发展战略的核心，"十二五"规划从"实施科教兴国战略和人才强国战略"方面进一步提出了推进"创新驱动"的战略部署，党的十八大报告则明确地提出"实施创新驱动发展战略"的号召，并将"科技创新"提升到"国家发展全局的核心"地位。2015年，中共中央、国务院发布了《中共中央、国务院关于深化体制机制改革加快实施创新驱动发展战略的若干意见》，提出了若干对制约创新的体制机制因素进行实践层面改革的措施。

　　创新驱动的实质是科技创新。技术创新相当多的是源于生产中经验的积累、技术的改进、企业内新技术的研发。以科学发现为源头的科技进步模式，体现知识创新（科学发现）和技术创新的密切衔接和融合，是技术进步路径的革命性变化。也正是在这一意义上，我国的"十二五"规划明确将科技进步和创新作为加快转变经济发展方式的重要支撑。以科学发现为源头的科技创新的路线图包括三个环节：上游环节，即科学发现和知识创新环节，包括知识创造阶段的原始创新、知识创新；中游环节，即科学发现和将创新知识孵化为新技术的环节，包括创新知识孵化阶段的协同创新、集成创新和基础应用研究；下游环节，即采用新技术的环节，包括推广应用阶段的商业模式创新、市场创新、引进消化吸收再创新。所有这三个创新环节相互联系就构成科技进步和创新的路线图。这表明，在科技创新体系中不只是企业一个主体。科技创新包括不同的创新阶段和不同的创新主体，由此就提出了科技创新体系建设问题。科技创新体系涉及产学研用各个环节中的主体相互间的合作和互动。因此，创新驱动具有系统性、动态性和差异性等特点。

（2）我国主导产业演进的特征分析。

总体来看，我国主导产业演进的趋势为：第一产业的劳动力比重和收入持续下降，第二产业和第三产业的劳动力比重和收入稳步上升，其中第二产业的劳动力比重和收入上升速度较快，第三产业较为缓慢。整体上说，我国主导产业演变的趋势基本符合世界上其他国家产业演进的一般规律，产业结构逐渐趋于合理化和高度化。

第一，我国主导产业演进过程基本符合工业化规律，工业化速度加快，轻、重工业结构逐渐趋于协调，轻工业在工业中所占的比重和增加值呈下降趋势，重工业则呈现出上升趋势。同时，重工业正逐渐成为支柱产业。由表3—5可见，1878—1990年我国轻工业发展速度较快，1990年以后重工业发展迅速，到2010年重工业产值占工业总产值的比重达71.1%，远远高于轻工业所占比重。

表3-5 1978—2010年我国轻、重工业产值占工业总产值比重

年份	1978年	1985年	1990年	1995年	2000年	2005年	2010年
轻工业占比	43.1%	46.7%	49.5%	45%	40.1%	31%	28.9%
重工业占比	56.9%	53.3%	50.5%	55%	59.9%	69%	71.1%

数据来源：表中各年《中国统计年鉴》。

第二，我国主导产业演进呈现良性循环，同时我国产业结构也逐渐合理。改革开放前，中国产业结构处于失衡状态，工农业比重失调、重工业所占比重较大、第三产业发展落后。改革开放后，随着国家政策的宏观调控和市场经济的不断发展，由表3-6可以看出我国产业结构逐渐合理：首先，第一产业得到了良好发展，为经济快速发展打下了良好基础；其次，第二产业较快发展，推动着经济快速发展；最后，金融、保险、咨询等服务业也逐渐发展。因此，我国主导产业演进规律是从技术水平较低的传统产业向技术水性较高的产业再到高新技术产业发展。另外，我国主导产业是从劳动密集型产业向资本、技术、知识密集型产业发展的。

表3-6 1978—2015我国三次产业占工业总产值比重

年份	1978年	1985年	1990年	1995年	2000年	2005年	2010年	2015年
一次产业	28.2%	28.4%	27.1%	20.0%	15.1%	12.1%	10.1%	9.0%
二次产业	47.9%	42.9%	41.3%	47.2%	45.9%	47.4%	46.7%	40.5%
三次产业	23.9%	28.7%	31.5%	32.9%	39.0%	40.5	43.2%	50.5%

资料来源：表中各年《中国统计年鉴》。

第三，我国主导产业的发展具有阶段性，每一阶段的主导产业都是在特定的历史背景下产生的，并且随着经济社会的发展，

人们的消费习惯和消费结构也不断变化，导致我国主导产业出现了不断更替的过程，即不断有新的主导产业取代原有的主导产业。同时，每一阶段发展主导产业的动力都不一样，整体来看，我国主导产业的发展动力从传统的要素驱动逐渐演进到创新驱动，而在这个过程中技术创新是推动主导产业发展的根本动力。

（3）我国主导产业发展动力变化。

根据我国主导产业发展的六个阶段来看，我国产业发展的动力主要有以下几个方面的转变。

第一，计划经济向市场经济的改革。在市场经济条件下，市场通过供求机制、价格机制和竞争机制的共同作用对资源配置起到基础性作用，具体来说，就是通过供求关系变动引起的价格变化给企业利益增减带来市场信号，引导社会资源由价低、利小的行业向着价高、利大的行业转移，从生产率低的区域流向生产率高的区域，从而实现资源优化配置。改革开放释放了经济主体对经济利益追求的内在动力。从计划经济向市场经济的改革，其原因在于建立了市场机制对经济主体调控的内在动力体系，而这套动力体系建立了市场配置资源的运行机制，提高了经济发展的效率。在原经济发展走到了尽头时，过剩经济将会使市场竞争更加激烈，而激烈的市场竞争将使经济主体在市场分工中重新洗牌，一些在竞争中被淘汰，而另一些则在竞争升级中成为新的主导力量。同时，我们也不能忽视政府的作用。政府在经济增长中的巨大作用不容忽视。市场经济下的中国各级政府不再仅是经济发展的裁判员、秩序维护员、行为监督员，而变成了一个经济主体，在巨大的利益推动下，成为投资拉动经济发展的主要力量之一。

第二，基本民生需求向消费升级的需求。产业活动的最终目的是满足人们各种合理的需要，并且个人内在的需求变化在宏观上表现为社会需求的变化，社会需求的变化引起社会消费的变化，而消费又通过影响产品的生产进而影响产业的发展变化。因此，从动态的角度来说，正是需求及需求规模的变化推动着产业系统的不断发育与成长。随着生产力的提高和经济社会的发展，人类物质需求不断得到满足，人们开始追求生活质量的全面提升。马斯洛需求层次理论认为，随着经济社会的发展，人们在保证自身物质、生理需要等基本需求的前提下，会追求更广泛的需要，其需求结构会逐步提升，并由低层次向高层次逐步发展，不断朝着高级化方向演进，并且消费需求的变化方向为：生活必需品——耐用品——服务——精神文化娱乐活动。生产力水平及经济状况的提高又会不断激发人们新的需求欲望，这具体又会在社会消费中体现出来：改革开放以前，由于受生产力的制约，工业及手工业发展比较落后，其产品种类少，数量匮乏，使得社会成员的需求内容较为单一，处于一种压抑状态。同时，社会成员需求的满足程度也受到限制，消费范围主要限定在农产品、简单手工制成品上，消费结构显得十分单调、贫乏，而且消费需求包含的内容也仅仅限于使用价值，对于商品的审美价值需求、时代性需求、象征性需求以及服务需求并不注重。改革开放后，随着生产力水平的不断提高，社会整体经济状况不断改善，人们摆脱了基本生活条件的约束，生活追求领域、范围逐步扩大，人的需求呈现出复杂化、多层次特征。需求领域不断扩展，需求内容日益丰富，不再限定于商品的使用价值需求，而且注重商品的审美价值需求、象征性需求及服务需求。其表现特征为：城乡居民用于食品消费的支出相对减少，各种高档耐用消费品如汽车、住房、家电、电脑、现代通信商品等有效需求逐步上升，对服务消费如餐饮、旅游、家政、保险等的需求和质量要求意识大为提高。这表明，城乡居民消费需求越来越丰富，越来越复杂，越来越高级。与此同时，随着信息网络技术的迅猛发展，人们的消费需求的个性化趋向也越来越明显，消费者要求每件商品都要根据他们的需要而定做、每项服务都要根据他们的要求而单独提供已经屡见不鲜。

第三，低水平要素驱动向多要素整合的改革，而多要素整合主要体现为创新驱动。长期以来我国依靠物质要素投入推动经济增长的方式不可避免地受到资源和环境的约束和限制，重复低水平的大规模要素投入换来的经济总量增长的模式逐渐失效，个性化高质量、高价值的创新将成为经济发展的新方式。从改革开放到 20 世纪 90 年代初期，我国产业发展处于总需求大于总供给的物资匮乏时期，产业技术水平和生产效率较低。随着经济发展环境的巨大变化，低劳动力成本、低土地成本、低环境成本的时代已经过去了，科技创新及科技产业化以规模扩张、技术领先、高附加值以及产业性能质量升级等，改变着产业空间布局及其结构形态。创新驱动是利用技术、知识、信息、管理制度和运营模式等创新要素对原有的资本和资源等物质要素进行重新组合，以新的知识、技术提高物质资本的效益，提升劳动者素质和企业管理水平。创新驱动与要素驱动的最本质的区别就是由"量"向"质"的转变。创新是生产力发展的巨大杠杆，也是促成产业系统进化的最重要的因素。首先，创新使生产资料尤其是劳动工具发生改革，通过生产工具的改革，人类大大改进了劳动的手段，从石器到青铜器、铁器再到机器的使用，每一次变革都强化了社会生产的物质技术基础，提高了物质产品的生产效率，同时也会导致生产要素的重新分配，不断推进新产业体系的形成。物质产品的生产方式由低技术水平、低附加值状态向高技术、高附加值状态演变。创新驱动即体现在满足需求拉动下的产品创新、工艺创新、装备水平的提高、原材料的创新，也体现在基于信息网络技术平台的商业模式创新、市场开拓途径创新等方面。其次，创新会不断提高社会劳动生产率，因此人们每天的劳动时间逐渐缩短、休闲时间日益增多，人们享受与发展的愿望日益强烈，知识性、服务性产业逐渐发展起来。与此同时，通信技术、自动化技术和激光技术等高科技在人文精神生产活动中的广泛应用，降低了产业体系中生产物质产品的比重，提高了生产人文精神产品产业的比重，实现了产业的可持续发展。

第四，封闭型自我发展向开放性全球化发展。现如今是经济全球化的时代，随着交通、通信技术的发达，以前依靠地理位置产生的优势有所减小，地理根植性逐渐降低，但是不管产业如何发展，都是在既定资源约束和社会经济发展目标上的博弈，因此离不开特定区域的区位制约。产业的生命力在于通过知识溢出和协同创新不断吸引外部企业的加入并孵化出新的企业，而新企业的加入不仅会增强技术的多样化，还能促进产业技术升级、加速产业的分工，由此形成的协同效应和创新效应催生了更多的产业部门。为了充分利用当地资源，企业往往倾向在聚集较高的环境中搜寻与自身能力相适应的产业链环节并根植其中。随着世界经济格局的变化，这种现象逐渐演变成以不同要素为特征的地方产业网络，并最终形成全球产业网络。经济全球化本质上要求所有国际和地区的经济都必须融入全世界经济体系，因此，一个国家或地区的经济发展都只是全球经济发挥在那网络中的一个有机部分。经济全球化的主要目标是在全球经济范围内实现帕累托最优的资源配置，在成本最低的国家或地区生产和销售最优产品。经济全球化不仅仅只是信息、资金、产品和生产要素流动的全球化，更是全球生产方式和财富分配的一场革命，其意义在于所有经济资源在全球范围内实现最优分配。

根据我国产业发展动力的变化，我们可以看到我国产业发展的动力存在以下几个特点：第一，通过量的增长和规模的扩大，拉动经济增长的效率逐渐递减，甚至于出现负效应，其原因在于市场的饱和使原有水平上的产品供给过剩，投资任何一个传统产业已经不能取得预期经济效果。第二，要素供给边际成本逐步上升，已经达到经济主体难以承受的程度，其中劳动力要素从过剩到短缺，使劳动力价格不断攀升，土地资源由于经济过剩，导致资源配置效率不断降低，要素驱动下的经济增长处于乏力的状态。第三，环境容量饱和，生态系统脆弱，对经济发展的约束力不断加强，传统经济发展的道路越走越窄。第四，世界经济处于萧条期，国际贸易环境趋于恶化，大幅度削弱了中国出口对经济发展的拉动作用。第五，中国经济发展进入了需求转型阶段，原常态的发展遇到了阻碍。第六，世界性的信息技术革命将带来世界性的工业革命，带动我国经济发展。不论产业发展的动力如何变化，推动我国产业发展的根本动力都是创新，只有依靠创新驱动才能推动我国经济向更高层次、更高水平发展。

3.1.1.4　我国产业发展的趋势分析

随着世界经济的发展和经济全球化的加速，世界产业结构的演进出现了一系列新的趋势，这些趋势对各国产业结构尤其是发展中国家的产业结构调整产生了重要影响。世界各国国内生产总值结构变化的总趋势是农业比重下降，而服务业的比重上升。这一趋势在发达国家与发展中国家都相同，不同的是发达国家的工业和制造业也在下降，而发展中国家的相同指标还在上升。在科技进步的推动下，产业结构不断呈现出高级化和合理化演进的趋势，推动经济迅速向前发展。当前，我国产业发展的新趋势主要有三个：集群化、融合化和生态化。

第一，产业发展集群化。产业集群化是指以专业分工为基础的、地区产业高度集中的资源配置格局，是一种产业的空间聚集现象。产业集群化具有三个明显的特征：一是地理空间上的高度集中。空间上的聚集能给集群内企业带来资源及公共物品共享的便利，有利于企业间知识的传播与交流，增强企业间的合作与信任。二是专业化分工。产业内部的不同企业可以围绕产品的研发、生产、销售实行分工合作，参与分工合作的企业都是独立的企业，均可以脱离其他企业独立运行。三是以中小企业为主。与大型企业相比，虽然中小企业在抗击风险方面的能力不足，但是小规模企业相对比较灵活，对市场变化能够迅速做出反应。我国产业集群的载体以中小企业为主，这使得集群在应对市场经济的各种不确定因素及金融危机时更具优势。产业集群化可以带来以下几种经济效应：一是提高产业竞争力。随着分工协作体系的进一步深化，强强联合局面的日益形成，区域产业竞争力势必稳步提升，从而形成具有强大竞争力的产业集群。二是有利于实现技术知识、管理经验的交流和共享。例如，一个地区出现一个盈利行业后，在同一地区周围的厂商或潜在厂商会最先获得行业盈利的信息，并能够快速接近该行业的信息源。同时专业猎头会寻找这一地区的拔尖人才，促进优质人力资源在企业间的流动。三是加速企业创新。从事相同行业的企业处于同一地域，势必存在竞争的关系。这些企业可通过竞争、合作，实现分工、协作的格局，形成良性互动，从而助推产业升级步伐加速。

第二，产业发展融合化。产业融合是指不同产业或同一产业内的不同行业，通过相互渗透、相互交叉，最终融为一体，逐渐形成新产业的动态过程。产业融合作为产业演进中的一个重要裂变过程，不同类型的产业融合导致了产业创新体系的转换，从而推动了产业不断演化发展。产业融合意味着传统产业边界模糊化和经济服务化趋势，带来更大的复合经济效应的产生。产业融合重新调整了各产业间的关联关系，导致产业结构演进机制弱化，传统产业结构依次演进的规则产生了变异，产业间替代的动力大大减弱。不同产业间的关联性和对利润最大化的追求是产业融合发展的内在动力，技术创新扩散和技术融合则是当今产业融合化发展的催化剂。产业融合化有两个特点：一是高新技术的渗透融合。如以物流、电子商务、电子金融为代表的新兴服务产业，实现了电子网络技术和传统产业相结合，并实现了产业的创新。高新技术的渗透融合，不但促进了产业升级，增加了产品的附加值，同时也对传统产业带来了冲击，为传统产业转型升级提供了动力和压力。二是产业内部的重组融合。工业、农业、服务业通过融合提高竞争力，适应不断变化的市场新需求。以生态农业为例，生态农业往往和生态旅游相结合，形成了从第一产业到第三产业的产业链条，既适应了市场需求，又提高了农业生产率。工业供应链把上、中、下游相关的产业联系在一起，通过技术创新、体制和制度创新促进产业的升级换代。高技术产业与传统产业融合发展的方式有①：①产业渗透。产业渗透发生在高技术产业和传统产业的产业边界处。首先与信息技术发生融合的是机械、电力、汽车等产业。②产业交叉。产业交叉是通过产业间的功能互补和延伸实现产业间的融合，使得融合后的产业结构出现了新的形式。电信、广播电视和出版等产业的融合就是产业交叉。③产业延伸融合，即通过产业间的功能互补和延伸实现产业间的融合，形成融合型的产业新体系。④产业重组，主要发生在各个产业内部的重组和整合过程中。传统产业能够融合高技术产业的技术，不断创新业务模式，开发新的市场潜力。产业融合的经济效应主要体现在两方面：一是直接促进产业创新，二是推进了区域经济一体化进程。产业融合催生新产业、新产品，并逐渐成为经济新的增长点；区域一体化进程加快了产业结构升级的步伐，也使企业获得更多的商机和市场，促进企业网络的发展，提高区域之间的联系水平。

第三，产业发展生态化。产业生态化是指产业依据自然生态的有机循环原理建立发展模式，将在一定区域内的多种具有不同生产类别的企业，按照物质循环、生物和产业共生原理对产业生态系统内的各组分进行优化组合，实现园区内物质和能量的封闭

---

① 陈晓涛：《技术扩散与吸收对产业融合演进的影响》，载《科技管理研究》，2006 年第 11 期。

循环利用，建立高效率、低消耗、低污染、经济与环境相协调的产业生态体系的过程，实现产业活动与生态系统的良性循环和可持续发展[①]。产业生态化要求对环境资源的合理开发利用，推广资源节约型生产技术，建立资源节约型的产业结构体系，减少对环境资源的破坏，倡导绿色环保消费，实现产业经济效益、环境效益和社会效益的最大化。产业的生态化是循环经济的一种表现形式，在当前节能减排压力较大的背景下，其作用和功能日益凸显：从宏观层次看，国家产业发展战略选择、法律制定要体现生态化；从中观层次区域看，产业园区的建设、布局更要体现生态化；从微观层面看，在企业的生产技术改造、管理实践的过程中，生态化的概念始终是贯穿其中的主线。当前国际上兴起的生态工业、生态农业、生态旅游业等就是产业生态化的体现。产业生态化具有三个特点：一是循环性。产业体系具有循环性特征，按照"资源—产品—再生资源—再生产品"的反馈式流程进行循环，从而使经济系统和谐地纳入自然生态系统的物质循环过程中。二是带动性。将传统产业与生态文明建设结合起来，通常能为传统产业改造找到出路，带动传统产业升级。三是增值性。发达国家通过技术入股、期权激励、企业合作等形式成功实现了产业—生态共生系统，使系统内所有企业都得到好处，取得增值效应。

随着产业融合化、生态化、集群化的发展，产业集群这一特殊的产业组织形式也必将朝着融合化、生态化等方向发展，这个过程需要持续发掘新的动力体系推进传统产业集群的转型和新兴产业集群的升级。

---

① 黄志斌、王晓华：《产业生态化的经济学分析与对策探讨》，载《华东经济管理》，2000 年第 3 期。

3.1.2 产业集群发展的动力

从产业集群动力机制的组成元素来看，产业集群动力是指驱动集群形成和发展的一切有利因素，在产业集群的形成和发展阶段分别表现为生成动力和发展动力。集群的形成具有一定的偶然因素和历史因素，有一定的不确定性和不稳定性，发展动力则一般具有相对稳定的协调关系和作用规则。因此可从生成动力和发展动力来研究集群动力。产业集群的发展演进与其动力息息相关：集群演进是多种动力因素交替作用的结果，而非单一因素单独作用的结果。从动力因素的演进来看，专业化分工是动力因素演进的起点，市场需求变化是动力因素演进的外部推动力，生产要素整合是动力因素演进的内在要求，政府集群政策支持是动力因素演进的外部支持①。在集群动力因素演进机制的作用下，多种动力因素交替更迭，促进了生产要素的整合，推动了集群的发展演进。因此，我们从集群的生成动力与发展动力两个动力演化角度来分析，由此了解集群在生成和发展阶段的不同发展机制，有助于了解集群在产生与发展两个不同阶段的阶段性发展的根源，在之后的产业集群转型升级动能体系构建的路径设计上更有针对性和有效性，从而为四川省产业集群的转型升级提供有效的解决方案，促进四川省产业集群的可持续发展。

3.1.2.1 产业集群动力理论研究

产业集群的竞争优势来自其动力机制，从产业集群动力的研究角度来看：区位理论认为区位因素是影响集群集聚的动力因素，外部经济理论认为经济的外部性是产业集聚的动力，社会资本论和交易成本论肯定了社会网络与社会资本在集群形成与发展

---

① 潘海生、周志刚：《产业集群发展动力因素演进机制研究》，载《科技管理研究》，2008 年第 9 期。

中的作用，创新理论强调了技术创新在集群发展中的核心作用。
本文梳理了关于产业集群动力研究的相关理论，整理出引发产业
集群产生以及促进集群发展的动力的研究成果，见表3-7。

表3-7 集群动力研究理论梳理

动力因素	相关理论	主要内容	要素投入	对集群的作用（集群效应）
区位因素	工业区位理论 增长极理论	区位因素是产业集群萌芽的推动力，特殊的自然资源、地理位置、资本优势、劳动成本等区位因素在集群形成过程中具有非常重要的作用。韦伯认为集聚的好处与成本的对比决定企业是否靠近，运输成本（运费）与劳动成本（工资）是决定区位竞争力的关键	土地、劳动力、技术等最基本的生产要素（基本要素）	依靠特殊的资源、地理环境、生产要素成本等绝对或相对比较优势获得成本优势
集聚经济	外部经济理论 新地理经济学	外部经济理论认为，专业协同创新的环境与技术外溢，专业化劳动市场共享因素，辅助性行业的成长及其带来的成本节约所带来的外部经济性是企业集群的主要动力因素 新经济地理学认为把地理区位作为分析市场和竞争的一个重要因素，产业集群是规模报酬递增带来的外部经济的产物，地区集中和专业化可以扩大生产规模并产生规模经济，而规模经济将带来更大规模的企业集中，从而形成集群	在基本要素的基础上，有合作等关联关系的产生	外部积极性、规模报酬递增、交易成本节约形成的复合经济效益推动了集群的形成
社会资本技术	社会资本理论 交易成本理论	在社会资本的积累下，企业间非正式的交易关系有助于节省沟通的时间与费用，产生合作的社会网络也是一张信息网络，由于企业集群特殊的地缘、产缘关系，企业之间信息交流和人员交往都十分频繁，信息的传播速度加快、频率提高	网络状的非正式交流，知识共享与溢出、技术合作；信息、知识、技术、人才等要素的投入	社会资本是建立在相互信任的基础上的，以社会网络为载体的一种非正式的经济交流活动。有助于获得合作剩余、降低交易成本、加速信息的交流和扩散的速度

动力因素	相关理论	主要内容	要素投入	对集群的作用（集群效应）
技术创新与扩散	创新理论	创新理论认为：国家、地区或企业的竞争力不仅与其静态的相对成本优势有关，更重要的是取决于其动态创新的能力，而区域的动态创新能力是与特定的区域创新环境及其该环境下的学习过程密不可分的。企业创新过程涉及大量的隐性知识输入，创新主体需要在地理上与相关知识源靠近并通过频繁互动获得创新所需的隐性知识，同时，个人、企业、组织在特定的创新环境下集聚，通过地理临近和便利的学习以实现技术的创新、扩散和知识的积累 网络化是集群创新的载体，集群创新离不开创新主体、创新技术、创新知识、创新技能等，因此可将创新网络看作创新主体对知识、技术等创新性应用，目的是实现集群的渐进性创新和突破性创新，从而促进集群创新网络健康发展	以技术创新为中心的创新活动，由原始创新到集成创新、融合创新等；在基本要素基础上，创新成为主导要素投入	集聚过程中区域内企业高度合作所形成的创新网络有利于技术创新和隐性知识的获得，促进区域技术创新，保证产业持续发展

马歇尔认为集群是因为外部规模经济所致，生产和销售同类产品的企业或存在产业关联的上、中、下游企业集中于特定的地方会使专门人才、专门机构、原材料产生很高的使用效率，而这种使用效率是处于分散状态下的企业所不能达到的。他指出聚集形成的原因在于企业能更好地获取外部经济提供的利益和便利，这些好处包括提供协同效应和创新环境、共享辅助性服务支持和高水平的专业化劳动力市场、促进区域经济的健康发展、平衡劳动需求结构和方便顾客等[①]。因此，专业协同创新的环境与技术外溢，专业化劳动市场共享因素，辅助性行业的成长及其带来的

---

① 张敏：《产业集群生成与发展的动力机制分析》，载《产业观察》，2009年第1期。

成本节约所带来的外部经济性，是企业集群的主要动力因素[1]。

工业区位理论创立者阿尔弗雷德·韦伯从工业区位理论的角度阐释了集群现象。地理因素是产业集群萌芽的推动力，特殊的自然资源、地理位置、资本优势、劳动成本等区位因素在集群形成过程中具有非常重要的作用[2]。韦伯强调了运输费用对集聚行为的影响，他认为，当集聚所带来的好处能抵消或超过由此引起的运费的增加时，集聚因子便会对工厂区位选择产生作用。韦伯把集群的形成归结为四个方面的因素：第一个因素是技术设备的发展，随着技术设备专业化的整体功能加强，技术设备相互依存会促使地方集中化；第二个因素是劳动力组织的发展，韦伯把一个充分发展的、新颖的、综合的劳动力组织看作是一定意义上的设备，由于其专业化，因而促进了产业集群化；第三个因素是市场化因素，韦伯认为这是最重要的因素，集群可以最大限度地提高批量购买和出售的规模，得到成本更为低廉的信用，甚至"消灭中间人"；第四个因素是经常性开支成本，集群会引发煤气、自来水等基础设施的建设和共用，从而减少经常性开支成本。韦伯还从运输指向和劳动力指向两个不同的途径分析了集群能够达到的最大规模[3]。

20世纪70年代末以来，新经济地理学家克鲁格曼（P. Krugman）把地理区位作为分析市场和竞争的一个重要因素，建立了区域经济集聚的分析模型。克鲁格曼认为，集群是规模报酬递增带来的外部经济的产物，地区集中和专业化可以扩大生产规

---

[1] 潘海生、周志刚：《产业集群发展动力因素演进机制研究》，载《科技管理研究》，2008年第9期。

[2] 潘海生、周志刚：《产业集群发展动力因素演进机制研究》，载《科技管理研究》，2008年第9期。

[3] 张敏：《产业集群生成与发展的动力机制分析》，载《产业观察》，2009年第1期。

模并产生规模经济，而规模经济将带来更大规模的企业集中，从而形成产业集群。20 世纪 90 年代，迈克尔·波特从组织变革、价值链、经济效率和柔性方面所创造的竞争优势角度重新审视集群的形成机理和价值。他认为国家竞争优势主要不是体现在比较优势上而是体现在产业集群上，产业集群是国家竞争优势的主要来源，国与国在经济上的竞争主要表现在产业集群上的竞争①。

弗农·亨德森（J. Vernon Henderson）、茨马拉克·沙利兹（Zmarak Shalizi）和安东尼·J. 维纳布尔斯（Anthony J. Venables）（2000）从经济发展和地理的角度探讨产业为什么会群集、新集群是如何形成的、脱离集群的后果等问题。为了解释以上问题，他们对国际和国内经济的地理特征进行了实证研究。Best（1999）认为产业集群存在四种主要动力：集中专业化、知识外溢、技术多样化和水平整合及再整合，它们依次对产业集群的发展产生作用，并形成循环状的稳定结构，这就是主体动力机制。

英国斯旺（Swann）教授与其合作者采用实例分析方法分别研究和比较了多个产业集群的发展情况，将产业集群的动力机制描绘成包括产业优势、新企业进入、企业孵化增长，以及气候、基础设施、文化资本等共同作用的正反馈系统（positive feedback system）。Claus Steinle 和 Holger Schiele 两位学者在对产业集群案例综合分析的基础上，提出产业集群形成需具备一些必要条件和补充条件。他们认为，必要条件是由产品生产的特性所决定的，主要包括生产过程可分割性和最终产品的可运输性。生产过程可分割才有可能形成很长的价值链，从而实现集群内各个企业的专业分工。如果最终产品不能够运输，制造商就会靠近

---

① 张敏：《产业集群生成与发展的动力机制分析》，载《产业观察》，2009 年第 1 期。

消费市场，也就不会形成集群（除非这个市场非常巨大），而如果中间品可分割而最终产品容易运输，就有可能形成集群。为了实现不同角色之间的灵活协调，还需具备四个补充条件：产品或服务具有较长的价值链、竞争优势的多元化、网络创新模式的重要性以及变化多端的市场。Steinle 和 Schiele 的研究结果突出强调了产品和市场在产业集群形成中的重要影响，具有特别的价值，但忽略了资源禀赋、政府政策等因素对产业集群的形成所产生的作用，而这两点在欠发达地区的产业集群形成中作用更加明显[1]。

3.1.2.2　产业集群生成动力及其效应

从以上对于产业集群动力理论研究的成果来看，对于集群的动力研究主要可以划分为集群生成动力的研究与集群发展动力的研究。集群的生成与发展两个不同阶段拥有不同的动力，并且具有不同的效应，无论生成还是发展，动力的产生均源于多种要素的投入以及要素间的相互作用所带来的效应。

从集群生成的角度来看，区位因素和集聚经济是集群生成的主导动力。下面对这两个动力是如何具体促使集群产生的以及给集群带来的作用做出详细阐述。

首先从区位因素来讲，集群的形成与产生始于单个企业在区域内的落户与集中，可以说没有企业的集中就没有集群产生的可能性。从这一点我们可以看出，区位因素里所包含的自然资源、地理位置与地理环境等条件在很大程度上决定了单个企业是否会在一定的区域内落户与多个企业是否会在该区域内集中。比如，一区域内的自然环境与地理位置同时对多个企业有吸引作用，那在很大程度上这些企业会在该区域集中落户。地理位置与自然环

---

① 张敏：《产业集群生成与发展的动力机制分析》，载《产业观察》，2009 年第 1 期。

境的不相适应就会导致企业分散布局，每个企业都会去寻找对其自身最适宜的区域去发展。企业选择在某一区域落户在于该区域会给其带来一定的发展条件，具有竞争优势。

其次从集聚经济的角度来讲，在多个企业集中于同一个区域的过程中，会不断有新企业的加入，这就会形成企业之间的竞争与合作关系。竞争关系在一定程度上会加快区域内企业的发展，合作关系主要表现为专业分工。同一条产业链上的上下游之间的分工以及主导企业与辅助企业之间的分工都会利于企业发展。除了专业分工，集聚经济还表现为降低生产成本与交易成本。由于地理位置的临近性，运输成本大大降低会促使产品生产成本大幅下降，企业间的信息交流频率更高、速度更快，从而大大降低交易成本，产生规模经济。

上述两个生成动力及其效应列于表3-8。

表3-8　集群生成动力及其效应

动力因素	作用方式	对集群发展的作用（集群效应）
区位因素	自然资源、地理位置等区位因素吸引企业在该区域落户与集中	多个企业在地理位置上开始集聚，产生集聚效应
集聚经济	随着新企业不断加入，企业间展开合作与竞争	竞争与合作促进企业的发展，同时企业在地理位置的临近性降低了生产成本与交易成本，产生了集群的规模经济

3.1.2.3　产业集群发展动力及其效应

从集群发展的角度来看，其主导动力是有别于生成动力的，我们认为社会资本、技术创新与扩散及创新网络是集群发展的主导动力。

首先，从社会资本的角度来看，集群内企业数量的增加丰富并聚合了集群内的社会资本，使社会关系网络突破了原有意义上的、主要以血缘关系为基础的家庭成员小范围的网络结构，逐渐拓展到以地缘、业缘等关系为基础的、更大范围内的网络关系。网络关系的不断扩大，使企业间基于信任、规范的社会资本优势逐渐显现，增强了他们共同应对商品经济条件下产品市场需求的变化和波动、在整个企业集群范围内分散企业技术创新等不确定性因素带来的巨大风险的能力，增加了企业间相互合作的频率和合作的深度，促进了集群内企业之间的协调与沟通，降低了市场交易时的信息不对称程度，能有效地抑制和消灭机会主义，构建起企业良好的市场声誉，真正实现信息共享、信念认同和相互信任的合理化的社会关系网络和经济交往活动，促进集群进一步发展。随着集群进一步发展，集群内相对成本开始上升，"拥挤效应"抵消了集聚经济对集群的推动作用。而企业的进入以及企业数量的增加，增加了企业间联系和沟通的概率，为社会资本的扩增创造了条件；社会资本所带来的企业间的协作与交流、信息的沟通、成本的分担，相互间的信任机制所带来的合作收益，成为集群进一步发展的推动力[1]。

其次，从技术创新与扩散的角度来看，集群社会资本的扩增表现在集群社会网络结构不断扩展和完善，集群网络内部网络成员不仅基于产业链的紧密合作实现资源的共享和优势互补，并且通过集群网络结构实现新技术的外溢和隐性知识的交流，形成了技术研发风险、利益共同承担机制。集群社会网络结构的扩展不仅表现在集群内部网络联系的日益密切上，还表现在集群与科研机构、大学、政府、中介组织等集群支撑组织的交流合作也日渐紧密，创造了良好的区域创新环境，促进了集群创新体系的形

---

[1]　潘海生、周志刚：《产业集群发展动力因素演进机制研究》，载《科技管理研究》，2008年第9期。

成，保证了集群可以通过技术创新挖掘和引导新的市场需求，满足和适应市场需求的变化，追求技术创新的超额收益，从而获取长久的竞争力。社会资本、技术创新所形成的动态竞争优势促进了集群逐步走向成熟。

技术创新与扩散对集群的驱动表现在技术创新的形成与积累和技术的传播与扩散。技术创新的形成与积累来源于同类企业和同行业间在价格、质量、产品等方面存在的微观竞争压力，传播与扩散来源于市场需求的扩大与集群网络关系的复杂化、多样化。蔡铂、聂鸣认为知识创造与应用是技术创新的本质，技术创新不仅取决于企业内部的研发创新，还依赖于企业与其他机构的相互作用。企业与机构间的相互学习可以促进企业技术创新能力的提高。党兴华、蒋军锋指出网络环境为企业技术创新提供了良好的信息资源、多样化的企业间合作以及需求丰富的市场环境，促进企业技术创新组织过程的复杂化和精细化。技术创新与扩散通过将企业和外部机构进行关联，将知识、信息等进行传播和应用，并对集群产生创新网络效应：一，有利于集群创新环境的营造和改善。创新环境是在区域内形成并随着技术进步不断改善的各种网络关系的总括，通过外部学习与企业内部创新结合所构建的本地化的、动态的网络结构。集群企业间建立在合作、信任基础上的联系，促进了技术、信息、知识等的传播和应用。二，有利于提升集群的竞争优势。主要体现在通过突破性技术创新提升集群的技术垄断优势，通过渐进性技术创新促进集群产品技术的差异化。

再次，集群创新网络是指在产业集群内，为了适应环境而参与创新的行为者之间形成了交互作用和交换关系的复杂的多元化模式，强调集群主体与外部环境的互动，但集群主体改善、影响环境的效果低于对环境的自适应性，因此重点强调集群主体不断调整自身行为规则而适应环境变化从而促进集群创新网络的涌现。网络关系是集群在发展中随着集群主体的壮大、集群规模的扩大、集群产业链延长与复杂而逐步形成的。网络化是集群创新的载体，集群创新离不开创新主体、创新技术、创新知识、创新技能等，因此可将创新网络看作是创新主体对知识、技术等的创新性应用，目的是实现集群的渐进性创新和突破性创新，从而促进集群创新网络健康发展。在此，外部环境有两个维度——资源禀赋和不确定性。资源禀赋指利于集群主体创新的一切资源，如政府政策、地域文化、市场状况等；不确定性指集群主体无法准确判断外部环境的变化。当资源禀赋弱、环境不确定性低时，集群主体主要采取单独创新的方式，此时创新网络缩小；当资源禀赋弱、环境不确定性强时，集群主体主动寻求合作以降低风险，但由于资源的限制，主体将加大对核心业务的投入、删除不必要连接，此时创新网络维持稳定，主体间有合作创新和单独创新；当资源禀赋强、环境不确定性弱时，对外部环境的高预见性及对外部创新机构的低依赖性，主体有合作创新和单独创新，但更多的是通过合作创新实现自我创新，此时创新网络处于加强期；当资源禀赋强、环境不确定性强时，主体主要采用合作创新，通过合作分散风险，同时较强的资源禀赋提供了合作动力，此时创新网络处于迅速扩张期。创新网络形成和发展是集群逐步发展实现成熟的标志，因此主体可根据外部环境变化调整主体的创新行为，促进集群构建健康稳定的创新网络。

集群发展动力及其效应列于表3-9。

表3-9　集群发展动力及其效应

动力因素	作用方式	对集群发展的作用（集群效应）
社会资本	在原有的地缘、业缘基础上，区域企业间信任度加深，沟通与协作加强	构建了基于信息共享、信念认同和相互信任的合理化的社会关系网

动力因素	作用方式	对集群发展的作用（集群效应）
技术创新与扩散	促进企业内部研发创新，以及企业与机构间在知识、资源、信息等方面相互合作	对集群产生创新网络效应，主要包括创新网络的营造与改善，集群竞争优势的提升
创新网络	根据集群资源禀赋及外部环境不确定性的强弱来调整集群主体的创新行为，主要是集群创新主体对知识、技术等的创新性应用	伴随集群网络结构的发展，集群逐步实现了渐进性创新和突破性创新，并构建了集群创新网络

3.1.2.4 集群生成动力与发展动力的相互作用

动力是事物主动变化的原因，它能促使事物发生本质变化，具有可控制性与选择性的特征。动力的可控制性使人们能够根据实现目标的需求控制动力的存在与否和作用大小，但在可控制的动力中只有一部分能促使事物发挥合乎目的的作用，因此必须选择能达到事物目的的动力因素。集群在发展的不同阶段，随着市场需求的不同，发展目标也不一样，因此，为满足集群不同目标需求，需要选择并控制促进集群发展的动力因素。前文将集群动力分为生成动力和发展动力，两类动力分别对应不同的动力因素，对集群产生不同的效应。宏观上，发展动力是在生成动力作用基础上，以生产动力产生的集群效应为动力来源实现进一步发展。微观上，生成动力和发展动力的内部具体动力并不是在特定阶段才出现并发挥作用，而是贯穿集群形成与发展的各个时期，即集群形成时也存在技术创新、竞争与合作等发展动力，集群发展时也有区位因素、集聚经济等生成动力的参与，但因对集群的作用大小存在不同而被分类别划分。

首先生成动力进一步发展形成发展动力。生成动力提供集群形成的充分必要条件，发展动力提升集群的竞争优势。生成动力产生的集群集聚效应，将集群发展的主体、资源等一般要素和核心要素聚集在一起。集群形成阶段土地、自然资源、劳动力等核心要素聚集，发挥着静态比较优势，而知识、信息、技术等仅作为一般要素发挥辅助作用。集群形成后市场需求对集群的要求加大，集群为满足要求开始调整要素的参与比重，加大知识、技术等的投入，促进形成阶段的辅助要素开始转变为核心要素并不断更新，发挥着动态竞争优势。某种程度上，集群构成要素突破性应用形成集群动力，如集群资本要素对集群的作用进化发展为社会资本技术动力，知识要素对集群作用进化发展为知识共享和溢出动力，集群要素构成经历了低层次到高层次演变，则驱动动力也从低端动力升级为高端动力，实现集群由集聚效应向健康稳定的创新网络效应转变。

其次发展动力对集群发展起推动作用也离不开原始生成动力做基础，发展动力在生成动力的基础上会产生区别于原始效应的新效益或加强原始效应。比如，社会网络形成所带来的竞合效应是在集聚经济基础上的更深入发展，而这些效应要发挥作用又是建立在最基本的区位因素基础之上的。当集群发展到一定阶段，会导致成本上升，集群发展受到瓶颈束缚带来规模不经济与拥挤效应，原有的区位因素与集聚经济便不再发挥作用，此时，技术创新与创新网络就由此被需要，在带来新的发展动力的同时，也让区位因素和集聚经济继续发挥其相应的效应。总的来说，生成动力和发展动力并不是孤立而是相互作用融合存在的。生成动力的进一步发展形成发展动力，发展动力通过强化生成动力，促进集群产生新的效应，即促进集群实现新发展。

3.2　产业集群转型升级动力及动能体系研究

本课题主要是针对产业集群的转型升级及可持续发展来构建

以动力为基本元素的动能体系，在此基础上设计出基于动能体系的产业集群转型升级的具体路径。产业集群的转型升级必然有其相应的原因，这关系到产业集群发展的边界性问题，因此，首先我们对产业集群发展边界问题进行阐述：发展边界的问题涉及产业集群生命周期，根据生命周期理论总结产业集群不同阶段的特征及动力，最后落脚到集群发展到一定阶段面临转型升级的问题。然后，根据前文对产业集群发展阶段不同动力的总结，提取出产业集群转型升级的动力要素。产业集群的转型升级的动力要素必定是在之前的发展基础上加以整合形成的，它不可能孤立或凭空产生。最后，构建动能体系：以提取出的能够促进产业集群转型升级的动力要素为基础，让动力要素通过一定的作用方式形成动力组合带来相应的效应，即产生动能；各个动能相互作用形成促进产业集群转型升级的动能体系。

3.2.1　产业集群发展边界

产业集群的发展遵循生命周期理论，呈现出一定的发展规律。根据生命周期理论，研究产业集群在不同阶段的阶段性特征及其动力，关注从一个阶段到另一个阶段的转折点，让产业集群发展的边界问题最终落脚到产业集群转型升级需求的产生。

产业集群的生命周期理论是说，从产业集群的发展阶段来看，作为一个具有生命力的空间组织形式，它有着自身的萌芽、成长、发展、衰退轨迹。其发展演进的一般规律预示集群发展趋势。正是由于构成产业集群这一空间组织形式的企业、产业有各自的发展生命周期，都会遇到发展极限的问题，因此产业集群的发展也必定会有其周期性。促进产业集群的可持续发展，就需要把握产业集群的生命周期中各个发展阶段的规律与特点。目前，关于产业集群发展阶段的划分，学术界普遍能接受的观点是集群生命周期理论。该理论把产业集群视同为自然界的生物，有形成

期、持续成长期、成熟期、衰退期或升级期，并且常常使用
Logistic 回归模型表示产业集群发展的各个阶段[1]。不同的学者
对生命周期理论有不同的界定，有学者根据产业集群发展的相关
阶段研究以及产业集群特点，根据一些指标对集群的发展阶段进
行了概括。

　　池仁勇（2005）按照企业出生率与死亡率、企业成长率、集
群网络联结度、集群产业配套度等指标将集群发展阶段划分为：
孕育阶段、成长阶段、成熟阶段、衰退阶段。产业集群在其不同
的发展阶段内有着不同的阶段特征，不同阶段的发展动力也会因
其阶段特征的不同而不同。第一，产业集群形成初期的特征为具
备了一定技术的小企业开始出现，由于企业可信能力的差异，在
客观上需要技术的合作，地理位置的集中降低了合作的交易代价
和不确定性，因此在一定区域逐渐形成了专门从事某一行业的小
规模作坊企业群。这个阶段的发展主要是单个企业自身的发展，
企业出生率高，关联度几乎为零，产业配套度也几乎为零。第
二，在快速成长阶段，企业中开始出现核心企业，核心企业将大
部分的零部件委托给外部中小企业制造，而加大自身的专业化程
度。这样，集群发展初期的单一产品经过不断分工改进，形成多
种产品构成的产业链，同时，集群中的核心企业也在自身发展中
遇到了诸如资金、人才等技术创新瓶颈，迫切需要外界力量的介
入。于是，核心企业、小企业和科研单位、政府之间的中间层组
织（如各类中介机构）开始通过它们的"黏合作用"将集群各部
分逐渐组成沟通合作网络。企业之间组成纵横交错的高度联结网
络。第三，产业集群成熟阶段的主要特征是产业集群的各类配套
基础设施逐渐完善，各企业之间的信息和资源得以迅速流动，成

---

　　[1]　王朝云、梅强：《产业集群发展不同阶段的创业活动差异性分析》，载《科学
学与科学技术管理》，2010 年第 6 期，第 73～78 页。

本优势得到充分发挥，具备了适应于自身产业的规模效应；同时，集群中卫星型结构的大多数中小企业之间分工更加细化，企业增长速度变缓；任何集群的网络联结度都遵循一定的发展规律，有一定的生命周期，会存在发展边界。在该理论中大多数学者将集群的生命周期归纳为诞生期、发展期、成熟期、衰退期四个阶段。当然，不是所有的集群都会经历完整的这四个阶段。在集群成长期和成熟期后期，当越来越多的企业在技术上开始同质化时，过度竞争导致"柠檬市场"效应，核心企业开始慢慢退出集群，集群内企业关系开始趋于破裂，产业链开始逐渐断裂，一系列问题的产生就使得原来促使集群发展的动力作用开始弱化，投入的各类要素产生的效用开始慢慢消退，集群内部发展开始出现规模不经济与拥挤效应。这样一来，集群的效应就无法再发挥其原有的动力促进作用，经济功能开始出现衰退。在这个阶段，市场形成某种特定产业，并且集群的网络化达到成熟，集群间的关联度增加。第四，产业集群衰退阶段的特点：一般情况下产业集群衰退有两个原因，一是集群中的核心企业因为集群中的企业普遍存在"搭便车"现象，且感觉集群化生存成本过高而迁徙出集群区域；二是由于集群所从事的产业受宏观经济或自身生命周期的影响出现全行业的衰退。这个时期，产业集群生态解体，中间层组织迁出，集群网络退化，整个集群缺乏一种必要的总体约束，导致"柠檬市场"效应出现的可能性大大增加，大批中小企业难以为继，企业数量急剧减少，产业链发生多处断裂，集群在较短时间内便回复到发展的初期阶段或完全解散[①]。由此，我们可以看出，集群的衰退会受到产业自身发展周期的影响以及集群内部单个企业发展的影响。如果企业的发展实力充足，"搭便车"

---

① 池仁勇、郭元源、段姗等：《产业集群发展阶段理论研究》，载《软科学》，2005 年第 5 期，第 1~3 页。

的现象就会减少，集群的整体实力就会上升，也会推迟集群衰退期的到来。

盛世豪认为，产业集群从其内在层次角度划分可分为企业、企业群（同类产品）、分工协作体系和企业群四个周期。产业集群作为大量同类企业聚合体，集群内的企业是集群的基本组成单元，如同细胞的健康程度能够反映生命体整体的情况，企业的发展状况在一定程度上亦能够折射整个集群。任何一个产业集群中的企业都不可能把所有的生产过程都放在本企业内部进行，而是选择保留如核心技术、关键生产环节、品牌、营销渠道、科研机构等本企业具有核心竞争优势的部分，而把其他部分转让给更具效率的企业进行，或者依据自身的比较优势参与到其他企业的价值链构成当中①。我们可以得出企业自身的发展及企业与企业间的关联关系成为影响产业集群发展的重要层面，从而在同业竞争者、上下游供应商和其他实体〔如相关服务业、支持机构（大学、研究机构等）〕之间形成一个既竞争又合作的网络，对产业的竞争优势产生积极影响。作为提升产业竞争优势的战略方式，产业集群实际上是把产业发展与区域经济通过分工的专业化与交易的便利性有效地结合起来，从而形成一种有效的生产组织方式。

赵海东、吴晓军（2006）认为，产业集群划分为企业集聚阶段、产业集聚阶段、结网阶段、植根阶段、发展极阶段，而企业集聚阶段需要的条件是具体土地、自然资源、资本、劳动力资源、技术和管理支撑。产业集聚和结网阶段需要的条件是：大量的中小企业群体（产业聚集的前提是具有以某一产业为联系的大量企业。一个集群也许最初是由少数企业引发，但真正意义上的

---

① 池仁勇、郭元源、段姗等：《产业集群发展阶段理论研究》，载《软科学》，2005 年第 5 期，第 1～3 页。

集群必须有几十家、上百家甚至成千上万的中小企业。）、适宜的地理环境、合理的专业化分工与合作（上游企业为下游企业提供原材料或初级产品，下游企业进行产品延伸，由此形成紧密的产业链，大型集群的分工可达几十甚至几百个层次）①。我们可以认为，集群内的企业、集群内的产业以及集群间关联是集群发展的重要层面。

也有学者提出，产业集群在其演化过程中会受到各类因素的影响，其中影响产业集群发展边界的因素有资源约束、创新技术及动力约束、产业链约束、组织内封闭约束、空间约束。由于区域的资源禀赋是有限的，随着集群的企业增加，资源会越来越稀缺，当集群超过最佳规模后将可能带来拥挤效应和外部不经济，导致要素价格上扬、成本增加，出现规模报酬递减现象，令集群的吸引力降低。如果在集群发展中所依赖的要素发生了变化，区位优势也会发生变化，原来具有区位优势的区域会变成区位劣势，导致集群衰退②。

赵海东、吴晓军（2006）认为产业集群植根和发展极阶段的形成条件是趋同的文化积淀、合理的制度安排、统一的集群品牌、强大的创新支撑、广泛的社会资本。为了应对集群发展中的阻碍，促进集群的可持续发展，在产业链条、龙头企业和政府的催生下，协作成为产业集群内外的常态。正是因为这种协作关系和功能互补，使得整个集群保持竞争优势，有利于资源共享并形成协同效应，有利于产业在更大范围的分工和扩散，有利于构建组织间关系网络以获取优质资源，有利于通过有效率的产业组织结构获得群聚效益。在集群内分工深化的同时，集群间的协作也

① 赵海东、吴晓军：《产业集群的阶段性演进》，载《经济研究》，2006 年第 6 期，第 50～52 页。

② 廉勇：《突破产业集群发展的瓶颈——基于边界约束的视角》，载《同济大学学报（社会科学版）》，2011 年第 1 期，第 119～124 页。

在发展，这种趋势逐步演化为地域分工的格局。集群间的协同就成为必然发展趋势。这时，产业集群发展不再是局限于一个区域内的企业与产业的发展[①]。所以，产业集群的可持续发展会受到多种因素的影响，集群内部的企业和产业的发展会受到限制，要突破发展障碍，集群间的协作便成为必然趋势。因此，我们在分析如何促进产业集群可持续发展时，集群间的协作这一层面就成为必要分析的角度。

综上所述，我们根据产业集群的生命周期理论，结合不同的学者对于产业集群生命周期阶段的划分及阶段特征的描述，可以得出结论：产业集群的发展具有阶段性，并且在发展后期会出现衰退倾向。在了解这一理论的基础上，我们就依据产业集群的生命周期理论总结集群各个阶段的阶段特征及其动力。

由以上关于集群阶段特征的总结，我们最终落脚到本文所要研究的重点——产业集群转型升级阶段。关于产业集群转型升级的概念，学术界没有统一的界定，只有关于产业转型升级的概念。产业转型是指产业由一种业态转变为另一种业态，比如由第一产业转型为第二产业；产业升级一般是某一产业在该产业的业态范围内由低级向高级、由简单到复杂的发展过程。本书对产业集群转型升级的概念界定为：产业集群在其发展的生命周期中，处于发展成熟后期逐渐产生衰退趋势而走向衰退的某一具体时刻，存在一个转折点，这一转折点的产生使得产业集群成熟期后避免了走向衰退的结果，而是突破瓶颈，开始重新向上发展，这一蜕变过程称为产业集群的转型升级。

根据以上总结出的产业集群在生命周期中的发展阶段特征，当产业集群发展到成熟后期，其发展阶段的所有动力要素所能发

---

① 赵海东、吴晓军：《产业集群的阶段性演进》，载《经济研究》，2005年第6期，第50～52页。

挥的动力功能到达极致，资源利用基本饱和、技术的仿效作用发挥开始减弱、劳动力拥有的知识趋于同质化、集群内部产业链逐渐断裂、整个集群内部的环境生态开始遭到一定程度的破坏、发展的边界限制开始慢慢出现、集群发展遇到瓶颈期，此时就需要一定的动力启动产业集群转型升级过程，让处于发展疲软的集群注入新的发展活力，扭转向下发展的衰退趋势，产生一个蜕变，让产业集群焕发新的生机与活力。

在成熟期过后，集群开始逐渐衰退，处于衰退期，我们将这个拐点称为"控制点"。"控制点"是关系到集群"生死"的转折点。集群发展到成熟后期会有一个惯性下滑的过程，最终会有两条发展路径：一个就是惯性下滑变为常态下滑，一直衰退下去，最终集群瓦解消失。另一种就是停止下滑，再次向上发展，集聚力重新增强并再一次产生集群效应。这个过程就是集群转型升级的过程，此时集群所需要的就是转型升级的动力。转型升级的动力可将集群的生命周期拉长，延长其寿命，或者帮助集群从一种集群转型或升级到另一种集群。在升级动力的推动下，集群避免了一直衰退直至消亡的命运，而会迎来再次发展的机会与条件，实现了集群的可持续发展。因此，要推动集群的可持续发展，促进集群的转型升级，就需要转型升级动力的产生。

我们根据产业集群周期理论和相关学者对产业集群阶段发展特征的研究，结合本文对产业集群转型升级概念及该阶段特征的阐述，总结出如图3-1所示曲线。

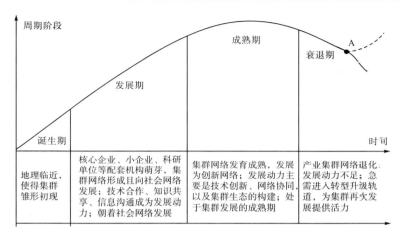

图 3-1 产业集群生命周期发展曲线图

根据图 3-1 所示的产业集群生命周期发展曲线，我们对于每一个阶段的阶段特征及每一个阶段的发展动力做出详细的解释与说明：

产业集群的诞生期，由于地理临近，少数几个企业以土地、资金、劳动力、技术等要素为基本的发展条件，为初步形成集聚提供基础。地理临近降低了成本，形成专门从事某一行业的企业群，集群雏形初现。

成长期内，核心企业、小企业、科研单位、政府、各类中介机构开始萌芽，黏合作用下开始形成集群网络并不断发展；核心企业将大部分的零部件委托给外部中小企业制造，从而加大自身的专业化程度；集群发展初期的单一产品经过不断分工改进，形成多种产品构成的产业链。企业间的竞争与合作关系强化。分工的专业化与交易的便利性作用得到发挥。社会临近，网络结构开始形成，开始是经济网络，后逐步向社会网络发展。集群网络形成，集群内部按照产业链的上下游关系，分工明确，提高了生产效率。企业间的技术协作、知识共享等方面得到快速提升。集群

117

内部从某一单一产业发展到多产业集群网络，成为一种经济网络形态并朝着社会网络发展。此时期企业间联系加强，发展动力有企业间的技术合作、知识共享、信息沟通，集群网络向社会网络发展。

成熟期内，主体完整，集群网络发育成熟，参与主体与配套基础设施完善。整个集群逐渐形成以网络为基本连接形式的生产生态结构，步入相对稳定发展的成熟期。认知临近，集群网络由社会网络发展为创新网络。产业集群的各类配套基础设施完善，集群的规模经济效应发展到极致，在知识溢出、技术合作、信息交流与沟通方面达到饱和，产业间出现融合现象。集群间也开始有分工合作，联系加强。集群形成区域经济发展的竞争优势，由此带来的各类资源又为集群发展提供保障，为区域带来经济增长乘数效应。集群网络由社会网络演变为创新网络，其发展动力主要是技术创新、网络协同以及集群生态的构建。

到最后，集群面临衰退期，产业集群生态解体，中间层组织迁出，集群网络退化。在这一时期，核心企业退出，中小企业难以为继，企业数量急剧减少，产业链多处断裂。网络结构发展达到饱和状态。出现空间约束和资源约束等发展边界问题，出现拥挤效应和外部不经济，成本增加，规模报酬递减。我们将图3-1中A这个拐点称为"控制点"，它是集群生死攸关的转折点。集群发展遇到瓶颈期，此时就需要一定的动力启动产业集群转型升级过程，给发展疲软的集群注入新的活力，扭转向下发展的衰退趋势，产生一个蜕变，让产业集群焕发新的生机。

3.2.2 产业集群转型升级动力要素

3.2.2.1 产业集群转型升级动力要素分析

依据前文，我们研究了产业发展的动力、产业集群的生成与发展动力，结合生命周期理论可以知道，在产业集群发展的各个阶段中，其动力要素间不是单独作用的，而是各种动力之间相互左右、相互配合，形成了集群发展各个阶段的推动力。而我们要研究的重点是产业集群转型升级。集群的转型升级是集群生命周期中的一个特殊阶段，是需要构建区别于其他阶段的发展推动力才能促使其实现的。此外，产业集群转型升级的动力并非完全独立于其他阶段的动力，动力要素更是离不开对以前阶段的动力要素的依赖，在此基础上，对动力要素进行优化才是产业集群转型升级动力的基本来源。

从产业集群转型升级的角度来讲，动力的产生源自要素发生的转变。产业集群发展所涉及的要素包含了产业发展动力要素和集群产生动力要素与集群发展动力要素。在这三类原有动力要素的基础上，本文从要素转变的两个角度来构建产业集群转型升级的动力：首先是在原有要素基础上的新增要素的产生，其次是原有要素的优化（主要从要素作用范围与要素互动的作用机制两个方面体现），在这两个维度上，提取出促进产业集群转型升级的动力。

首先从推动产业发展的原有动力要素来看，促进产业发展动力的要素主要有原始要素投入（自然资源、劳动力等）、政府政策、投资、技术引进与进步、信息、集群效应及创新驱动等。在产业发展的不同时期，进入的动力要素也不相同，例如在产业发展初期阶段主要是原始要素投入和政府政策，而在后期阶段主要是创新驱动。现阶段促进产业发展的动力要素多种多样，依据要素在生产过程中的作用效果可分为一般要素（基本要素）和创新型要素（高级要素），其中一般要素主要是土地、劳动力、自然资源、政府政策、投资等，创新型要素主要是知识、技术、社会资本、信息等。

其次从促进集群产生的原有动力要素来看，促进集群生成动力的要素主要包括土地、劳动力、技术等基本生产要素，基本生产要素是以区位优势来促进集群产生的。在基本生产要素单一存在并起作用的基础上，要素间开始存在关联关系，例如企业对劳动力进行技术培训，并将技能运用到生产过程中，多要素关联融合运用产生了积极的外部性，节约了企业的交易成本，促使企业产生集聚经济，推动了集群的形成。不同的要素产生了不同的动力因素，集群生成动力就经历了区位因素动力到集聚经济动力的递进。

最后从带动集群发展的原有动力要素来看，促进集群发展动力的要素主要包括信息、知识、技术、人才等，它们是作为促进集群发展的高级要素而存在于集群的网络结构中的。集群网络结构的构建离不开高级要素，高级要素的进一步发展需要以集群网络结构为载体。首先在集群网络结构形成初期，知识、技术、人才等开始在集群内频繁流动，如人才在高校和企业间的流动、知识在企业之间的流动，流动的频繁与加剧不断强化集群内各个主体间的关联关系，即网络结构中节点间的联结强度。同时流动也打破了集群企业的"拥挤效应"，扩大了集群内的社会资本，产生了集群社会资本动力。其次在网络结构稳定直至完善的过程中，技术创新与扩散是集群的核心创新活动，它能将技术、人力、知识等要素综合运用，因此产生了技术创新与扩散动力，最终形成创新网络动力。

3.2.2.2　产业集群转型升级动力要素提取

我们将影响产业发展动力与集群产生及发展动力的要素进行整合，主要有土地、自然资源、劳动力、政府、知识、信息、技术、人才等。一方面产业集群是产业发展的重要推动力，另一方面产业集群是集群的主要存在与发展模式，因此促进产业集群发展动力的要素应包括两者整合之后的要素。根据这些要素的存在时间、作用方式、作用范围，将要素分为一般要素和核心要素。一般要素从集群生成到发展到现阶段均存在，是集群生成和存在的基础，也是发展动力生成的现实基础（主要有土地、自然资源、劳动力、政府等），为集群提供静态竞争优势；核心要素是在集群生成之后才开始存在的，它可以改善和强化一般要素（包括知识、技术、人才、信息等），为集群提供动态竞争优势。

就产业集群转型升级需求的产生来讲，首先，产业集群在发展成熟后期，集群内部的发展受到资源的严重限制，此时可以打破集群发展的原始边界，向外寻求新的资源支持，这就需要构建集群内外的协同机制，建立协同网络，通过网络这个良好的载体将外界的资源高效输入集群内部，完成集群内外的相互协同。其次，技术是贯穿集群发展始终的核心要素，要突破瓶颈期的技术问题，只有不断进行技术创新，加大技术创新力度，提高集群企业的自身创新能力，提高创新在集群内与集群间扩散的速度，解决创新动力不足的问题。此外，知识在集群发展中也是核心要素，我们可以通过网络载体，在协同机制的基础上加强知识共享，产生溢出效应；在共享的环境下知识更新速度加快，知识作用范围扩大，以此为集群的转型升级带来源源不断的推动力。最后，在解决资源、技术、知识等核心要素的"动力再生"问题上，从宏观上来看，在产业集群发展后期被严重破坏掉的集群内部生态环境也需要大大改善，产业集群的转型升级不仅仅关系到企业自身、企业与企业之间的联系，还关系到集群内所有主体的和谐发展，因此构建良性的生态圈对集群转型升级意义重大。由此我们认为，网络协同、技术创新、知识共享与溢出、生态循环是促使集群走向转型升级道路的力量源泉，即促进产业集群转型升级的动力。这些因素在原始动力要素的基础上完成了动力要素的更新与优化，使得动力要素在遭遇发展能力达到饱和的情况下又重新获取了发展的能力，而这些转型升级动力是建立在原始发展动力要素的基础之上，引进新动力要素、扩大要素作用范围、建立要素作用机制而产生的。比如，网络协同就是在原有的土地、自然资源等基本要素上的进一步扩展。网络协同突破了地域的限制，完成了自然资源的有效利用与共享，这是对产业集群产生动力要素的作用范围的扩大的表现。技术创新是在原有的技术要素基础上的要素优化与发展。创新会让技术发挥其核心优势，让集群保持核心竞争力。知识共享与溢出是原有动力要素的知识作用范围的扩大，更是突破了知识作用的范围与界限，共享突破集群发展的边界，产生向外寻求效应。生态循环是对原集群发展的新要素的增加，区别于集群转型升级前的"粗放"发展模式，更注重集群内部企业、企业与企业间、产业、其他参与主体等各个方面的和谐发展。

上述总结出影响产业集群发展动力的要素，然后从要素新增与要素优化两个维度探索促进产业集群转型升级的动力，详见表3-10。

表3-10　产业集群转型升级新动力

		影响产业集群发展动力的原始要素	促进产业集群转型升级的新动力要素	产业集群转型升级的新动力
要素新增	要素类型	一般要素：土地、自然资源、劳动力、政府等　核心要素：知识、技术、人才、信息等	创新带来的新技术、新知识　协同带来新信息、新资源	技术创新　网络协同　知识共享与溢出　生态循环
要素优化	要素作用范围	集群内部的技术、知识等核心要素在集群内的作用范围有限，受到发展边界限制	共享让知识、技术等要素进入集群边界外部领域，打破集群原始发展边界，在集群与集群间开始互动	
	要素互动与作用机制	资源限制会束缚技术创新，各要素单独发挥作用占主导，要素间互动与相互作用机制不完善	以网络为载体，以协同为基本作用机制，在构建生态循环的大背景下，完成要素间的相互作用	

3.2.2.3 产业集群转型升级的动力及其产生的效应

在产业集群形成的初期阶段，资本、要素积累、规模经济、外部性等对产业集群的形成产生重要影响，但是随着集群的不断发展，这些原始动力对于产业集群可持续发展的影响力逐渐降低，因此需要寻找新的动力，利用新的动力机制保证集群的健康发展。正如前文所分析的，技术创新、网络协同、知识溢出与共享、生态循环是集群持续发展的动力，而由这四个动力组成的动能体系是集群可持续发展的保证。

产业集群本身作为一种技术创新主体，可以将中小企业的创新活力和大企业的规模经济结合起来，充分发挥中小企业和大企业各自在技术创新方面的优势，使集群内的企业始终保持高度的创新活力和技术创新动力，提高集群的持续创新活力，整合出集群新的技术能力，最终使集群成为技术创新中心。简言之，技术创新能通过多种方式和途径与集群形成良性的互动关系。技术创新直接推动了产业集群技术水平，促进产业结构提升。不论是技术还是先进的管理理念都必须通过正式或非正式的活动进行传播和扩散，产生溢出效应，产生新知识，进而提升整个集群的技术水平和管理水平，而这种正式或非正式的活动实质就是一种知识溢出与共享。不论是技术创新与扩散还是知识溢出与共享都需要依靠集群的网络组织，所以集群网络不仅可以加强集群主体之间的相互沟通，形成集群资源共享，还可以通过知识溢出效应提供集体学习机制，利于集群创新的扩散。集群内企业或组织与生物一样存在着竞争与合作的关系，而企业之间以及企业与其他机构之间的联系机制就是产业集群的共生机制。产业集群共生机制可以帮助集群内技术、知识的溢出与扩散，加强集群网络的联系性，利于集群获得经济规模，促进产业集群可持续发展。

（1）技术创新（增加动力要素间的关系）。

技术创新是提升集群竞争力的最有效途径。企业是创新集群的主体，因此集群内的企业特质与行为选择对创新集群的成长影响尤为深远。技术创新领先是支持创新集群持续成长的关键因素，创新集群必须保持处于技术高位势才能存续。而集群技术创新的领先性并不取决于孤立与分散的技术，而是源自一系列需要经过长时间积累才能形成的、先进、复杂且具有较大用户价值的技术和能力的技术集合体。之所以如此是因为核心技术研发投入大、周期长，因而难以模仿，易于转化为核心市场竞争力。核心企业是核心技术的人格载体，它不仅是核心技术的所有者，同时也是其市场化应用的推动者。在核心技术所蕴含的巨大市场价值吸引下，一批彼此存在分工关联的企业加入核心企业主导下的技术创新活动之中，由此形成创新集群。可以说，核心企业与核心技术是形成创新集群的必要条件。企业获得核心技术的途径主要有"自主研发"与"技术转移"两种。核心技术的市场开发对企业的技术基础与市场环境适应性有着较高要求，核心技术能否被企业消化、吸收，进而内化为市场竞争优势，决定着创新集群能否成长。而企业采取怎样的技术创新行为既取决于企业自身的技术能力与技术基础，又受到技术特性的制约。

在产业集群的成长阶段，技术创新可以吸引更多的企业参与合作，迅速提高技术创新的深度和广度，同时取得核心关键技术的突破，一方面促使企业创新技术不断完善，另一方面也会形成完整的创新链；而在产业集群的成熟阶段，由于多样化的市场需求、规模扩张的推动，完整的技术创新链的形成可以帮助集群形成有序的自主创新系统，涌现出大量的先进技术、产品和工艺等，形成具有影响力的集群品牌。

（2）知识溢出与共享。

集群内各组织的知识获取、传播、共享、创新是集群持续发展的重要动力。集群内存在正式或非正式互动学习的机制，因此集群内各行为主体通过互动学习实现知识溢出，使集群内各成员研究开发活动所产生的知识技能以及外部吸收的知识技能得以在集群内顺畅流通，从而促进集群成员的创新能力的提高。首先，各行业和机构作为知识创造的主体，在知识创新行为中各具优势，通过正式和非正式的交流，形成完整的知识创造和知识积累。其次，隐性知识不能通过格式化的符号进行远距离传播，只能在区域内通过正式或非正式的交流传播与共享，而集群可以提高知识共享和传播的效率，同时集群内企业通过这种知识的传播与共享获得溢出效应，提高知识利用的效率，从而实现产业和产品的创新。在产业集群的成长阶段，集群成员在企业间学习互动和知识要素不断流动加强，人才流动机制和企业间的沟通交流渠道逐渐建立并完善，形成合作意识和协同创新精神，集群内知识不断积累并进行有效传播，使集群内每个个体都能将活动的知识溢出到整个集群中，促进集群的整体学习能力和竞争力的提升；在产业集群的成熟阶段，通过集群内企业之间、集群企业与辅助性公共服务之间进行知识流通，将传播的知识转化为企业间的协同创新，为集群持续发展提供源源不断的动力。

Anderson 将产业集群的聚集形态划分为 3 种类型：一是生产者与供应商之间的关系，二是竞争与合作者之间的关系，三是共同分享资源的关系。根据 Anderson 对产业集群聚集形态的划分，我们可以界定产业集群的构成主体为相关的各类企业，同时也有提供服务的各类科研机构、大学、政府部门和社会服务机构等。因此，可以将产业集群中知识的共享与溢出分为 6 种模式（图 3-2）。

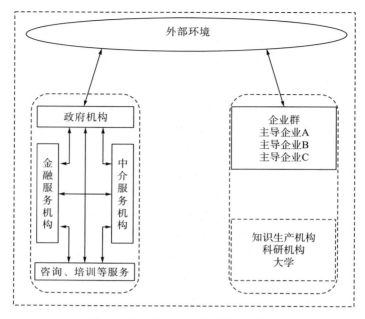

图 3-2　产业集群知识共享与溢出模式

第一，企业群与知识生产机构间的流动。大学、科研机构是知识生产机构，是集群内企业获取技术与知识的主要渠道。知识生产机构向集群中企业提供技术、知识服务的同时，大量的信息流随之产生。企业群以获取到的技术、知识为创新基础，结合市场需求、企业能力等因素，创造性地实现技术创新。

第二，企业群与服务机构间的信息流动。政府部门、金融机构、中介机构以及咨询培训机构等在创新服务过程中会和企业发生各种联系，尤其是这些服务部门所掌握的政策、技术、知识、市场等方面的信息是企业技术创新不可或缺的。同时，企业群自身所掌握的相关信息也是这些服务机构在工作中所需要的，因此，在企业群与服务部门之间存在着双向的信息流动。

第三，知识生产机构与创新服务机构间的信息流动。创新服务机构中的技术中介机构和咨询部门密切关注大学、科研机构的科研动向和最新成果的推广，甚至在某些领域，有必要使技术中介部门与大学、科研院所组成科研联合体，共同完成技术创新工作。同时，在科研机构、大学与政府部门、金融部门之间也存在着大量的政策、金融、市场等信息的交流。因此，在知识生产机构与创新服务机构间存在着纵横交错的信息交流渠道。

第四，集群创新系统与外部环境间的信息流动。集群创新系统内的各创新主体尽管集聚在特定范围的集群区域内，各组织和机构与集群外的相关机构仍然保持着紧密的联系。例如，企业要从集群外部供应商处获取原材料，与外部的代理商构建销售渠道等；大学和科研院所也与集群区域外的学术机构保持着密切的业务联系，以便及时地获取最新的知识信息和人才补充。集群服务机构在与母体机构或其他组织业务交流中，必然有许多的政策、金融、人才、技术等信息的共享。

第五，集群创新系统中同类创新主体间的信息流动。集群创新系统内企业之间、大学和科研机构之间由于存在着人员、技术、物资的交流，甚至存在着产品生产、项目研发的合作，令各创新主体之间存在不间断的信息交流。同样，作为创新的服务机构而言，尽管服务部门的业务功能不同，但由于共同服务于集群创新，这些服务部门之间也存在信息交流。

第六，各创新主体内部的信息流动。知识生产机构、企业在技术创新以及服务部门在创新服务过程中，都包括若干个流程和环节。为了保证技术创新的顺利开展，增进创新绩效，各创新主体内部的部门之间、流程之间也存在着不间断的信息流动。

（3）网络协作。

网络组织是一个动态的、开放的自组织系统，通过与外部环境不断进行信息、物质、能量的交换以及各节点之间的相互交流（信息或物质），逐步提高自身的机能与价值。企业集群创新网络是指：在产业集群内，产学研之间、集群内各行为主体之间通过长期共生与合作形成的相对稳定的联系网络。其中，企业是核心要素，作为网络的主体从事技术创新活动；顾客、供应商、政府、高校和科研机构以及中介服务机构构成了外围辅助网络；集群的基础设施、文化基础、制度环境和企业创新活动所面临的技术环境、市场环境则作为创新环境影响企业的技术创新行为。产业集群的创新网络中，大学与研究机构作为知识与技术的源头不仅可以创造新知识与新技术，还可通过教育、培训以及成果转化等形式为产业集群实现技术创新提供智力和人才的支持；政府对企业技术创新提供公共服务；中介机构为企业技术创新及时地传递科技信息、市场需求信息；金融机构为技术创新提供资金支持以及分担创新风险等。正是通过五大行为主体的共同行动，产业集群创新网络的各个行为主体在协同作用中结网、创新并融入产业集群技术创新环境中。集群创新网络影响着集群的发展和创新，体现在以下三个方面：第一，加强集群内主体间的沟通，可以形成资源共享和能力互补；第二，为集群内企业提供集体学习机制，可利用知识溢出效应获得个体难以获得的知识；第三，降低了企业参与创新过程的风险，有利于集群创新功能的发挥。

（4）生态循环。

同生物一样，集群内企业或组织通过直接或间接的方式依靠别的企业或组织而存在，存在相互竞争和发展。产业集群的生态循环是产业生态化思想与产业集群发展的最佳契合点，它是结合自然生态系统的规律和产业集群的组织框架，将不同产业间关系加以协调整合，并与当地的自然和社会基础条件相融合，建立良性循环的产业集群化过程。产业集群的核心是企业之间及企业与其他机构之间的联系及互补性，即产业集群内部的共生机制，这种共生机制有利于获得经济规模，同时有利于互动学习和技术扩散。产品价值链越长，越能促进链条上高度专业化分工的出现，而产品价值链以及价值链纵向分工协作必须在企业间协作共生、相互协调的机制下才能顺利运作。此外，水平方向企业在共生机制的作用下，才能实现基于合作的竞争，使得集群横向产品链产品呈现差异化，从而为下游企业提供互补的、多样化的、相匹配的产品。在集群生态系统中，上游的企业排放的废弃物由下游的企业作为原材料加以综合利用，在上下游企业合作的过程中，更多的情况是下游企业向上游企业支付一定的费用（此费用往往低于市场价格）才能把原来的废物买走，实现上下游企业的双赢。要以建设和发展生态产业链为核心，基于科学发展观，运用循环经济理念和生态学原理，构成符合清洁生产要求和"资源—产品—再生资源—再生产品"循环要求，实现"低开采、高利用、低排放"，以最大限度地减少污染物排放，提升经济运行的质量和效益，最终达到废弃物产生最小化，以及物质、能量多利用的生态化状态，使集群经济系统和谐地纳入自然生态系统的物质循环过程中。

3.2.3 产业集群转型升级动能体系构建及其效应

3.2.3.1 促进产业集群转型升级的动能体系构建

在产业集群内部，核心企业通过创新获得的产品技术等新知识，很大一部分会外溢出去，成为集群的公共知识，同时其他企业则根据外溢的技术等，结合自身的资源和特点，设计符合自身利益的新技术，从而产生二次创新，因此知识技术的溢出与共享降低了集群内企业创新的门槛；同时产业集群内各创新主体通过横向、纵向的联结，形成了集群创新网络，信息、技术、资源在创新网络系统中不断流动和优化配置，从而促进了集群中企业的创新行为。因此，技术创新、知识溢出与共享、网络协作共同作用，形成创新效应。

以信息技术为代表的高新技术迅速发展，加快了产业机构优化升级，促进第一、二、三产业之间相互渗透，趋于融合。有学者将产业融合定义为通过技术革新和放松限制降低行业间壁垒，加强各行业企业间的竞争合作关系。集群内部企业通过核心企业扩散出的创新的知识技术与自身资源优势相结合，对溢出的知识进行二次创新，即集群产业链上的知识技术创新活动也是一种知识影响、渗透的过程，本质上就是一种融合现象。集群中产业融合分为四个环节：技术平台融合、业务融合、终端融合、市场融合，而这四个融合环节都涉及知识共享，不仅包括产业集群内的知识创造，还包括产业集群间的知识融合创造，并且它们之间是相互促进的。通过集群间知识的共享与转移过程，我们可以发现：第一，知识的扩散需要一定的媒介或中介，好比一种知识的传承与扩散往往需要教师、布道者以及电视、互联网等媒体进行传播。第二，知识的扩散需要在特定环境下通过知识平台进行传播，而集群间比较普遍的方式是通过产业链上下游的纵向扩散或者产业融合的相关环节的横向扩散。换言之，集群间知识技术的溢出离不开集群网络这一中介体系的参与，即集群网络协作为技术创新融合提供了保障。

因此，知识共享与溢出、网络协作共同作用，形成融合效应。

技术创新在本质上是不同创新主体之间通过协同和交互作用实现知识技术创新的过程，这意味着创新主体的多元性、知识资源的多层次性、创新资源的开放性、创新组织的网络性、创新资源的共享性共同构成了技术创新的本质。因此，技术创新过程实际上是一个协同创新过程，不同的创新主体之间具有技术知识的依存关系，将这些创新资源组合在一起，就会产生比各个部门简单相加更大的协同效应。总之，协同创新需要不同的创新主体通过密切的合作，达到技术资源的合理配置和技术知识与能力优势的互补，实现技术创新。协同创新的组织形态是协同创新网络，总观现代科技发展的历程，我们可以发现成功的协同创新往往以技术协作网络为基础。技术协作网络是创新主体之间建立的、以彼此间展开技术、知识、资源交流与合作为主旨，包括企业内、外部之间的横向网络以及联结市场、供应商的纵向网络关系的体系。该体系覆盖面广、层次丰富，能够为创新主体提供简单有效的创新资源、知识信息等支持，有助于创新主体充分利用创新知识的外部性不断增强创新能力。协同创新网络按照组合方式的不同分为外部创新网络与内部创新网络。外部创新网络是指把企业内部与企业以外的技术资源联系在一起的创新网络，其中，外部创新网络可以根据联合方向的不同分为横向的创新网络与纵向的创新网络。横向的创新网络是指公司与大学、科研机构等结成的协同网络，纵向的创新网络是指企业与市场以及供应商之间建立的协同网络。外部创新网络包括大学、科研机构、供应商、客户等在内的网络主体之间构筑起的信息交流机制，通过技术、知识信息与潜在的市场信息双向流动，使创新主体得到源源不断的信息供给。内部创新网络是由研究、开发、生产和市场销售共同构成的创新网络，是企业内部各部门之间横向交流与合作的平台。内部创新网络的建立旨在加强生产与开发结合的密切程度，强调科研与技术变革对生产阶段渗透的重要性。因此，内部创新网络本质是上创新主体实现技术创新的依托。集群内企业拥有良好的地理位置吸引力、更多接触多元化知识的机会和全面的政策支持体系等，使集群内企业不仅能够发挥自身资源优势，还可以还借助集群网络中溢出的技术和知识，获取自身缺乏的创新资源，在集群范围内形成资源优势互补，产生"1＋1＞2"的协同效应；同时，集群内企业、科研机构、政府等具有较强的关联性，形成了集群网络，使不同企业在基础设施、知识、信息等资源方面实现协同，并通过这种协同行为对集群内呈离散状态的能力闲置和过剩的资源整合成具有系统性、完整性的具有更大竞争优势的创新支持资源，激发出资源的效能。因此，技术创新、网络协同共同作用，形成协同效应。

一方面，技术创新可以扩宽人类对自然资源的利用范围，提高利用效率，从而缓解或解决资源枯竭问题；技术创新能够优化生态恢复和环境保护的手段和条件，从而强化生态补偿机制和遏制生态恶化；技术创新能够改善生产工艺，减少生产中的资源使用量和废物排放量，并能够实现废弃物的无害处理；技术创新能够提高社会生产力和劳动生产率，从而为集群生态化的各方面进展提供强大的物质基础。另一方面，集群间通过技术与资源共享，形成互惠互生的集群共生机制。首先，大部分集群发展过程中所需的自然资源、能源必须通过集群间的共生机制获得；其次，产品生产、资源开发和污染治理方面的许多技术方面的问题，仅依靠单个企业的技术力量是难以解决的，因此在技术方面也需要集群间共生机制的合作。因此，技术创新、生态循环共同作用，产生绿色效应。

四个不同的动力以不同形式共同作用于集群，这样动力、动力作用方式与途径、最终作用结果及效应三个主体就构成了我们所要构造的促进产业集群转型升级的动能体系，而这一体系会产生相应的效应（图3-3）。

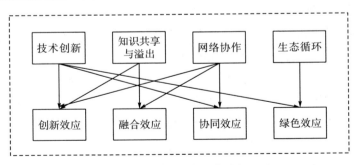

图3-3 效应的形成过程

3.2.3.2 产业集群转型升级动能体系产生的效应分析

由图 3-3 可知，动能体系会产生相关的效应，也正是这些效应，促进了产业集群转型升级。我们也是基于这些效应来设计产业集群转型升级的具体路径的，最后根据这些路径来提出促进四川省产业集群转型升级的针对性对策。接下来，我们对动能体系产生的相关效应进行具体分析：

（1）创新效应。企业通过技术创新，改进生产工艺或生产流程，提高企业生产效率，不断为市场提供新产品或新服务，从而提高企业的市场竞争力。企业是组成产业集群的基本要素，企业创新对于集群创新的重要性不言而喻。如果集群内部企业能积极主动地进行技术创新，集群的技术水平就能得到大幅提升，提供更优质、更易于被市场接受的新产品或新服务，不仅可以提高集群的品牌知名度，还可以实现集群内的良性循环，不断将集群推向新的高度。如果产业集群不能通过技术创新提供新技术或新服务，就会降低集群市场份额，影响集群竞争力的提升，逐渐被市场淘汰，最终走向衰退。

（2）融合效应。首先，基于产业集群的融合效能一旦形成，集群内外部的产业之间就会形成互助关系，其效应会随之向四处扩散，激烈的产业竞争气氛往往也会由一个产业扩散到另一个产业，这样一来，产业集群中先进产业新的发展理念、战略、技巧都会激发相关产业的迅速发展——在产业集群里，有竞争力的产业提升另一产业的竞争力是必然的趋势。由于信息的流通更顺畅，创新的气氛随供应商和客户的关系快速地扩散，自然形成产业集群内的关联，同时会帮助产业克服原有的惯性和僵化，也会因此带来新的竞争观念和形成较强的创新能力，才不会使这个国家的产业在国际间的创新竞争中落后。其次，基于产业集群的产业融合会放大或加速国内市场竞争时生产要素的创造力，也有鼓励专业化和投资的效果。由系统论的观点可知，基于产业集群的竞争力大于各个部分加起来的总和，它的扩展方向是由产业内部、再到产业间，最后普及到全国，最终提升国家的产业竞争力。

（3）协同效应。产业集群的协同创新优势：获得外部经济、降低研发成本、促进知识和技术的溢出、培育根植性、降低企业采用新技术的风险、促进企业二次创新和专业的市场配套。集群内系统网络的形成，有利于形成专业化分工协作的外部范围经济和外部规模经济，促进单个企业通过适应市场要求开发出产品或生产与自身相关的产品，给企业带来更多的发展机会和收益；集群内网络系统的形成通常伴随着发达的中间产品市场，可以为当地的专业化生产节约大量交易成本，促进集群社会分工进一步发展；马歇尔发现通过协同创新环境可以产生"技术外溢"，有利于集群内企业间相互学习。一方面，企业聚集可以使集群内企业共享单个企业无法实现的大规模生产、辅助产业的专业化服务，以及专业化机构创造以及企业组织创新的好处，这构成了集群内良好的创新物质环境。另一方面，集群成员之间供应链、人才流动和企业衍生建立了长期的纽带关系和重复互动，有利于集体学习。因此，集群成员在知识背景、知识处理系统和商业化目标方面容易形成相似性或"共同语言"，这种相似性构成了集群特有的创新氛围，有利于各种技术、知识在其中传播。在集群网络中，某一企业通过创新和开发所获得的包括产品生产技术、市场信息、企业管理方式等新知识，有很大一部分会外溢出去，成为整个企业集群体的公共知识；在集群网络下，建立一套大家共同遵守的行业规范，在这种规范指导和文化氛围的影响下，各经济主体之间相互信任和交流，从而加快了新思想、新观念、信息和创新的扩散速度，节约了产业集群组织的交易成本；产业集群间企业形成信息传播网络及其广泛而频繁的信息交流，大大提高了企业对新技术的认知能力，令企业无需自己试验，只用通过近距离观察其他同类企业利用新技术的结果，就可以知道采用新技术的成本、风险与收益，进而决定是否采用新技术，大大降低了采用新技术带来的不确定性，分摊了采用新技术可能存在的风险，克服了自身承担风险能力差的缺陷；产业集群内的专业市场配套，不仅成为商品交易的场所，也成为技术创新者、率先采用者和跟进使用者之间的桥梁，降低了协调成本和风险，有助于提高技术创新与应用的相容性，提高使用新技术的成功率，同时，众多使用者会根据自身的条件和市场对技术进行二次创新和改进。

（4）绿色效应。首先，产业集群内部的共生关系可以促进集群内部的技术创新与传播：第一，产业集群内，只要有一个企业在新产品开发、新工艺运用、生产设备技术改造以及产品设计改进等方面有所进步，就会对周围企业产生影响。第二，集群内的企业更容易获得知识的溢出效应，加快了企业间技术创新的传播，这令处于集群内的企业通过地理位置上的接近和集中，很容易从人员直接接触和人力资本的流动、企业间的直接联系以及率先创新企业的示范和后进企业的模仿等几个方面，获得有关研究开发、人力资源、信息等方面的溢出效应，从而提高整个集群的技术创新能力和技术创新效率。其次，产业集群奠定了打造区域品牌的优势，通过实施品牌共享战略，易于形成区域品牌效应，从而提高产业集群的竞争力。

3.3 构建动能体系促进集群转型升级的路径设计

前文我们研究了产业以及产业集群的发展动力，分析了产业集群的发展边界问题，并重点得出能促使产业集群顺利完成转型升级的几大主要动力要素，并结合这些要素所产生的效应构建了促进产业集群转型升级的动能体系，由此，我们提出促进产业集群转型升级的路径。

　　集群内的个体企业是构成集群的核心主体，企业的健康发展直接影响着集群的转型与升级。单个企业的发展主要体现在企业技术的创新、企业生产的进步、企业产品的开发等方面。结合动能体系框架设计中的绿色效应，我们认为企业的绿色技术研发与创造、绿色生产过程的实现、绿色产品的生产等方面的实现是促使集群个体企业实现清洁生产和绿色生态化的必要条件。此外，集群单个企业实现绿色发展之后，集群内各个企业之间也要实现绿色关联。我们认为企业种群和群落的绿色关联的实现是两条主要途径。

　　集群内的产业是集群发展的重点，集群本身的发展也是由集群内产业的发展来实现的，因此，集群的转型升级离不开集群内产业的发展。结合四大效应中的融合效应，我们认为产业融合的实现是促使产业集群顺利完成转型升级的有效路径。产业融合的实现体现为技术融合、业务融合、市场融合和组织融合，在这四类融合完成的基础上，产业才能实现有效调整，并在产品结构、产业结构、产业价值链上做出有效调整，进而实现产品升级、流程升级、功能升级和价值升级，最终实现产业集群的转型升级。

　　一个集群的发展也并非"独善其身"，而是需要实现不同集群间的合作与协调，因此，从区域经济学的角度来看，以"面"展开的地区间跨集群发展的实现、以"线"展开的集群带的发展、以"点"展开的区域内特色集群的打造这三个方面的实现，是促进集群协同效应产生的有利条件。我们认为在协同效应下，省域协作、区域协作、产业协作打造特色集群实现经济增长极是主要体现。

　　以上这三个层面是否实现了良好发展对于产业集群是否能顺利实现转型升级起着决定性的作用，所以，我们将集群内企业、集群内产业、集群间这三个层面作为设计路径的基本框架。产业集群转型升级是集群发展阶段的一个特殊阶段，实现转型升级后产生的效应就是促使产业集群获取再生力量的源泉。如上文所述，绿色、融合、创新、协同这四大效应是实现产业集群转型升级的推动力。我们基于前文构建的动能体系，以动能体系产生的相关效应作为设计促进四川省产业集群转型升级的具体路径的依据。由于创新效应贯穿产业集群整个生命周期，因此我们基于其余的三种效应来设计四川省产业集群转型升级的路径，将创新贯穿于其中作为主线。在以集群内企业、集群内产业以及集群间三个维度为路径设计的框架，以绿色效应、融合效应、创新效应、协同效应四大效应为路径设计依据，最终设计出促进四川省产业集群顺利实现转型升级的三大具体路径。

3.3.1 基于绿色关联的集群企业创新发展路径

"十三五"规划将创新、协调、绿色、开放、共享作为实现该时期发展目标的指导理念。其中绿色要求通过节约资源、实现环境友好来推动生态文明建设，推进经济社会的可持续发展。绿色发展也是实现经济"双中高"的新动能之一。产业集群作为促进区域经济发展的一种重要组织形式，在促进经济发展的同时，资源过度消耗以及由此引发的环境问题也日益突出，因此产业集群在发展模式上亟待转型升级。而集群绿色发展是传统集群在发展模式上的一种创新，是在一定的生态环境容量和资源承载力约束下，将保护环境作为发展的目标，是一种由原来的经济利益最大化前提下减少环境负面影响的外部压力转变为在资源环境承载力基础上实现环境与经济协同发展的内生需求。从集群构成要素看，产业集群是企业与企业之间，企业与政府、高校科研机构、中介机构等支撑机构之间，企业与环境之间相互依存、互为合作的有机整体，其中核心部分是企业，集群的所有活动都是围绕企业构成的物质、能量、信息交流。因此集群的绿色发展也聚焦于企业的绿色化、企业与企业之间的绿色化构建和维护，即实现集群企业的绿色关联。根据前文分析我们认为，绿色关联创新发展路径能够促进集群产生创新效应、协同效应、绿色效应，因此提出绿色关联是产业集群发展模式转型升级的方式之一。

绿色关联是综合考虑环境影响和资源消耗的集群企业创新模式，其目的是从绿色发展的角度分析集群主体的关联度（如政府绿色政策与企业绿色技术创新、高校绿色技术研发与企业绿色产品开发等），显然，集群主体绿色关联度越高，集群的绿色创新发展能力就越强，集群的生态化水平也随之提高。而知识已成为推动集群企业绿色关联创新模式运行的重要资源和要素。集群内企业与高校、科研机构、政府等合作，经历了隐性知识转化为显性知识并与原有的显性知识通过互联网等平台传递给需求方，需求方再通过分析、整合并将其存储为绿色知识，然后通过绿色技术等将其运用于绿色关联创新模式。知识在集群内各主体间的转移已成为绿色关联创新效应产生并推动其运行的重要基础。另外，知识转移需要载体。本研究提出从生态视角出发以企业为基本单位将集群划分为企业个体、企业种群、企业群落三个结构层次，分析三个层次发展及与环境的作用，从而构建集群生态系统。并基于知识转移构建集群知识转移创新网络，将知识转移创新网络运用于集群企业生态系统，以推动集群企业绿色创新发展。具体路径如图3-4所示。

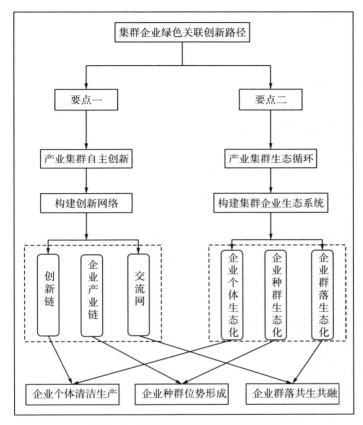

图 3-4 集群企业绿色关联创新路径

3.3.1.1 集群企业绿色关联创新发展路径设计思路

（1）构建产业集群知识转移创新网络。

知识转移理论最早由 Teece 提出，认为知识和技术通过流动可以实现组织间的知识大量积累，生成新知识，利于组织创新。知识转移是从势能的角度讲，发出方知识势能高于接收方，接收方在接收到知识时与自身知识融合产生双方都不具有的新知，此时接收方的知识势能高于发出方，势能的反转便会引发新的知识转移；知识的总量在不断增加。而组织自主创新与组织间的知识转移密切相关。当组织知识需求与自身知识储备产生缺口时，组织会把外部知识内化，并通过原始创新、集成创新和模仿创新三种形式进行吸收和应用。组织对新知的应用就完成了组织的一次自主创新。集群的创新发展就是要提升集群自主创新能力，通过优化集群内部的知识转移活动并构建集群知识转移创新网络来实现。

网络理论专家 Hakansson 提出的网络要素模型中指出，网络作为资源交流活动主体的各种关系的总和，其构成要素包括行为主体、资源和关系（活动）。集群内存在丰富多样的知识转移活动，并且满足网络构成要素，是构建集群知识转移创新网络的前提。首先知识转移活动发生的条件和发生的表现在集群内均得到体现，因此集群内存在各种各样的知识转移活动，包括围绕上中下游企业间的知识转移活动、围绕高校和企业间的知识转移活动及围绕中介服务机构与其他主体间的知识转移活动。其次产业集群不仅符合知识转移发生的条件和表现，也满足形成网络的基本要素要求，包括产业集群进行知识转移的行为主体多样、产业集群进行知识转移的资源丰富及产业集群进行知识转移的活动充足。为充分利用每个主体节点的创新资源并调动其创新活力，可构建网络化的知识转移方式来实现集群创新的共振效应，如图3-5所示。

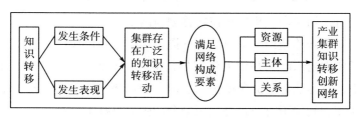

图3-5 产业集群知识转移创新网络构建

　　网络组织作为一种复杂的组织形式，因包含的对象及其相互关系的不同，各组成部分存在差异，但依据包含对象及其相互关系的区别进行划分，仍满足网络的主体、资源和关系三种构成要素。因此根据知识转移活动的区别将集群知识转移创新网络按内容进行划分：集群知识转移创新网络的内容就是知识转移活动，其研究对象就是知识转移活动的参与主体，对象间的相互关系就是知识转移活动的开展方式。选取知识转移活动的参与主体和开展方式作为关键要素，通过界定它们之间的区别，把集群内知识转移创新网络划分为不同的知识转移路径（这些知识转移路径在集群内均有对应的主体、资源和关系要素）。如图 3-6 所示，具体划分为：①以上中下游企业为主体，特别是核心企业和配套企业之间的知识转移活动；其开展方式主要是围绕产业链进行的企业间分工合作。由于这些企业间的关系是介于产业经济学中产业链和企业链之间的概念，本研究将这一类别的知识转移定义为"企业产业链知识转移"。②在政府产业发展政策和创新政策的指导下，以高校科研机构和企业为参与主体的知识转移活动；其过程是高校科研机构产生创意和创新成果，经过企业商品化产生经济效益；其开展方式主要是校企间的产学研合作，是一种链式的知识流动。由于其主体和转移内容的创新性较强，本研究将这一类别的知识转移定义为"创新链知识转移"。③以中介服务机构为主体的知识转移活动，其开展的方式主要是向企业、高校科研机构和政府提供各类专业服务。由于中介服务机构在参与中与集群内其他主体均建立联结关系，呈现出网状结构，转移的方式更加强调主体间的交流协调。本研究将这一类别的知识转移定义为"交流网知识转移"。

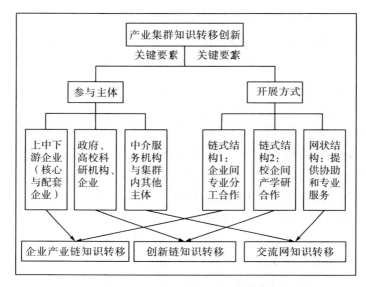

图 3-6 集群知识转移创新网络的内部组成路径

如图 3-6 所示，把集群内的知识转移创新网络划分为企业产业链知识转移路径、创新链知识转移路径和交流网知识转移路径，这种划分方式涵盖了集群知识转移活动的全部参与主体。见表 3-11，各种路径对应的主体、资源和关系等网络要素不同，这些要素共同构成了产业集群知识转移创新网络。

表 3-11 "两链一网"知识转移路径构成要素分析

要素	企业产业链知识转移路径	创新链知识转移路径	交流网知识转移路径
主体	产业链上中下游企业、特别是核心企业与配套企业	政府、高校科研机构、企业（部分情况下需要中介服务机构）	中介服务机构与集群内其他主体
资源	与产业相关的核心专业知识和技术、企业管理知识和技术、人的经验和能力等	产业发展政策和创新政策信息、专利技术成果、科研知识、人的经验和能力等	管理、物流、金融、法律等各类专业知识和服务及人的经验和能力等

要素	企业产业链知识转移路径	创新链知识转移路径	交流网知识转移路径
关系	企业分工与合作、人员流动等	"官产学研"合作、人员流动等	提供交流协助和专业服务、人员流动等

（2）构建集群企业生态系统。

从整体上看，产业集群是自然、社会、经济耦合而形成的复杂混合系统，构成主体有企业和支撑机构（政府、高校科研机构、中介服务机构等），依存的环境要素有政治环境、经济环境、文化环境、制度环境、科技环境、自然生态环境等，每种环境要素均对集群发展具有一定的推动或制约作用。产业集群是集群主体在特定的环境中长期稳定合作，形成了以企业为节点、以支撑机构为辅助的纵横交错的网络。其中支撑机构在一定程度上与外部环境部分重合，并且发挥的功能也与外部环境要素相似，因此从构成要素看支撑机构属于产业集群范畴，但在理论分析时将集群研究对象狭义界定为集群企业。组织生态学理论体系包括组织个体生态学、组织种群生态学、组织群落生态学和组织生态系统生态学等不同的层次。其中组织种群是由同种组织个体组成的，组织群落是由若干组织个体和组织种群基于共同的目标相互配合形成的并与环境相互作用和影响。在组织群落内部，组织与组织之间、组织与外部环境之间形成了一个完整的系统。

从组织生态学角度看集群，集群内企业个体相当于组织个体；同一区域内技术相似、功能相近的同质企业聚集相互作用和影响，形成一定的空间格局，以企业种群的整体形式与周围环境互动合作；企业群落是若干不同类型的企业种群在特定时间空间内基于共同目标（如组成完整产业链）有机结合而形成的；企业群落与环境间存在大量的物质流动、能量流动和信息交流，从而构成集群的生态系统，如图 3-7 所示。

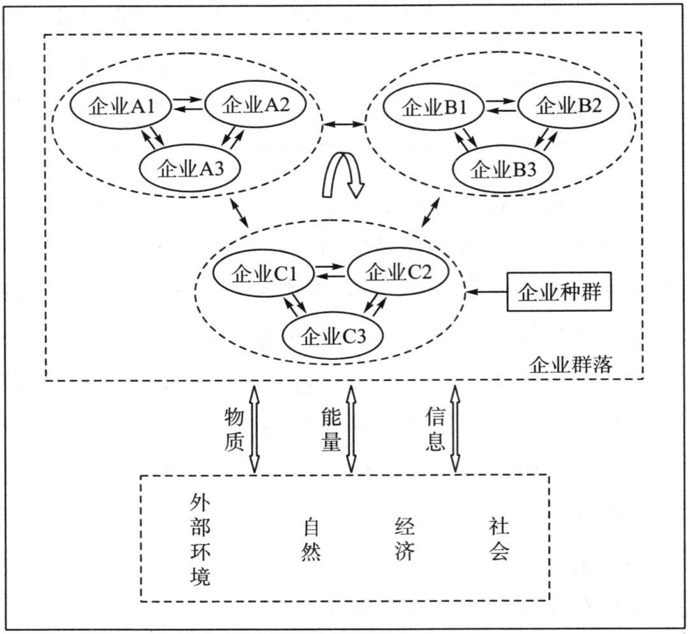

图 3-7　集群企业生态系统总体框图

企业个体、企业种群、企业群落可以看作是集群的微观层面、中观层面、宏观层面，均与外部环境相互作用——一方面通过物质、能量、信息交流与传递实现自身整体进化发展；另一方面企业个体进化发展推动企业种群整体进化，同时多个企业种群生态化推动企业群落进化。之所以会有这样的演化过程，是因为集群内部企业具有主动适应性和自组织性。主动适应性使企业能够对环境变化做出正向反应，但是当企业无法适应环境也无法改变环境时，就会被淘汰。自组织性实现了企业个体的创新发展、企业种群的规模调节及企业群落的繁荣稳定，从而具备了进一步与环境互动演化从而实现进化的基础。同时集群企业与环境的互动影响是动态双向进程，不仅有外部环境向集群企业提供生存发展所需的物质、能量、信息基础，而且集群企业也通过向外部环境输出物质、能量和信息来促进外部环境的不断进化与稳定。整个进化过程集群企业既不是被动接受环境变化，也不是主动选择环境，而是双方互动共同进化的完整过程。

基于上述分析，从三个层次生态化来实现集群的生态系统，即企业个体生态化、企业种群生态化、企业群落生态化。其中企业个体生态化主要参与主体为单个企业和支撑机构。支撑机构为企业的创新活动提供信息、新知等，让企业个体在支撑机构的辅助作用下健康发展，创造新的物质、能量和信息。企业种群生态化主要参与主体为同质企业、异质企业及支撑机构。企业之间在支撑机构作用下通过竞合关系关联，具有整合物质、能量、信息的功能。存在联系的企业及支撑机构构成一个整体。企业群落生态化是大量不同企业及支撑机构间相互作用、相互影响，并与自然生态系统等外部环境构成完整的体系，各要素通过关系网络（如产业链、创新链、交流网）相互关联，具有物质流动、能量流动、信息传播的功能，见表3-12。企业个体生态化与企业种群生态化体现为集群内企业在资源使用中的进化策略，企业群落生态化体现为构建以物质、信息、能量闭环流动为核心的循环体系。

表3-12 产业集群生态层次组成分析

产业集群生态层次			
	企业个体生态化	企业种群生态化	企业群落生态化
主要参与主体	单个企业及支撑机构（政府、高校科研机构、中介机构等）	同质企业、异质企业及支撑机构（政府、高校科研机构、中介机构等）	大量不同企业及支撑机构（政府、高校科研机构、中介机构等）

产业集群生态层次				
结构	要素间关系	支撑机构为企业提供信息、新知等	支撑机构为企业间竞争与合作提供条件	大量不同企业与支撑机构之间相互作用、相互影响
	整体性	企业个体及支撑机构	存在联系的企业及支撑机构构成整体	企业、支撑机构以及自然生态系统等构成一个整体
	营养结构	支撑机构	其他企业和支撑机构	关系网络
功能		物质、能量、信息来源	物质、能量、信息整合	物质流动、能量流动、信息传播

3.3.1.2　集群企业绿色关联创新发展路径组成分析

集群企业绿色关联创新发展是在产业集群各个层次均实现生态化发展的基础上，以集群内部知识转移创新网络促进各个生态层次内部、层次之间绿色创新的互动与协调，最终实现能量流动、物质循环和信息传递的绿色过程。

企业个体清洁生产是企业个体在实现生态化基础上，以创新链知识转移为促进依据，以自主创新和引进新技术为主要动力，主要与高校、科研机构开展绿色创意研发、绿色合作研究等，通过绿色投入—绿色生产—绿色产出—绿色收益的作用机制，最终实现清洁生产的目标。清洁生产是在合理使用和开发资源与能源利用方面注重保护环境的实用生产技术、方法和措施，其实质是物料和能耗最少的企业创新活动，突出废物减量化、资源化、低碳化、无害化，换言之即采用清洁的能源和原材料、清洁工艺及无污染和少污染的生产方式，同时进行科学管理生产过程的清洁性企业生产活动。企业与高校科研机构的合作提升了企业绿色技术的研发实力，为绿色投入到绿色收益每个阶段都整合环境奠定了坚实的基础。

企业种群是具有相同或相似特征的同质企业在地理位置上集聚，是企业个体发展的更进一种形态。种群内企业一方面通过竞争提升自身的性能和复杂性，另一方面通过合作提升企业种群整体平稳持续发展。企业种群生态位形成是通过种群竞争强度的提升实现的。企业种群竞争强度是在复杂的多维资源空间中以企业产业链知识转移为促进依据，通过环境对企业种群进行选择和企业群体逐步适应环境变化来寻求企业种群的绿色发展战略。具体来说是以竞争合作为主要动力，通过种群内企业竞争和种群间竞争与互利的作用机制，最终实现提升企业种群竞争优势的目标。种群的竞争优势包括种群规模的扩大和种群核心竞争力的提升。

企业群落是在支撑机构的辅助下，企业种群基于共同的目标相互配合而成的集合体，是企业种群彼此相互适应和对外部环境适应的过程产物。企业群落共生共融体现在企业合作效率的增强。企业群落合作效率是形态和功能各异的不同种群有机结合，以交流网知识转移为促进依据，通过资源共享、优势互补形成的有序稳定体系。其中企业种群的相互关系和适应性决定了企业群落的结构、功能和多样性。具体来说是企业、支撑机构和外部环境作为主要参与要素，以要素的共生共融为主要动力，发挥中介机构的"黏合"作用，将相互联系的企业个体、企业种群整合，通过主体间绿色合作实现与环境的动态互动，最终实现提升企业群落绿色合作效率目标。共生共融强调要素协调与合作的高关联性。绿色合作是指企业在生产经营活动过程中与环境保持和谐相融的合作关系。要素间的绿色合作实现了集群企业运作的高资源利用率和低碳环保的目的。

集群企业绿色关联创新路径组成分析总结见表3−13。

表 3-13　集群企业绿色关联创新路径组成分析

路径	企业个体清洁生产	企业种群位势形成	企业群落共生共融
依据基础	创新链知识转移	企业产业链知识转移	交流网知识转移
参与主体	企业、政府、高校、科研机构、金融机构、中介机构等		
主体间关系	主要是企业、高校和科研机构合作	主要是企业间竞争与合作	所有主体均参与，相互作用，相互影响
动力要素	技术创新	竞争与合作	共生共融
作用机制	绿色投入—绿色生产—绿色产出—绿色收益	种群内企业竞争、种群间竞争与互利	发挥中介机构的"黏合"作用，将相互联系的企业个体、企业种群整合，通过绿色合作实现与环境的动态互动
实现目标	企业个体清洁生产	提升企业种群竞争强度	增强企业群落合作效率

3.3.2　基于产业融合的新业态构建路径

产业集群是围绕产业链形成的企业集聚现象，实质是产业资源以企业为载体的再配置。产业集群的升级与集群内产业升级密切相关。自 20 世纪 70 年代，信息技术的发展推动了通讯、邮政等行业的融合，融合性经济形态开始出现，并在金融、物流、文化等领域得到推广，产业融合发展成为世界产业经济发展的主流形态。产业集群作为产业发展的重要组织形态，是围绕产业链形成的大量跨产业企业集聚现象。集群产业融合是集群产业交互过程中产生的产业结构调整和产业边界模糊的现象，具体表现为集群内产业的技术融合、业务融合、市场融合和组织融合。这种多维度的融合过程实质是创新的过程——技术融合以技术创新为核心，业务融合以业务整合为基础最终实现业务内容创新的目标，组织融合要求实现组织形态和管理机制的创新，市场融合则强调基于技术产品融合基础上的关联市场合并和新市场开拓。结合上文对产业集群转型升级的效应分析，笔者认为，以多维度融合为目标，以创新贯穿全过程的集群内产业融合是以集群产业为单位，充分发挥集群融合效应和创新效应的重要方式。本文从集群产业融合的表现形式、作用范围以及最终结果的差异将其进一步划分为集群产业重组融合、集群产业渗透融合和集群产业交叉融合三条路径（图3-8）。

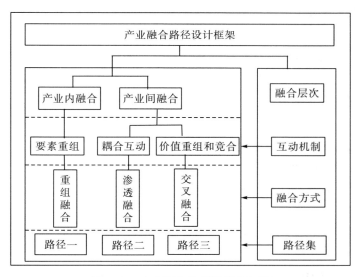

图3-8　产业融合路径设计框架图

3.3.2.1　产业融合路径设计思路及要点分析

集群产业融合以集群内产业为单位，旨在以产业的调整推动实现产业集群的转型升级。产业调整包括产品结构调整、产业结构调整和价值链调整，正向的产业调整是实现产业效率提升和产品升级的起点。同样的，集群产业重组融合、渗透融合和交叉融合应依托不同产业互动方式的特点实现集群内产业产品结构、产业结构和价值链的正向调整，以带动集群产品升级、流程升级、功能升级和价值链升级为最终目标。

（1）集群产业重组融合路径设计思路及要点。

集群产业重组融合是发生在集群某一产业内部集中的、大规模的资源重组和产业结构调整。产业是一个系统性的概念，包含自然资源、技术、机械设备、人力资源、资金资本、制度规范等众多生产要素子系统。从产业整体而言，产业的体系性特征和生产要素子系统的完整性是产业发展的前提，每一个生产要素子系统都是产业竞争优势的增长点；子系统的规模和实力直接影响产业整体规模和经济实力。从单一要素子系统来看，分属于不同行业、不同企业的同类生产要素表现出一定发展阶段差异和行业特征。在知识经济时代，知识不仅作为独立的生产要素在生产过程中创造独立价值，还通过与传统生产要素的互动在传统生产要素内部形成知识积累，这种积累产生的同类要素之间知识属性的差异已逐渐成为划分同类生产要素发展阶段的主要依据。生产要素随着知识属性的提升，能动性和专业性将不断增强，较传统生产要素具有绝对优势，因而知识属性高的同类生产要素取代是要素发展的必然趋势和生产要素核心竞争力培育的方式。从要素子系统的关联关系看，这些生产要素子系统围绕生产链集聚在产业内部，存在生产依存关联，具体地，在整个生产阶段，知识、技术等知识要素依附于人力资源、制度规定等载体，进一步的实现需以自然资源、生产资料为物质基础，机械设备为工具，最终实现技术产品化。以上关于产业系统性和要素子系统的分析，揭示了在集群产业内要实现产业重组融合应以生产要素为核心机制，依据要素系统化、同类生产要素的阶段特征和不同生产要素之间的生产依托关系，该路径构建应以增强要素规模化、促进高知识属性的要素优势扩散和增强要素协调性为要点。

借助产业要素规模化、高知识属性的要素优势扩散和增强要素协调性改善集群产业产品结构。第一，产业要素的规模化指生产要素种类的规模化和数量的规模化，标志着生产资料在产业内部的集中。这种规模化与生产要素的协调性相互作用，对降低产品生产环节要素的获取成本、流通成本和加工成本等有直接作用，以此实现产品成本结构的改善。第二，高知识属性的要素优势在对传统生产要素取代的过程中通过生产过程转移至最终产品，直接调整了最终产品的知识结构。

借助产业要素规模化、高知识属性的要素优势扩散和增强要素协调性改善集群产业结构。第一，产业要素种类和数量的规模化通过生产要素在企业内和行业内的规模化实现。在企业和行业内生产要素种类的规模化为企业业务扩展、减少合作环节提供了物质基础；在企业和行业内生产要素数量的规模化将直观表现为产业宽度的拓展，以此实现产业横向结构的拓宽和纵向结构的压缩。第二，高知识属性的要素优势扩散实现产业整体的要素知识储量，直接改善了产业链的知识结构。第三，增强要素的协调性包括同一要素子系统内不同行业、不同企业之间的要素协调性，也包括整个产业体统内各要素子系统之间的协调性，是调整行业关联、企业合作形式的前提。

借助产业要素规模化、高知识属性的要素优势扩散和增强要素协调性改善集群内产业价值链。增强产业要素规模化、促进高知识属性的要素优势扩散和增强要素协调性是培育产业核心竞争力的重要渠道，对推动集群品牌建设具有重要作用。

（2）集群产业渗透融合路径设计思路及要点。

集群产业渗透融合是发生在集群内不同产业之间的要素扩散，不同产业间同类要素的势能差是发生要素跨产业渗透的前提。这种渗透融合业态大多表现为在高技术产业和传统产业边界，以技术、知识等要素为起点的融合现象。现代产业渗透融合实践的核心在于引导渗透融合范式实现从分立替代到耦合互动的转变。在传统的分立替代范式下，高新技术产业的技术向传统产业的渗透表现为单一要素的单向输送，传统产业的被动地位造成其内部知识存量和知识密度不能满足技术在产业中的扩散需求，造成渗透成本高、渗透效率低、大部分传统企业被较高的产业技术壁垒锁定在产业链低端的现象，在这一基础之上提出的耦合互动有效弥补了传统渗透的不足，强调双向互动关系的建立以及围绕技术要素转移目标产生的"知识—技术"要素的体系化渗透。

从集群产业渗透融合路径的产业角色分析，传统产业是技术接受和主要收益方，即"知识渗透—技术渗透"的活动的"目标消费者"，这一角色定位要求传统产业在渗透融合中发挥主动探求、技术识别、技术匹配和技术改造的作用，这也是耦合互动范式形成的组织基础，其实质是"知识逆向转移"的过程（"知识逆向转移"概念源于跨国企业的发展，不同于知识转移从母公司向子公司的传递过程，当子公司的知识存量高于母公司，就在母公司主导下产生的知识反向流动和被利用的情况，被称为"知识逆向转移"）。相较于一般的知识转移，"知识逆向转移"效果不仅受到知识管理措施的影响，更受到组织机制和组织手段的影响，大量的研究将这种影响归纳为知识特点、知识来源、转移方知识转移能力、转移方组织特点、被转移方知识吸收能力、被转移方组织特点、转移方式和策略管理以及环境特点等。结合本节研究对象的产业、研究环境为同一集群环境，以下研究将集群内产业渗透融合下的知识逆向转移影响因素界定为知识来源、产业特点、渗透环节和集群环境这四个核心要素：第一，知识来源是相对于渗透产业，即高技术产业内高新技术企业而言的，分为内部知识、网络知识和外部知识三类。内部知识是指高新技术企业通过企业内部的技术研发、技术积累、学习交流等方式而自主形成知识积累；网络知识是指高新技术企业凭借网络关系与产业链上下游企业（如供应商、合作企业、客户）联系获取的相关知识；外部知识是指高新技术企业通过接触外部组织、高素质劳动力、科研单位等吸收取得的产业外部知识。从外部知识、集群知识到内部知识，知识内部化程度的提升标志着不同知识在企业内时间完整性、内容完整性和可解释程度的差异，这种差异化有效解释了内部知识在逆向转移效果最好的原因。第二，产业结构特点包括高技术产业和传统产业的特点。产业结构特点对"知识逆向转移"效果的影响表现为高技术产业的产业结构特点影响知识要素的转移能力，传统产业的产业结构特点影响知识要素的内化能力。对于高技术产业而言，相对要素势能差越高，实现知识扩散的产业自发性越强，即提升高技术产业相对或绝对技术优势是改善逆向转移效果的根本，由此，构建完善创新要素密度最高的"链"——服务链①，实现产业整体创新能力提升和附加值率增长显得尤为重要；对传统产业而言，传统产业的产业弹性、创新能力和企业之间关系紧密性都直接影响着知识渗透门槛和扩散效率，这种基于集群内"产业链—创新链—交流网"的结构建设需求和构建方式在"基于绿色关联的集群企业创新发展路径"中已有详细阐述，本节不做赘述。第三，渗透环节直接影响着渗透难度以及要素对传统产业的改造效果。传统产业生产环节的要素渗透将直接影响传统产业的生产资料、开采技术、生产工具等。这种渗透是通过将高新技术融合到传统产业各种形态的生产性要素中，实现传统产业生产力结构和产品结构调整。非生产环节的要素渗透如管理要素、金融要素、服务要素等相对渗透难度较小，这类要素的渗透是在基本保持原有产业生产结构的情况下，实现传统产业工艺流程和装备等工序的调整，并对生产性要素的渗透起到重要的支撑保障作用。第四，在"知识逆向转移"中的集群

---

① 方建中：《产业转型升级的范式转换：从分立替代到耦合互动》，载《江海学刊》，2013年第6期，第71~77页。

环境主要强调的是集群创新环境。在跨产业集群中，高技术企业和传统企业相互之间形成双向互动关系，在彼此的关联互动中逐渐形成创新链，"这种创新链的形成速度和最终规模与群落中既有的'创新型'企业和创新速度显著相关"，换言之，集群的创新环境建设要求加快高技术企业的集聚和创新链内含"自我持续机制"的完善。以上关于产业渗透耦合互动范式和"知识逆向转移"机制的分析，揭示了在集群产业内要实现产业渗透融合路径构建应以改善知识来源、产业链软化和服务链完善以及丰富渗透环节为主。具体地：

借助改善知识来源、产业链软化和服务链完善以及丰富渗透环节改善集群产业产品结构。最主要地，改善知识来源是提高高新技术企业内部知识比例和推动集群知识和外部知识内部化的过程，从知识源头改善"知识逆向转移"效果，是提升传统产业内部知识积累，并通过生产环节转移，实现产品知识结构提升的方式。

借助改善知识来源、产业链软化和服务链完善以及丰富渗透环节改善集群产业结构。第一，知识来源改善一方面通过改善企业内部创新能力，一方面通过缩短企业空间距离，即增强集群集聚能力实现，其中产业内企业内部创新能力的普遍提升，是以企业带动产业知识结构调整的手段，缩短空间距离，增加集群产业内企业聚集将直接推动产业横向拓展和集群内产业纵向结构完整。第二，产业链软化和服务链的完善是强调产业链研发服务、生产服务功能的完善，是推动产业链纵向延伸和结构完整性建设的一个方向。第三，丰富渗透环节则是通过对传统产业生产、流通、销售等生产环节和融资、交流、合作等辅助生产环节的技术改善实现企业关联形式和产业管理机制的改善，以此推动现代化产业结构的形成。

借助改善知识来源、产业链软化和服务链完善以及丰富渗透环节改善集群内产业价值链。以知识来源改善和渗透环节的多元化带动智慧平台和智慧集群发展，以产业链软化和服务链完善驱动集群内"总部经济"模式构建，以此推动集群价值链的延伸和重塑。

（3）集群产业交叉融合路径设计思路及要点。

集群产业交叉融合实质是产业价值链和功能链的交叉延伸，以跨产业的功能融合型产品出现为标志。融合型产品的出现以技术融合和技术创新为前提，不同于集群产业渗透融合路径中高技术产业的技术渗透实现对传统产业的技术改进，集群产业交叉融合中技术融合与技术创新强调两种生产技术的结合和创新，实现对相关产业普遍性的技术改进。结合大量的研究基础，本文认为从价值链层面看，集群产业交叉融合大体经历了"技术融合—价值链整合—价值竞合—价值协调"这四个阶段。

首先，技术创新是价值链调整的核心增长点，产业交叉融合中技术融合强调的是基于产品生产技术的功能融合。这种技术融合将实现单一产业的技术提升，将成为产业价值增长的主要原因。其次，对单一产业而言，交叉融合实现的价值链整合会使得原价值链产生部分来自另一产业中以技术为核心的价值链移植片段，并在不断演进过程中，独立于融合性技术产生的新技术形成新产业价值链的技术核心。无论是在对原价值链的重塑阶段还是新价值链的构建阶段，产品的功能共性将推动跨产业之间资源关联、研发关联、生产关联、渠道关联、市场关联等多维度的交叉关联，这种交叉关联使得跨产业价值链各个环节处于动态的竞争中。具体地，相关产业产品的功能融合，使得原有产品市场向另一产业市场拓展的同时，原有市场被转变为部分或完全的"共享市场"，这部分开放的市场带来产业内包括原料供应主体、技术加工主体、销售主体和服务主体的规模化增加，各主体之间展开市场竞争，这种市场竞争以产业为对象就表现为相关产业各个关联环节的价值竞争。同时由于产业交叉融合实践包含产业类型的多元化，各类产业资源存在一定的产业壁垒，这又强调了产业各主体竞争态势中的合作关系，即由此形成价值链网中的复杂竞合关系。最后，产业的价值竞合以各个企业主体为主导，企业主体的市场竞争围绕企业主体的价值实现展开，企业的价值以提供满足市场需求的产品而实现，因此这种价值竞合将实现无序向在市场需求引导下的有序竞争。以上基于价值链层面关于产业交叉融合过程的分析，揭示了集群产业内交叉融合应以"价值竞合——价值协调"为核心的价值调整为主要机制，本文据此认为该路径构建应实现以技术融合驱动价值链整合、增强价值链网络资源协调性和增强市场需求对价值竞合关系的引导为要点。具体地：

借助以技术融合驱动价值链整合、价值链网络资源协调性的增强和市场需求对价值竞合关系引导作用的增强改善集群产业产品结构。在集群产业交叉融合中，技术融合是以产业产品生产技术为主的功能性融合，这种融合性的生产技术是实现产品性能和功能融合的基础，换言之，以技术融合为核心的价值链整合是实现融合性产品功能结构和知识结构调整的主要驱动力。

借助以技术融合驱动价值链整合、价值链网络资源协调性的增强和市场需求对价值竞合关系引导作用的增强改善集群产业结构。第一，以技术融合驱动价值链整合是以技术主导形成跨产业价值链关联，这种关联以跨产业主体规模化增长为外在表现（产业内主体的规模化增长是推动产业内结构完整性的组织基础）。第二，价值网络资源协调性的增强是强化产业合作的资源基础，对于建立深化的产业关联结构起到正向推动作用。第三，以市场需求引导价值竞合关系一方面实现了产业竞合关系的有序性，另一方面在合作效率的驱动下将实现产业结构向市场需求结构的一致性调整。

借助以技术融合驱动价值链整合、价值链网络资源协调性的增强和市场需求对价值竞合关系引导作用的增强改善集群价值链，其中以市场需求引导产生的价值链调整效果尤为显著。市场需求包括现有市场需求和潜在市场需求。现有市场需求中又包含低层次的市场需求和高层次的市场需求，增强市场需求对价值竞合关系的引导作用将直接提高产业产品市场化程度，这是推动实现产业价值的根本。其中，高层次市场需求和潜在市场需求引导的产业价值调整则不仅可以实现新产品市场的拓展，也是产业价值链延伸和创新的动力。

3.3.2.2　产业融合路径组成分析

本书提出的产业融合路径包含重组融合、渗透融合和交叉融合三条路径，以上分析表明这三条路径的作用范围和作用结果存在差异，这也决定了路径构成的主要主体、核心要素以及主要的融合过程的差异。本节结合以上分析提炼了三条路径的构成主体、核心要素、价值增长点以及一般融合过程。

集群产业内重组融合路径的产业调整围绕生产要素展开。在产业内，生产要素以企业为载体。企业内部包含多种生产要素，不同企业内部生产要素组合具有一定的差异性，这种差异性与企业的业务内容密切相关，即同行业内上下游企业主要要素具有一定的生产依托性，同行业内同质企业内部要素组成具有一定的结构相似性。这种企业内部要素分布特点决定了企业在集群产业重组融合中的主体地位，集群内产业重组融合路径构建要点需借助企业主体实现：要素规模化是以企业合并为主要形式的生产要素在经营单位内部集聚，即经营主体的规模化，主要包含企业横向合并和生产链上下游企业的纵向合并；高知识属性的要素优势扩散是指知识属性高的要素取代知识属性低的要素，表现为企业生产资料、生产设备、生产手段的替代和改造等；要素的协调性包括要素质量的协调性、要素数量的协调性和要素关联方式的协调性，即要实现不同关联关系的企业在生产水平、生产供求和合作关系方面的协调性，这些企业活动进一步表明该种融合形式下，企业互动关系主要包括同质企业之间横向合并、上下游企业纵向合并、龙头企业和中小型企业的协作发展等。集群内产业重组融合重点在于产业内部结构调整，目的是实现高效的产业运作机制，因此价值增长点为要素整合实现的效率提升，一般融合过程表现为"要素分类—要素重组（合并或替代）—重组融合"。

集群产业渗透融合路径的产业调整围绕知识、技术要素渗透展开，这种融合形态以不同产业内部同类要素的要素势能差为前提，多发生在高技术产业和传统产业边界，决定了相关产业内部的主要主体——高新技术企业和传统企业是这种渗透融合模式的主要主体，在耦合互动范式下的渗透融合中，高新技术为核心的"知识—技术"要素体系借助高新技术企业和传统企业多形态的合作关系链实现流通，在以传统企业为主导的知识逆向流通过程中，高新技术企业和传统企业各司其职，协调作用：高新技术企业通过企业内部创新能力提升以及缩短企业之间空间距离改善知识来源结构，同时通过产业服务链完善增强高技术产业服务功能，从知识源改善渗透效果；集聚于不同生产环节的传统企业通过增强与高新技术企业以及其他传统企业关联，丰富高新技术在传统产业内部的渗透环节，并结合传统产业研发能力的提升，深化要素渗透程度和提升要素内化能力。在这一过程中，知识和技术要素在传统产业的渗透，高新技术企业与传统企业的结构深化是实现产业高端化发展的动力，即价值增长点。一般融合过程表现为"知识、技术渗透—结构关系嵌入—渗透融合"。

集群产业交叉融合路径的产业调整围绕价值整合展开，这种价值整合以技术融合为核心。现代产业技术的专业性和技术产业壁垒使得跨产业的研发联盟成为技术融合的重要主体，在集群内交叉产业融合实践中，跨产业形成的研发联盟基于不同的研发策略形成不同程度的技术共享、资源共享、成果共享和市场开放，

以此产生融合性技术，推动融合性产品的生产。在进一步的价值
竞合和市场需求驱动下，调整研发策略，形成与市场需求相匹配
的研发联盟主体。在这一过程中，基于技术融合实现的技术创新
是产业价值链提升的核心环节，融合性产品与原有产品的协调开
拓了现有产品市场，也是产业价值实现的重要方式。其一般的融
合过程表现为"技术融合—价值链整合—价值竞合—价值协调—
交叉融合"。

"重组融合—渗透融合—交叉融合"产业融合路径集构成要
素分析详见表3-14。

表3-14 "重组融合—渗透融合—交叉融合"
产业融合路径集构成要素分析

分析＼名称		重组融合路径	渗透融合路径	交叉融合路径
构成因素	主要主体	同质企业与上下游企业、龙头企业与中小型企业	传统企业与高新技术企业	研发联盟
	核心资源	生产要素	知识、技术、人力、政策等	融合型产品
构建要点		(1) 要素规模化 (2) 要素优势扩散 (3) 增强要素协调性	(1) 改善知识来源 (2) 产业链软化和服务链完善 (3) 丰富渗透环节	(1) 以技术融合带动价值链整合 (2) 增强价值链网络资源协调性 (3) 增强市场需求对价值竞合的引导性

分析\名称		重组融合路径	渗透融合路径	交叉融合路径
作用过程	产品结构调整	借助要素规模化和要素协调性降低要素成本，改善产品成本结构；借助优势要素扩散改善产品知识结构	借助知识来源改善提升产业创新实力，改善产品知识结构	借助跨产业技术融合实现产品功能延伸
	产业结构调整	借助要素规模化拓宽产业宽度，减少产业环节；借助优势要素扩散改善产业链知识结构；借助要素协调性改善产业链完整性和子产业关联强度	借助产业链软化和服务链完善建设改善产业链完整性和产业知识结构；通过渗透环节的多元化提升产业整体知识密度，推动现代化产业结构建设	借助技术融合推动产业规模化；通过增强价值链网络资源协调性，强化产业关联度
	价值链调整	借助要素规模化、要素优势扩散和要素协调性提高产业现代化，打造品牌优势	借助知识来源改善、产业链软化和服务链完善、渗透环节的多元化提升产业整体创新实力，形成产业竞争优势和打造品牌经济	通过增强市场需求对价值竞合的引导性，推动价值链结构与市场需求相匹配，进一步实现价值链延伸和新价值链构建
构建结果	价值增长点	要素整合实现产业效率提升	知识、技术转移结构、关系嵌入	技术研发融合型产品出现
	一般融合过程	生产要素分类—生产要素合并或替代—重组融合	知识、技术转移—结构、关系嵌入—渗透融合	价值链整合—价值链网络—价值竞合—交叉融合

3.3.3 基于协同发展的集群间创新路径

产业集群的转型升级是基于开放互动的经济、社会等环境完成的。单一集群发展受到复杂的集群关系网络影响，同时由于单一集群实施创新驱动的成本高、周期长、难度大等特点，形成在资源整合战略指导下，各个集群创新资源共享的集群协同创新机制在集群转型升级中起到至关重要的作用。

集群间协同创新强调集群基于要素比较优势的互补和合作，集成彼此的创新资源，利用彼此的创新能力促进创新驱动实施，实现集群的可持续发展。结合协同创新的内涵和特征分析，本文认为协同创新可分为"协同"和"开放式创新"两个组成部分。

一方面，协同过程集成了合作、协调、同步三个层面的互动，是一个从初级到高级的发展层次过程。这一过程强调多个具有相同或类似战略和目标的主体共同参与，形成合理的分工和协作机制，在不断的磨合调整中实现系统的有序状态。另一方面，开放式创新是创新主体在有限创新资源与不断提高的创新需求不匹配矛盾下，为应对现阶段不断变化的组织内外环境而产生的一种主动式创新形式。这一过程的实质是整合其他创新主体的优势资源为自己所用。具体地，开放式创新以建立资源共享的机制为前提，创新主体对资源的整合和利用是实现有效创新活动的基础，通过各个主体之间的资源互换与支持，逐步将形成一张复杂、非线性的创新网络；网络各个主体节点的"度"反映了主体的集散作用，即是资源整合的效率和广度；开放式创新的网络特征要求处于网络中的各个节点要尽可能地缩短集聚资源的路径长度，不断扩大自己的资源延伸范围。集群间的协同创新路径就是基于这种创新关联网络，通过各节点（企业）之间的合作、协调活动，实现资源共享和发展同步，对于充分发挥集群的协同和创新效应具有重要意义。由于省域范围内不同的经济区、不同产业集群之间存在地理环境差异、连接关系的差异以及以上两种差异导致的组织结构等差异，本文将其归结为"空间分布、联结关系、创新表现"三维度，并基于这种维度上的差异提出"点—线—面"三条协同创新路径。集群间协同创新路径设计思路框图如图3-9所示。

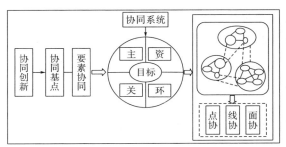

图3-9 集群间协同创新路径设计思路框图

3.3.3.1 基于"点—线—面"的集群协同创新路径设计思路及 要点分析

区域创新系统是由主体节点、创新资源、创新活动以及创新环境构成的以区域创新网络为主要表现形式的系统结构。即区域创新系统是由创新网络结构和外部环境要素结合构成的,这一复杂系统要求产业集群间形成协同创新关系,特别是重点集群要发挥创新的引领功能。新型城镇化空间体系的构建要求具有不同势能结构的城市之间形成城市群、城市圈、城市带,城镇之间为加强经济联系需要依靠产业集群间的关联关系,促进经济资源、人力资源等的充分流动。产业转移具有选择性,产业集群在此背景下需要选择创新性较强、创新潜力较强的产业类型,并重点发挥其创新引领功能,从而促进产业结构的优化升级。

四川产业集群间实施"点—线—面"的协同创新路径既要重点打造一批产业集群拉动区域经济,也要促进集群间的协同发展以实现产城一体,同时还要建立区域创新系统,实现集群跨经济区协同发展,即遵循"培育点—打通线—拓宽面"的过程。

第一,"点协同"的产业集群发展方式主要是选择和培育重点产业集群,不断壮大主导产业集群、支柱产业集群、新兴产业集群实力,并且从局部、小规模开始辐射区域经济发展,形成带动效应和拉拔效应。具体地:

其一,从协同论的观点看,增长极集群的产生得益于依托城市的势能、产业基础条件等因素,是协同系统的序参量,支配着非增长极集群的行为;非增长极集群通过耦合与反馈"伺服"序参量。这一协同过程导致了经济区产业集群的新结构状态,即经济区形成以增长极集群为主导的发展方向。

其二,从协同过程来看,经济区内部形成了集群的网络结构,包括集群主体结构、集群间创新活动的网络、集群间创新资源的流动网络以及覆盖经济区的环境网络,这些网络形式与协同结合就表现为形成较多的协同子系统，如知识创新系统、技术创新系统以及服务创新系统。知识子系统是重点集群通过知识创新及传递的方式与其他集群间形成创新带动，技术子系统是重点集群通过产业技术合作与帮扶等形式对其他集群产生拉动作用，服务子系统是重点集群与其他集群之间共享基础设施、政策优惠、中介服务、配套设施等环境资源。这些子系统就是推动经济区内增长极集群与非增长极集群协同的主要参量，是位于二者协同关系链上的衔接模块。增长极集群与非增长极集群的协同过程最终既可以促进经济区内集群创新能力的提升，也可以带动区域经济发展。如果经济区内存在不止一个增长极集群，而是以增长极群的形式表现，那么增长极群之间也存在协同创新，其协同过程也基本依照子系统协同来推动，这些子系统是推动点协同层次发展到线协同状态的基本序参量。

其三，从协同方式来看，增长极对非增长极的作用方式不同，使增长极发挥着吸引中心和弥散中心的不同功能。增长极集群通过集聚资源（集聚效应）和扩散输出资源（溢出效应）的方式，形成创新引导功能，促进区域经济的增长。其主要表现为：首先，增长极集群是经济区内的主要创新中心，直接推动着经济区的技术、产业等发展，同时利用自身区位优势集聚了众多创新性资源，形成更大更高规模的创新活动；其次，增长极集群利用创新的优势创造了众多的投资机会，吸引了大批资本进入，这使得增长极优势更加突出，自身产业需求也不断扩大，给其他相关产业集群带来了发展机会，从而带动了其他产业集群进步；最后，由增长极带动其他集群发展，导致产业集群规模壮大，集群边界也越来越大，扩散效应更加明显，经济区范围也将随之增大，从而实现经济区域的发展。

重点集群"点协同"框架图如图 3—10 所示。

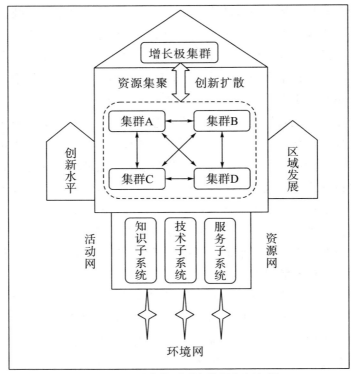

图 3-10　重点集群"点协同"框架图

　　第二，"线协同"的产业集群发展的方式是以产业链的持续优化和系统整合为基础来建立产业集群的协作方式，是在"培育点"的基础上开展"打通线"的环节。产业链的主要组成维度包括价值链、供需链、企业链、技术链、产品链。产业链形成由微观的供需链和产品链为基础，通过中观的企业链和空间分布链等载体的对接，最终达到宏观的价值分配与利益分割。集群间产业链优化可以这些维度为直接切入点。与集群内部产业链相比，集群间产业链的主要特点包括按照行业的上下游分工、集群间关系的网络性突出、产业链条的延伸长度较长以及基于要素关系的比较竞争优势。产业链整合主要是基于上下游和竞合关系进行的。

集群间具体联系如图3—11所示。区域集群的协同创新过程主要表现为集群之间多渠道、多方向的协作,其主要通过具有相关关系的集群间企业和产业链要素组合的优化与创新,促进集群间关系的深入联结,从而形成稳定的集群合作创新效应。具体的创新过程如图3—12所示。

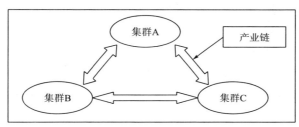

图3—11　区域产业集群间联系图

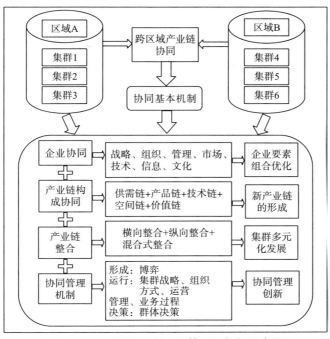

图3—12　区域集群间"线协同"框架示意图

产业集群是由产业链上的多个企业，甚至是多条产业链上的跨行业企业组成的新型的、复杂的经济组织方式。产业集群间的协同应当以产业链为基本切入点，建立一条微观、中观和宏观的协同途径。其一，跨地域的集群协同首先是由个别企业率先与其他区域的企业形成合作关系而产生的，是基本的微观层面的协同。企业内部以及企业间协同创新从要素角度看经历了三代的演化，分别是两要素协同、三要素协同以及多要素协同。多要素协同经过发展已经转化为全面协同创新。协同的基本要素包括战略、组织、管理、技术、文化、信息、制度等的协同，通过这些要素的组合的优化，以合作、协调以及同步的过程实现企业在产品、工艺、流程、价值创造模式上的优化和创新，最终为集群间的协同创新奠定扎实的开端与准备。其二，随着企业发展战略的逐步调整与市场环境的逐步完善，企业的市场目标不仅仅定位于本地市场，企业活动也开始向外扩散，形成了跨区域的、较长的、利益相关者更多的产业链条，这是集群间协同的"线途径"，是中观层面的协同。这一过程通常以产业链子维度为切入点，首先优化点对点的供需链，形成范围更广的买卖关系；其次优化产业发展的主导技术，不断促进主导技术的革新，从而推动产业的转型和升级；再次优化点对线的企业链，形成多主体参与的、共同发展的组织网络；接着优化线对线的空间链，合理分布产业链环节的位置，形成合理的生态位，产业集群就是产业链地理位置邻近的结果；最后优化具有统筹地位的价值链，从价值创造与价值分配上对产业链的利益关系进行调整和创新，进而引领产业链主体活动的变革与创新。跨地域集群的协同若以产业链优化为切入点，可以先打造跨区域的供需链和技术链，从内部进行供应链、需求链和技术链的有效对接，奠定中观层面的企业链和空间链发展的基础，最后以价值链的整合为中心，不断拓展和延伸产业链的内容和长度，促进新产业链的诞生。其三，追求产业的协同发展，也离不开产业链的持续优化和整合。产业链整合是为了更好地满足需求的变化，从供给端进行调整与变革。产业链整合包含横向、纵向、混合式三大基本类型。横向一般是指与同质性较强的产业发生合并；纵向一般是指根据企业所处位置，对上下游的资源进行合并；混合式是指同时包含了两种方向合并的整合方式，通过产业链整合，集群生产范围、产品范围、业务范围也随之扩大，集群就可以实现多元化发展。跨区域产业集群间的协同创新也可以由产业链整合为序参量，推动地区之间形成大产业链，实现规模效益的提升，而不是具有同质性或者强相关性的产业链各行其道，这样资源利用的效率和效益会始终无法提升。大产业链的形成也有利于加强区域之间的经济联系，促进经济一体化的有效实现。其四，地区之间集群的协同管理机制主要包含形成机制、运行机制以及决策机制，建立协同管理机制是促进集群管理创新的重要途径，协同管理创新与集群发展存在相互作用和影响的关系。协同管理形成机制源于地区之间管理主体、发展主体间的不断博弈，包括合作博弈和非合作博弈，体现为集体理性与个体理性，为最终达成目标的基本统一，形成合理的利益分配格局。集群间协同更强调集体理性，即合作博弈。运行机制有多个层面的协同，如在区域经济一体化背景下集群间发展战略的办调一致；组织架构与设计的协同，这是实现产业集群统一规划、协调和管理的基本前提；运营方式的协同涉及具体的合作模式，例如股份制合作、虚拟企业建立、依靠交流平台等创新方式；过程的协同涉及集群间具体业务流程的协同，如质量管理、营销管理、物流管理等。决策机制是指参与计划方案选择的组织结构以及决策方式。跨地区间的集群决策方式属于群体决策，围绕共同的目标，建立利益相关者的决策小组，形成新的利益分配方式，有利于促进协同过程中的清晰分工，避免重复创新。协同管理机制的完善是维持集群间协同创新活动稳定和持续的关键，对集群竞争优势的形成有突出的促进作用。

第三，"面协同"的集群发展方式主要表现为基于复杂的区域集群关系网络的结构、关系、资源三个要素的协同。其中，结构是指各个产业集群在网络中的位置是否处于中心地带，反映了集群吸引和控制的能力；关系是指集群间交互的频率、质量和强度，反映了集群的社会资本质量；资源是指集群本身拥有的独特气质、能力和各类产业资源，是产生集群吸引力的基础。在三要素协同的基础上，附着区域创新体系输出的知识、技术、服务、体制等创新资源要素，由此形成区域创新体系与集群网络的相互关联的状态。集群依托区域创新体系的创新资源，又以三个要素为载体实现资源的共享，进而形成集群间相互辐射的创新效应。省域内集群"面协同"框架示意图如图3-13所示。

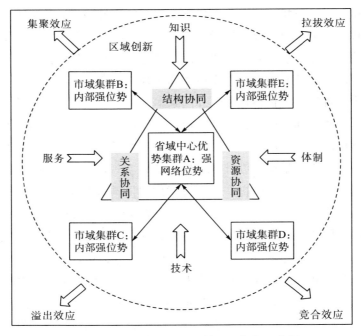

图3-13　省域内集群"面协同"框架示意图

　　产业集群间有效和持续的协同创新，带动了区域产业水平和区域创新能力的提升，更促进了区域创新体系的不断完善，实现了"合作—协调—同步"的完整协同；区域协同创新也逐步经历了"结合—整合—融合"的完整过程，形成了较完善的区域创新体系。由此，产业集群与区域创新体系呈现出较为和谐的互动局面。从整体分析，省域经济发展的网络特征突出，为了整体提升省域集群协同创新能力和区域协同创新能力，需要省级优势集群和市域优势集群的关键协同。

　　从网络位势构成角度看，结构、关系和资源的协同是连接省级集群和市级集群的节点，这一协同过程由省级集群主导。其一，省级集群在集群组织网络中处于中心位置，知名度高，围绕它产生的连接十分众多，其他集群也希望与其进行合作，并且主动接受它的知识、技术、信息支持；其他市级集群在本区域内处于中心位置，对市域产业的控制力较强，集群企业与其保持着紧密的关联，存在合作和接受支持的活动。因此集群发展应当以省级集群为主导，建立大区域内的核心集群与非核心集群的由低到高的层级网络。其二，省级集群由于结构嵌入的中心性，往往掌握着核心的关系链条，与其他集群保持着高质量和高强度的关系，这有利于实现集群间复杂隐性知识的传递，是集群创新的重要源头。其他集群与其往来关系十分频繁，常常共同协商决策化解集群问题，形成了良好的信任机制。因此，关系的协同也是围绕省级集群开展，通过合作创造大量丰富的社会资本，促进集群创新的更快产生。其三，省级集群不仅拥有其他集群无法掌握的核心资源（如合作企业众多、类型丰富），在资源的利用上也具有更高效率，从而创造出更多新产品和新服务项目。资源的协同要求省级集群和市级集群建立普遍和广泛的社会合作机制，以促进资源的充分流动和共享，实现各类集群创新能力的普遍提升。其四，通过结构、关系和资源的协同，省域内的集群之间形成了

"非均衡协调发展"格局，这一格局同时受到区域创新体系各个要素的影响，呈现出省域的经济特色、文化特色、城乡特色和市场形态特色。其五，从更加宏观的国家角度来考量，省域集群协同最终会产生诸多效应，如集聚效应、拉拔效应、溢出效应、竞合效应。集聚效应是指省域集群的吸引力逐步增强会导致外部资源的流入；拉拔效应是指对周边区域的拉动和提升作用；溢出效应是指省域集群创新发展必然会产生创新外部性，直接或者间接影响其他区域的创新；竞合效应是指省域集群协同的结果是区域竞争优势的形成，与其他区域既有合作也有竞争活动。因此，省域范围集群协同既会对内产生主要作用，同时又为省域外部协同奠定基础，这是"面协同"的必然结果。

3.3.3.2 集群间协同创新路径组成分析

首先，在各个经济区内部分布有包括重点集群和非重点集群在内的各类集群，这些集群在空间分布上具有临近性，相互距离较短，在供应链、制造生产、销售服务等方面存在紧密的联结关系，分工协作性强，因此创新活动也较多，效果较好。重点集群作为龙头集群，是带动相关集群和区域经济发展的主要力量，也是率先实施创新升级的领军者，可以引领区域经济发展方向，并且产生较强的"拉拔效应"，带动其他产业类型和集群的发展，此即"点协同"路径。"点协同"主要发生在重点集群与其他产业集群之间，覆盖的主要经济范围也较小，其协同关系的构成主要包括协同活动、协同资源以及协同环境三个要素。其协同过程是通过构建知识、技术等子系统来加强重点集群对其他集群的辐射和拉动作用。

其次，经济区中不同城市内可能存在同质性或相关性集群，为了提升经济区的整体竞争实力，跨区域协同是必需的，通过产业链的协同可以促进经济区同质性或相关性集群彼此相互联结形成联盟或共同体，以企业要素创新或者产业链优化为主导过程，促进集群间创新活动发生，同步提升成员的市场竞争优势，此即"线协同"路径。其协同关系的构成主要包括企业、产业链完善、产业链整合等协同要素。其协同关系是包含了企业之间要素协同和集群间产业链维度的完善以及集群间产业链整合形成区域大产业链等协同活动的具体过程。

最后，为了提升省域集群创新的整体实力，可以通过构建省域创新系统，实现跨集群协同发展，同时还可以利用城市势能结构与产业布局规划，优化省域内产业布局与集群空间布局，以合理的布局结构降低集群间协同创新的成本，提升集群间创新资源的共享效率，达到省域产业集群创新能力的整体提升，此即"面协同"路径。其协同关系是基于集群在区域创新网络中的具体位势而产生的，包含位置、关系、资源三个协同要素，通过协同使得省域集群产生诸多的发展效应。为了更清楚地显示"点一线一面"协同路径的基本概况，将其总结为表3-15。

表3-15　"点一线一面"协同发展路径基本概况分析

路径	协同要素	协同过程	创新驱动实现方式	考察维度
点协同	活动、资源、环境	知识、技术、服务子系统联结重点集群与其他集群协同发展	重点集群创新的扩散和带动	（一）空间分布（二）联结关系（三）创新表现
线协同	企业、产业链维度、产业链整合方式	构建产业链协同的基本机制：企业要素协同＋产业链要素协同＋产业链整合＋协同管理过程	企业和产业链创新促进集群创新发展	
面协同	位置、关系、资源	省域优势集群间依据网络位势要素不断协调创新关系	依托区域创新体系，集群共享创新资源	

4 构建动能体系促进产业集群转型升级的具体路径

基于上文分析，我们认为促进四川省产业集群发展的动能体系是指以技术创新、知识共享与溢出、网络协作、生态循环四个动力作用于集群，形成的创新、融合、协同、绿色四大效应。基于绿色创新的集群企业发展路径包括企业个体清洁生产、提升企业种群竞争强度、增强企业群落合作效率；基于融合发展的集群内产业新业态发展路径包括产业重组融合、产业渗透融合、产业交叉综合的新业态构建；基于"点—线—面"的集群间协同发展路径包括重点集群的"点协同"发展、区域集群间的"线协同"发展、省域集群的"面协同"发展。本章具体介绍了能促进产业集群升级的路径，并且通过具体案例验证路径的可行性。

4.1 基于绿色创新的集群企业发展路径

集群企业通过绿色关联达到绿色创新实现绿色发展是包括四川省在内的全国多数地区产业集群目前或未来的发展方向，主要是从集群面对的外部环保压力转变为在资源环境承载力基础上实现的环境与经济协同发展的内生需求。实现这一转变应强化集群企业的生态布局，加强知识转移在生态布局中流动发挥的创新效应、协同效应、绿色效应，逐步实现企业个体清洁生产、企业种群位势形成、企业群落共生共融的过程。

4.1.1 以创新链知识转移促进企业个体清洁生产

4.1.1.1 创新链的知识转移

创新链就是指某项科技成果从创意的产生到商品化进而实现社会效用化的过程，实质是知识流在不同主体间的传递通道。创新链的知识转移是在政府指导下，企业与高校科研机构以知识和科技成果为载体进行的创新合作，包括"高校科研机构—企业"和"高校科研机构—中介服务机构—企业"两种模式。在知识转移途径上，有单向转移和合作转移两种形式。单向转移是把高校科研机构视为纯粹的知识和技术源，向市场投放创新知识和技术成果。投放的方式主要包括两种：一是"免费"向社会提供公开出版物和开放学术交流活动，供企业有选择地获得知识和技术；二是企业通过合同方式，向高校外包有关知识和技术创新的业务，有偿获取高校的研究成果。合作转移是高校和企业间有关知识和技术的一种更深层次的互动活动，高校科研机构和企业均以不同的方式参与到知识的创造和转移中（如合作研究、设施共享、教育合作等）。这不仅满足企业对新知识和新技术成果的需求，也满足高校对自身教育和科研发展的需求。具体转移过程如图 4-1 所示。

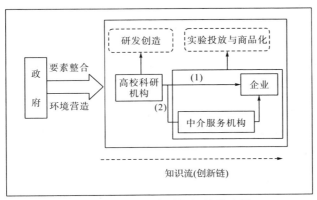

图 4-1 基于创新链知识转移路径

　　创新链上各关联主体承担着不同的作用，共同推进知识转移活动进行。①政府发挥着整合要素和营造环境的引导作用。政府整合调动区域内的人力、资金、信息以及知识等各种创新资源要素，在集群范围内形成创新资源集聚效应。集群自主创新的相关市场机制还不够完善，仅依靠政府投资科技项目带动集群创新远远不够，所以政府必须在集群内营造一种竞争的、宽松的、利于企业科技创新和人才成长的创新环境。②高校科研机构具有科学研究、知识创造与传承、服务社会、开放性和知识领先等使命和性质，是新知识、新技术和新科技成果最合适的外部来源，在创新链中占据着知识转移势能高地的地位，是知识转移的起源，承担着知识和科技成果的研发创造职能。③中介服务机构中的科技服务机构和金融服务机构在政府的指导下与企业相互配合，实现新知识或新成果的试验投放和商品化。科技服务机构将高校科研机构输出的知识和科研成果与生产过程进行结合，经过不断的试验发展，形成更适用于企业生产所需的知识和技术成果，在金融服务机构的辅助下，把这种试验发展后的知识或技术成果投放应用到生产流程中去。④企业在政府和中介服务组织的帮助下，通过与高校开展合同或合作研究、购买、模仿借鉴等，把试验发展后的知识或技术成果与自身生产流程中的设备、工艺、管理等生产要素进行结合，把知识或技术成果由创意向商品转化并流向市场，实现其经济效益。

　　集群的知识资本增值需要对集群的知识结构与知识内容进行革新，因此集群的发展需要高校科研机构作为集群的外部知识来源，通过创新链的知识转移，以最短的时间、最低的成本，把最适当的创新成果提供给需要的企业。一方面，高校科研机构的人才和技术领先优势明显，并且合作过程直接明了，对创新需求的指向性更加明确，能够为企业提供精准的创新帮助。另一方面，由于转移双方不存在技术竞争，更利于高校科研机构人才和技术优势的发挥，为企业提供层次更深、内容更新的知识和技术成果，形成企业创新的直接动力。结合集群发展中存在的问题，集群创新发展需要优化政府主导下校企间的知识转移，形成有效的"官产学研"联合机制。优化的实质是保障创新链关联的政府、高校科研机构、中介服务机构、企业等主体在知识转移创新网络中的完整性，充分开发并利用以高校科研机构为主的外部创新资源，构建以高校与企业为主的各主体间长效、有效的互动合作关系。具体实施如下：

第一，保障参与主体的完整性，提升高校科研机构与企业的参与意愿。首先，政府更好地承担起参与者和协调者的角色，创立集群外部合作创新的环境，启动集群内部"官产学研"组织机制；降低高校与企业间、企业与企业间的知识成果交易费用，提高区域内集群合作创新的效率。其次，高校科研机构积极广泛地参与到区域集群知识转移中来。通过调整集群内激励手段、变革高校参与方式等措施提升高校科研机构参与知识转移合作创新的意愿。最后，企业提升自身的科研能力和知识消化吸收能力，参与知识转移相关的合作创新。

第二，整合各环节创新资源，确保知识转移合作效果。创新链上可利用的创新资源包括"官产学研"合作主体资源、环境资源、人力资源、金融资源和创新成果资源等。转变生产要素投入为创新要素投入，不仅要注重创新资源的投入，更要注重整合集群内创新链上的创新资源，提升创新资源的利用效率，实现高校科研机构与企业的优势互补。首先，企业要充分利用来自不同主体的创新资源。其次，以企业和高校为核心的校企知识转移主体，更要注重对资源的整合利用，提升利用效率，避免创新资源的闲置和浪费。

第三，建立有效、长效的"官产学研"互动关系，拓宽知识转移合作路径。要在创新链知识转移的过程机制和实施模式方面，破除校企知识转移合作的制度壁垒。首先，提升校企间知识转移的合作层次，由短暂的技术转让向长效性、人员流动性强、制度化的校企利益共同体转变。其次，做好校企知识转移各阶段的衔接工作。建立高校和企业间密切的对话交流机制，弱化甚至克服校企间的信息不对称，促使合作目标趋同；建立"成果共享、风险共担"的运行和保障机制，化解成果分享的矛盾，形成发展合力。再次，在高校内建立知识转移的输出培训和效果保障机制，提升知识人员的交流能力；建立与企业的对话机制，清晰掌握企业和产业的发展现状与需求，向企业提供最适当的创新成果。最后，除了沿用、改良四川省与东部先行地区共性存在的"联合攻关""共建研发平台""共建研发实体""共建科技园"等合作创新模式，还可结合四川省优质教育资源量少且集中的布局特征，在省域范围内探索实施"整体对接"和"战略联盟"等大规模和跨地区的模式。

4.1.1.2　企业个体生态化发展

企业个体生态化发展是企业在日常经营中依据生态系统的高效、和谐、优化原理，通过遵循生态经济规律来实现企业资源投入最少、产出最大、废弃物最小的发展方式。徐建中等认为企业创新是企业生态化发展的动力源泉，要求企业实现组织创新、技术创新和管理创新。三种创新体现于企业生产发展过程：组织创新要求构建合理的企业生产过程分工协作体系，如市场调研部门寻找市场商机、研发部门进行技术研发、生产部门高效生产等；技术创新体现在技术研发或整合现有技术要素而形成企业新的生产能力的应用活动，如开发清洁能源、研发废弃物回收利用技术等；管理创新是改革、改进企业现有管理模式和方法，促使员工积极协调地工作，以实现企业预定目标，如塑造生态化企业文化，建立知识共享平台等。企业不是企业创新的独立主体，还包括与其直接或间接联系的其他主体，有政府、高校科研机构、中介服务机构等支撑机构。政府在政策、专利、税收等方面对企业做出规定；高校科研机构通过技术研发、人才培养等方式促进企业创新发展；中介服务机构主要发挥"桥梁与纽带"作用，为企业发展提供信息来源、交流平台等。企业个体通过整合支撑机构提供的物质、能量和信息实现自身创新发展。其他主体对企业个体的创新作用是集群创新能力的集中体现。

企业通过创新实现生态化的具体生产过程如下：市场需求是企业个体产生的基础，满足市场需求是企业长期发展的根本目的。因此，当企业发现市场需求找到商机时，需要分析进入市场的可行性并投入适当的人力、物力等，生产满足市场需求的产品，通过销售产品实现企业目标。企业生产发展过程不是独立存在的，而是与政府等支撑机构紧密相关。政府政策支持对企业发展具有宏观管理和管制的作用，同时政府也将领导企业生产方向。高校科研机构不但向企业提供人才，而且与企业有充分的合作，将研究成果提供给企业，或与企业共同研发创造。中介服务机构可以是人才中介机构、生产力促进中心、科研中介机构、科技信息服务机构等，其良好的保障平台为企业发展提供必要的支持。在企业生产发展不同阶段，进入的支撑机构不同。政府在产生市场需求之后及企业投入生产之前进入，此时进入主要是引导和鼓励企业投入生产；高校科研机构在企业投入研发阶段进入，此时进入能够增强企业研发实力，提高研发效率，帮助企业较快地占领市场；中介服务机构存在于企业生产发展的各个时期，能在企业产生需求或困难时提供充分帮助，及时保障企业生产过程的顺利进行。支撑机构不断为企业生产发展提供各种信息、新知等，是企业个体的营养结构。

为此，企业通过创新实现个体生态化发展可从以下几点实施：第一，企业从整体上实现组织、技术和管理三个方面的创新。对组织创新，构建适合企业生态化发展的组织机构，如生态化技术研发和评价机构，同时加强与外部企业的联系，保障企业间有资源、能量等的流动；对技术创新，开发清洁能源，研发废弃物回收利用等技术，实现企业生态的技术支撑；对管理创新，营造生态企业文化，使员工具有一致的生态价值观，同时通过系统整合知识和信息使员工的自我价值观得到实现。第二，保障企业具体生产发展的合理化与高效化，确保企业本身发展的每一步都符合实际需求，且能产生最大的生态效益，同时高效利用支撑机构并将其充分融合进企业发展中，使企业和支撑机构在本质上成为整体。

4.1.1.3　企业个体清洁生产

2012 年，修改的《中华人民共和国清洁生产促进法》，将清洁生产界定为"不断采取改进设计、使用清洁的能源和原料、采用先进的工艺技术与设备、改善管理、综合利用等措施，从源头削减污染，提高资源利用率，减少或者避免生产、服务和产品使用过程中污染物的产生和排放，以减轻或者消除对人类健康和环境的危害"。技术创新是一种建立在物理学、化学基础上以单纯追求经济目标的经济行为，忽视了作用对象即资源的有限、有价的特性，其作用过程和作用结果割裂了技术活动和自然生态的统一，违反了自然过程的有机性、循环性和流动性。因此要将生态学理念引入技术创新，提出清洁的技术创新，也即绿色技术创新。清洁的技术创新意味着企业偏离传统的技术发展路径，要求在技术创新时更多地考虑环保内涵。就四川省而言，具有高投入、高消耗、高污染、低附加值的重化工特征的产业集群，资源型工业产业集群建立在不可再生的矿产资源、水资源、能源资源基础上，通过清洁的技术创新实现企业个体清洁生产是集群企业内生需求转变的基础。

技术创新离不开政府创新要素整合及创新环境营造、高校科研机构创新研发、企业研发应用等，整个创新过程涉及大量的知识转移，即创新链的知识转移。创新链的知识转移助推企业个体实现清洁生产机制。作用过程如图 4-2 所示：①市场产生绿色产品的需求。此时创新链知识转移中政府将出台相关绿色政策通过规范企业行为、实施奖励优惠措施等引导相关企业绿色投入，企业个体发现机会，制定绿色创新战略，着手绿色创新投入。②企业绿色投入。一方面创新链知识转移提供绿色技术研发，帮助企业产生绿色想法、提供绿色创新技术支持，如实现能源消耗集约化和减量化的低碳化能源技术；另一方面企业投入清洁的能源（如利用化石燃料），重视可再生等新型能源的使用，如太阳能、风能、生物能等的使用。③企业绿色生产。创新链知识转移将研发的创新技术投入企业进行初次试验，要求创新技术实现少用或不用有毒有害的燃料和原材料，减少废物排放和能源消耗以及有毒有害的中间产品产生的目的。当满足要求时即可实施商品投放，批量化生产。同时企业要强化管理生产过程，提高生产效率，加强对废弃物的管理和处理。④企业绿色产出。企业绿色生产的产品是绿色清洁的，即产品的使用寿命较长、使用功能合理，使用过程不对人体产生危害，产品易于分解和处理。⑤企业绿色收益。创新链知识转移提供企业产品绿色营销指导，帮助企业树立绿色企业形象，促使产品在市场上的投放符合市场规范，最终实现绿色收益。需要注意的是企业个体在清洁生产中不断与外部自然、社会、经济环境进行着物流、能量交流和信息传递，促使企业个体清洁生产有序化成长。

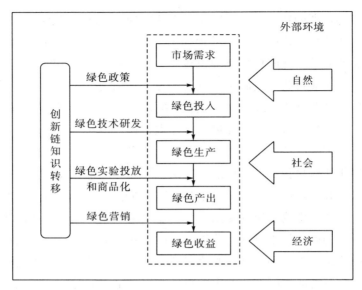

图4-2　企业个体清洁生产过程

企业个体是集群内创新链知识转移的主要作用对象，创新链知识转移在集群企业个体生产发展过程中流动，实现了企业个体的清洁生产。结合四川省集群发展现状，在实现创新链知识转移的构建和企业个体生态化发展的基础上，两者有效对接实现企业个体清洁生产可从以下几点实施：第一，正确处理好政府引导与市场主导的关系。政府引导是及时发现市场需求，并通过制定发展战略、提供政策和资源等措施引导独立的市场主体参与到其中，市场主导是市场经济条件下实现的低成本、高效益、小阻力；政府创造的宽松优越的条件能够促使市场主导有序进行。第二，充分发挥中介机构"黏合"创新主体与企业的作用。创新主体与企业可以直接对接，也可以间接对接（间接对接是通过发挥中介平台的作用，及时地将创新成果应用于企业的生产中）。创新主体与企业可以是长期合作，如四川文化创意产业集群与四川音乐学院长期合作，在四川音乐学院建设星工场培训基地，利用四川音乐学院的音乐教育资源，发掘、培训并推介园区优秀音乐人才；也可以是短期合作。第三，企业个体整合各方资源，保障对接效果。企业个体是实现清洁生产的主体，享受着清洁生产带来的经济社会效益，因此要发挥其能动作用，从整体上充分调动各种资源，实现创新链的知识转移与生产过程的恰当对接。

4.1.2 以企业产业链知识转移促进企业种群位势形成

4.1.2.1 企业产业链的知识转移

集群内部企业产业链的内涵是对产业经济学中产业链概念的延伸，是围绕某一相关产业的企业间上下游关系组织形式。一般意义上，集群内企业产业链知识转移是指上游环节向下游环节进行技术、产品、理念和服务的输送，下游部分向上游部分进行信息的反馈，重点是集群内核心企业与配套企业间围绕技术创新、产品创新和服务创新进行的知识合作。根据 SECI 模型，基于企业产业链的知识转移包含上游企业与中游企业之间、中游企业与下游企业之间的两层 SECI 循环，通过不断的知识转移循环，沿产业链进行不断的知识积累与创造，实现企业各自的创新。具体转移过程如图 4-3 所示。

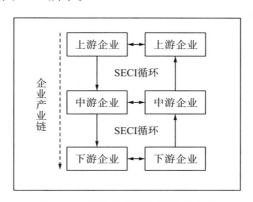

图 4-3 基于产业链知识转移路径

企业产业链知识转移在集群内具体表现为：纵向来看——上游企业根据集群产业特性和下游环节的创新需求，把初期知识成果转化为生产方案、产品标准、产品模型以及产品从研发到流向市场所遵循的若干规则等显性知识形态，并传输给中游企业；中游企业接收并运用到生产流程中，将生产中呈现的效果及时反馈给上游企业；上游企业根据反馈回的成果应用信息，调整自身的创新思想、改善知识成果；中游企业同时对尚有成果进行消化吸收，与生产流程结合，生成整个产业发展所需的、较为成熟的、显性的创新思想和生产要求等，并传输给下游企业，使之掌握上游企业知识创新思想和中游企业知识生产要求；下游企业消化吸收后，把产业技术应用和提供配套服务过程中呈现的生产效率和效果等信息整合反馈给中游企业。横向来看——上游企业之间通过座谈研讨、相互观察交换或模仿创新思路和成果、示范先进创新成果等途径进行创新初期的知识共享，这种共享是以理念、思路、经验等隐性知识为主的直接沟通交流；中游企业除了吸收消化上游企业的创新思想成果，与自身储备的知识进行整合生成新知识，并与同环节的其他企业进行知识的交换整合，实现知识资本增值的过程；下游企业接收中游企业所提供的上游创新思想和中游企业的创新生产要求之后，通过产品展销会等形式与下游其余企业之间进行知识分享和传递活动。

集群创新发展需要提升自主创新能力，自主创新能力的提升要求集群实现知识资本增值。企业产业链的知识转移，不仅使得每个参与企业通过接收、消化和吸收上下游关联企业的创新知识和成果，提升自身知识资本积累厚度，还由于转移过程中新知识的不断生成涌现，使得集群层次整体的知识资本总量得到增加，内容得到革新。也即企业产业链的知识转移，为集群创新发展提供了原动力。并且，创新知识和技术成果在流动中必然会伴随着人员、资金等关键要素在集群内的流动，这些企业间、集群内外的关键要素流动所实现的价值交换为集群发展带来巨大的能量。特别地，集群内核心企业与配套企业的知识转移，更利于集群提升发展能力。对于核心企业，通过技术扩散和渗透，吸引更多的中小企业在区域内集聚，不仅能产生规模效应和集聚效应，还能产生并强化企业品牌优势，提升集群的品牌效应。对于配套企业，通过与核心企业的知识转移合作提升技术含量，不仅利于降低自身创新成本，还可借助技术领先优势缓解同类企业的竞争压力。

集群通过企业产业链知识转移实现创新发展，需要在各级政府、区域内高校科研机构及中介服务结构的支持下，保障企业产业链关联的上、中、下游企业作为参与主体在知识转移创新网络中的完整性，充分利用各环节企业周围的创新资源优势，在上、中、下游企业之间建立有效的企业互动关系，使得知识要素沿企业产业链在企业间高速、高效地转移流动，提升上、中、下游企业的知识资本积累的速度和厚度。特别是，要明确核心企业在知识转移活动中的地位和职责，与配套的企业建立全面、有效的知识转移合作关系，实现知识优势和技术优势的渗透与扩散。对此，集群内各关联主体可从以下三个方面实施：

第一，保障参与主体的完整性，提升企业参与知识转移的意愿。一方面，集群内的企业要认识到在集群式发展环境下，企业间的合作相比于竞争更为重要。特别地，核心企业要根据集群发展环境，调整自身的市场定位和产品定位，降低知识转移的门槛障碍，吸引上游环节投放新颖的创新理念和创新成果，引导下游企业积极反馈产品应用和配套服务信息。另一方面，政府要积极发挥调控作用，出台合理的激励政策，刺激提升产业集群内企业的合作意愿。

第二，整合各环节创新资源，确保知识转移合作效果。首先，企业要提升资源敏锐度，高速、高效地捕捉并利用来自政府的发展政策和创新政策等公共创新资源，以及来自上、中、下游企业的合作创新资源。其次，企业要注重培养和利用企业内部人员的技术创新能力。再次，企业要提升与合作企业间知识转移的层次，在保护自身核心竞争力与知识产权的前提下，合理开放核心技术的合作，发掘更深层次的创新资源，寻求更大的知识转移边际收益。最后，企业需要积极引入高校和科研机构等来自外部的创新知识资源，对集群的知识结构和知识内容不断地进行更新升级，避免集群在不合理的机制作用下长期所形成的企业间知识趋同，造成整个集群的知识锁定局面。

第三，建立有效、长效的企业间互动关系，拓宽知识转移合作路径。企业通过知识转移促进了自身的发展，便会继续强化与区域内特定企业通过特定的渠道进行合作，而拒绝寻求新的知识转移合作伙伴或者转变知识转移合作方式。对于知识转移路径的依赖，一方面，政府通过政策和制度手段支持鼓励各环节的企业建立广泛多样的创新合作关系，在集群内建立高效丰富的知识交流机制、技术创新和技术合作平台，组织引导开展主题多样化的不同层次企业间的知识交流活动；在吸纳新企业时，把创新意识和合作交流意识作为考察重点。另一方面，集群内的企业要打破"不完全自封"的状态，积极开展与不同企业的、形式多样的技术合作活动，合理高效地利用集群所提供的各种知识交流机制和技术合作平台，在集群内部形成一个广泛的、多方参与的合作网络，不仅要与先进的企业进行知识交流，也要与后进企业建立多渠道的知识转移关系。

4.1.2.2 企业种群生态化发展

企业种群作为一个整体，其生态化发展表现为种群内企业在发展上达到稳态。生态学中，种群间的作用关系表现为正相互关系和负相互关系——正相互关系表现为种群间合作，负相互关系表现为种群间竞争。竞争与合作是种群进化实现生态化发展的动力,也是达到稳态的原因。合作即互利共生关系,是对双方都有利的种间关系,但这种关系不是彼此不可分割、缺一不可的,而是一旦关系解除,双方仍能正常生存。竞争是由于双方业务差别小,存在利益冲突;竞争会影响自身生存和发展。集群内企业种群是众多企业个体在发展中基于共同目的而在一定空间位置上集聚,一方面种群间基于共同的价值取向和目标,以集群产业链为纽带,按照各自竞争优势分工协作、优势互补,在不断博弈中合作;另一方面由于种群功能定位和生产规模的重合,导致种群间竞争的存在,且种群地理位置的临近性和竞争对手的可观察性,加剧了种群"面对面"竞争的强度。另外种群内也存在竞争。由于种群内同质企业的业务、目标等最接近,资源需求也最一致,因此竞争也更激烈。种群的竞争合作是在支撑机构提供一定辅助条件的基础上展开的,与支撑机构组成整体,通过竞争与合作对企业个体提供的物质、信息、能量进行整合,作为种群整体发展的动力资源。

种群内企业竞争关系如图4-4所示。图中虚线框表示企业种群的规模和资源总量。左边虚线框表示种群形成初期,企业A和B在技术、资源、市场等方面存在大量利益冲突,为在种群内占据一定的生态位势,占领相对的空间领域和充足的资源,两个企业不可避免地存在竞争。竞争的要素不仅包括企业种群内现有的物质资源,还包括辅助机构提供的各种服务,同时企业利用支撑机构提供的优势平台展开竞争。两个企业的竞争必然会产生一个企业战胜另一个企业的结果,如第二个虚线框:竞争企业A取得竞争胜利,赢得更多资源,成为种群内的核心企业;竞争企业B要么在竞争中被A淘汰,要么实施企业转型,寻求与A企业异质业务发展。竞争使种群内企业充分利用有限的资源,达到彼此间的稳态发展,从而带动了种群的生态化稳定发展。

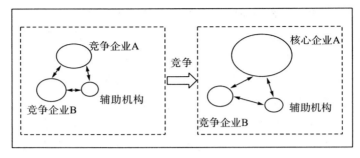

图4—4 种群内企业竞争示意图

集群是网络化发展，种群处于网络的某一小部分，并与相邻种群发生竞争与互利关系。集群的网络化有产业链模式、价值链模式等。价值链等模式的种群间作用关系与产业链模式相似，因此本研究从产业链角度研究集群种群间的关系，如图4—5所示。

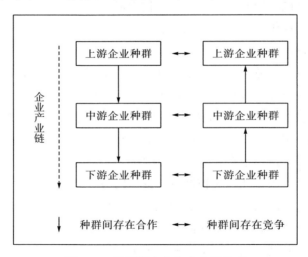

图4—5 种群间竞争与合作的关系

处于集群产业链同一节点位置的上游企业种间、中游企业种群间和下游企业种群间存在竞争关系。种群间主要在市场、资源和领导地位三个方面存在竞争。市场竞争表现在市场占有率，资源竞争表现在原材料、信息、技术、人才等，领导地位竞争表现在产品领导地位、市场领导地位以及技术领导地位。竞争促使两个种群均不能得到自身发展的全部资源，不能实现自身规模最大化（竞争力强的种群获得的资源更多）。种群间竞争的实质就是对环境资源的争夺，是动态演化过程。

沿着集群产业链种群间是互利共生关系，种群间在技术、管理、物质、信息等方面合作和共享，企业种群将获得更大收益并不断扩大自身规模。

为此，企业种群生态化发展实现稳态主要从以下两点实施：第一，保障种群内企业及种群间的竞争环境公平，杜绝出现恶性竞争或不公平竞争。首先对存在生态位重叠的组织来说，保持适当的差异性可以避免恶性竞争，尤其是当前组织中存在的创新产品和技术趋同越来越严重，价格竞争也日趋激烈，这已严重影响到集群生态系统的健康发展。其次政府可采取质量监督、鼓励创新、保护知识产权等措施来增强差异性。第二，支撑机构为种群间合作提供各种支撑服务，保障合作的顺利进行。主要是支撑机构在适当的位置发挥链接作用，促使种群内、种群间形成功能完备、分工协作的均衡的协同网络结构，在技术创新、资源共享等方面展开合作。

4.1.2.3 企业种群位势形成

陈力等认为核心知识决定企业的竞争优势。创新网络内部的知识转移有利于提高产业集群整体知识积累水平，激发产业集群内部的创新活动，形成集群企业独特的竞争优势。企业种群作为集群中观层面，提升竞争强度也离不开知识转移。前文构建的企业产业链知识转移在集群内的流动作用于企业种群的过程如图4-6所示：第一，企业产业链知识转移在种群内流动，从流入到流出对种群本身是一次质变。第二，企业产业链知识转移在种群间流动——纵向来看，上游企业种群将知识整合通过溢出和扩散传递给中游企业种群，中游种群将技术优势等知识外部化扩散给下游种群。下游企业将知识消化和吸收程度反馈给中游种群，促进中游种群总结改进企业知识，是内部化过程。然后中游种群将改进知识通过溢出与扩散反馈给上游种群。横向来看上游企业种群间、中游企业种群间存在着知识转移流动，是知识社会化过程，即上游和中游种群是知识创新初始阶段和取得成果的起源阶段，需要不断与同级外部组织交流沟通，并占据知识竞争优势。下游种群间知识流动是组合化过程，即争夺市场知识需求并与自身知识优势组合，来增强种群竞争强度。同级同类型种群的知识流动加剧着种群间的竞争强度。

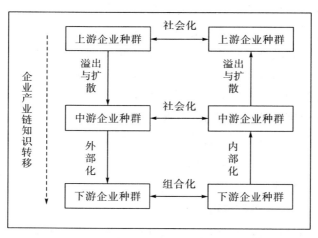

图 4-6　企业产业链知识转移在企业种群间的流动

（1）企业产业链知识转移在企业种群内的流入与流出。

首先，种群内企业存在竞争关系。这是因为种群内资源的有限性及要素流动的频繁性，使企业间存在生态位重叠，竞争关系能促使企业生态位分离，保障每个企业都能充分利用组织资源并达到共存的目的。企业的生态位可用生态位宽度即企业占有的各种环境等资源的综合来衡量。当组织内资源丰富时，企业会选择放弃劣质资源，争抢优质资源，此时企业的生态位宽度减小。当组织内资源匮乏时，企业会增大生态位宽度来获取更多竞争资源，从而产生激烈的竞争。其次，企业生态位决定企业知识状况。企业生态位变迁，会引起知识继承和创造，企业知识状况的改变又会产生新的生态位。因此企业产业链知识转移作用于企业种群的过程如图4-7所示：知识作为一种新资源流入种群会改变种群整体的生态位宽度，种群内企业通过竞争来争夺这种优质资源，同时将取得的知识整合运用并夺取其他企业拥有的资源，企业知识状况发生改变。知识不仅丰富了种群的生态位宽度，也作为一种动力加剧了企业竞争，使企业的生态位由重叠到分离。资源在企业间动态流动，产生新的生态位。生态位的变化是不断向合适性趋近，并增强种群稳定性。当种群内企业间所有的生态位都处于恰当位置，种群的稳定性就越强，应对外部变化的能力也越强。新的生态位又会引起知识继承和创造，进而改变企业知识状况。同时企业创造的新知识不仅在种群内循环流动，也流出种群并促进其他种群发展。

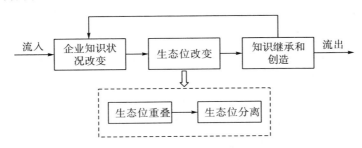

图4-7 企业产业链知识转移在企业种群内的流入与流出

（2）企业产业链知识转移在企业种群间流动。

企业种群间存在竞争与互利两种关系——企业产业链知识转移在同一节点于企业种群间流动促进种群间的竞争关系，沿产业链的流动促进种群间的互利关系。

产业链知识转移在同一节点企业种群间流动，与在种群内企业间流动作用机制类似：知识的流入拓宽了该节点处生态位宽度，为提升资源竞争优势，种群间展开激烈竞争争夺流入的新知，然后将新知整合并创新性地吸收运用来提升种群核心竞争力。通过获取外部知识资源并不断提升组织学习能力，然后作用于技术创新等能力能为种群获得持续竞争优势提供保证。假设两个种群可利用要素一定，外部环境不变，种群间竞争关系可产生三种结果：①种群 A 取胜、种群 B 退出，或反之；②种群 A、B 间达到稳定竞争平衡状态；③种群 A、B 处于不稳定竞争状态，两者都可能取胜，竞争的结果取决于种群初始资源容量及对支撑机构服务的合理利用。结果①表现为一个种群规模扩大、另一个种群规模削弱，结果②、③表现为一个种群的负载容量会因另一个种群存在而减少，两个种群规模均削弱，最终达到竞争共存状态。

企业产业链知识转移沿产业链流动，种群间为形成最终产品的市场优势需要互利共生。这不仅包括产业链上企业种群间，还包括企业种群与服务机构的互利共生。知识进入上游种群被整合为适合中游种群发展的知识，流出并进入中游种群；同理中游种群整合并进入下游种群，知识实现产品化、商品化。假设种群可利用要素一定，外部环境不变，当种群单独生存时由于资源、技术、信息等方面合作与共享，互利合作协同发展，拓宽了种群生态位宽度，促进种群向外延展，规模不断扩大。

综上所述，提升企业种群竞争强度过程如图 4-8 所示：知识转移流入种群改变了企业知识状况，拓宽了企业个体生态位宽度，使企业生态位由重叠至分离到适当的位置，增强了企业个体竞争强度。知识转移在种群间流动，同一节点位置的种群间竞争削弱了种群规模，实现种群竞争共存；沿产业链流动种群间互利共生扩大了种群规模，实现种群互利共存。无论是竞争共存还是互利共存，都有利于种群提高发展效率，提升竞争强度。如四川省钒钛稀土产业集群，有钨、钼、铜等深加工产品技术研发种群和规模化回收利用种群等，从研发到回收利用是沿产业链合作互利的过程。种群内部各家企业间又由于知识、材料等各项资源限制展开竞争。

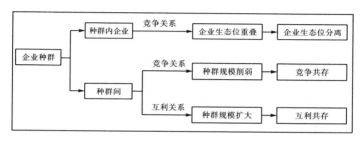

图4-8　企业种群竞争强度提升示意图

因此，在实现产业链知识转移的构建和企业种群生态化发展的基础上，为保障产业链知识转移顺利在企业种群内和种群间流动，促使企业种群竞争强度得到持续提升，可从以下几点实施：第一，种群内企业保持持续的学习能力，通过不断接受和学习外部的产业链知识转移，建立与外部创新知识的联盟关系，同时重视企业内部知识创造，以此优化和提升自身的知识状态，实现技术创新、管理创新等独特竞争优势，获得与其他企业的异质性。第二，充分发挥中介机构"黏合"企业种群的作用。首先，同一节点种群间虽存在激烈的竞争，但中介机构可同时为该处种群提供相同的知识，可使种群获得机会成本。其次，产业链知识转移沿产业链流动，需要中介机构不断将上游输出的知识传递到下游，供下游种群选择和利用。中介机构连接种群建立种群间有效的关联关系，种群间被转移的知识量随之增加，种群能够更好地转移和吸收知识，促使种群间基于彼此信任形成信息对称，实现竞争强度不断提升。

4.1.3 以交流网知识转移促进企业群落共生共融

4.1.3.1 交流网的知识转移

Porter 和 Emmons 提出，中介组织在集群网络中发挥着"黏合"作用，促进各方利益的实现。本研究提出在产业集群内构建知识转移创新网络，通过网络中各主体间的互动，带动集群内知识转移活动的产生，进而带动知识、成果和人力等要素在集群内的加速流动，促进集群内外的能量和价值交换，驱动集群升级。这种网络化的互动，本质上是政府、企业、高校科研机构以及人员等多种层次的主体围绕着产业集群升级发展目标进行的集体创新。只有各主体之间存在相关的机构和机制进行沟通与协调，才能使知识转移活动达成"激活市场资源、促进资源在主体间合理配置"的效果。中介服务机构以其市场灵活性和公共服务性的双重特征，可以很好地承担政府、高校科研机构、企业之间沟通联系的"桥梁与纽带"角色。这种以沟通与协调机构为核心，联结集群其他创新主体，开展内容多样化的信息交流活动的网络组织形式就是交流网。

交流网知识转移就是以中介服务机构为核心，以多样的交流活动为载体的信息和知识的传递行为。中介服务机构一般专业化程度较高，有着先进的组织形式，并且可以在市场活动和社会活动中释放很大的能量，在集群知识转移活动中能够以专业的方法规范知识转移标准、扩散创新成果。集群内中介服务机构包括行业协会、管理咨询公司、金融机构、法律服务机构、科技成果转化机构、物流机构、劳动力市场、人才市场等。在集群发展的不同阶段，不同的中介服务机构对不同的创新主体进行着不同内容的交流活动，这些不同的交流活动就是交流网络的知识转移，与集群内部企业产业链知识转移、创新链知识转移共同构成了集群知识转移创新网络。借鉴产业集群发展生命周期理论，本研究整理了各阶段中介服务机构与集群内其他主体进行的交流网知识转移活动，见表4—1。

表4—1 产业集群发展各阶段中介服务机构提供的交流服务汇总

对象	产生阶段	成长阶段	成熟阶段	衰退或转型阶段
政府	1. 充当政府助手，宣传推介集群基础设施、重点工程、财税政策等 2. 提供集群规划服务，系统谋划集群发展	1. 提供创新政策落实、反馈服务 2. 整合政府资源，加强公共创新服务平台建设	1. 整合集群资源，勾勒区域科技创新体系 2. 当好政府部门的参谋和助手，组织专业人员协助政府部门做好产业集群品牌发展规划	积极开展技术预见服务，甄别、遴选出一批具有发展潜力和前景的新兴产业和高新技术，科学制定出产业集群的再造计划
企业	提供创业孵化服务，降低创业成本	1. 宣讲、解读创新政策 2. 加强行业管理，避免恶性竞争 3. 整合企业资源，加强公共创新服务平台建设	1. 整合集群资源，勾勒企业科技创新体系 2. 当好集群企业的教练，提供品牌构建、企业文化塑造、可持续发展等品牌服务 3. 提供科技成果转化服务，参与科技成果实验、投放和产业化	1. 发挥信息资源优势，以市场为导向，引导集群企业应用急需的技术，生产市场需要的产品 2. 协调利益各方，积极开展并购重组服务
高校科研机构	提供高校科研机构与政府、企业间的信息沟通服务，吸引高校科研机构参与集群建设	整合高校科技创新资源，加强公共创新服务平台建设，降低创新成本，解决企业自主创新"搭便车"问题	提供深层次科技成果转化服务；直接参与技术创新主体的研发活动，从科技创新成果中识别和挖掘具有潜在市场价值的技术，提供技术立项、融资、研发、咨询、管理服务、人员培训、新型管理模式的运用、规模化生产、产品促销等一体化服务	引导集群科研部门根据市场需求及时调整科研方向，使科技成果为社会所需

知识的流动以及伴随着的人员和资金的流动，能为集群发展带来创新动力。交流网的知识转移通过发挥中介机构的交流协调和专业服务作用，使得这些关键要素的流动更加有序和有效。这并不是让中介服务机构全面参与到集群的知识转移过程中来，而是在"部分直接参与"的同时，通过中介服务机构的"黏合"作用，弥补集群创新网络中沿企业产业链和创新链知识转移活动的不足，形成完整的产业集群知识转移创新网络。因此，交流网的知识转移为集群发展提供了很好的辅助作用。

为此，集群创新发展可以从以下几点去实施：①保障参与主体的完整性，确保集群内中介服务机构实现"从无到有""从有到全""从有到精"的过程，形成规模较大、种类齐全的中介服务机构群体。②在引入中介服务机构时，重点考察其所提供的交流协助和专业服务是否有创新性，是否利于集群内其他主体开展创新活动。③政府对集群内中介服务机构群体的参与协助和服务方式进行调控，并拓宽其参与渠道，避免中介服务机构无法或者无效地参与到其他主体的知识转移和创新活动中。

4.1.3.2　企业群落生态化发展

企业群落结构完整、功能完备，在集群的生态学上等于集群。企业群落的生态化发展是企业群落与环境构成的统一整体，也即集群与所处外部环境作用协同发展，达到物质、能量、信息循环流动的状态。集群所处外部环境主要包括自然环境、社会环境、经济环境三个方面。自然环境有气候、资源、地理环境等，社会环境有政治、文化、法律等，经济环境有产业机构、消费水平等。生态化发展的本质是实现资源再利用及环境效益与经济效益的双赢，群落发展需遵循这个核心。图4-9展示了企业群落生态化发展的具体过程：外部环境中的物质、能量、信息进入集群，集群内企业种群与政府、高校科研机构等合作生产A产品；在生产中产生的废弃物经政府或企业主导经营的废弃物处理厂处理，成为再生资源；该再生资源为其他企业种群的原材料来源，经加工产生B产品。废弃物再利用中产生的不可再利用废弃物将回归环境。此处群落生态化发展满足资源完全利用，达到了保护环境的目的，且对资源再利用产生的B产品也获得了额外的经济效益。

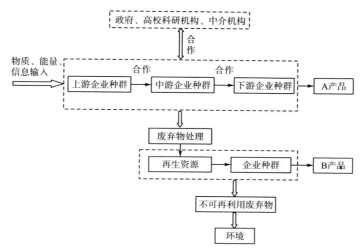

图 4-9 企业群落生态化发展

企业群落生态化发展表现出以下几个特点:第一,物质、能量、信息在集群与环境间流动循环,是协同演化的过程。在这一过程中,集群内企业个体、企业种群也随着与环境的相互作用不断进化。企业个体的进化促进种群规模扩张,种群进化促进集群繁荣稳定,集群的健康稳定为企业个体提供了优良的生存环境。第二,群落生态化发展在实际中表现为企业个体生产效率提高、盈利水平增加、产品和服务更好、竞争力增强,企业种群规模扩大、竞争强度增加,群落结构稳定、区域竞争力更强。第三,理论上集群与环境双向互为影响,但在实际中环境变化对集群的影响较大。集群是在顺应环境特点的基础上形成的,对环境的影响是渐变的;而环境的变化是突发的,集群只能适应;集群对环境的作用是有限制的主动性。

为此,企业群落生态化发展主要从以下两点实施:第一,在保障企业个体、企业种群实现生态化发展的基础上达到群落主体完整、结构稳定、功能完备。首先群落内参与主体完整,包括政府、企业、高校、科研机构、中介机构；其次群落结构稳定，主要是构建集群的网络结构，此阶段各个主体处于恰当的位置；最后群落功能完备，主要是各个主体在集群发展中发挥各自的功能。第二，在与环境作用时以保障环境安全为出发点，不可强行大幅度改变环境。

4.1.3.3　企业群落共生共融

企业群落是一个整体，群落合作效率直接表现在群落演进的特征变化中。集群在进化中也符合这些特征。借鉴 E. P. Odum 提出的群落演替特征，分析交流网知识转移在集群演进中的作用，见表 4—2。

表 4—2　交流网知识转移在集群演进中的作用分析

	群落特征变化	交流网知识转移对集群演进作用
能量学	能量来源越来越多，利用越来越充分；群落自我调节能力增强，对抗外界干扰能力也增强	促进知识在主体间充分流动并充分利用，提高生产效率，推动集群产业链趋向复杂化，增强集群抗风险能力
组织结构	内部主体逐步完善，主体分工协作主精细化，主体间竞争合作日趋激烈；群落多样性、均匀性增加；资源利用途径复杂化、差异化、有序化	黏合各主体，并通过知识合作对主体分工，促进了集群主体完备；同质主体增加加剧知识竞争，促进了集群结构的稳定性
个体生活史	个体所处位置及发挥功能趋向狭窄，个体越来越大，生命周期越来越长	促进集群可利用资源不断增加，集群生态位宽度不断增大；促进集群市场定位狭窄化、专业化；企业规模不断扩大，寿命增长
物质循环	成长期群落对物质和能量利用不充分；成熟期物质、能量利用技术提高，废弃物得到充分利用，集群与环境的物质交换频率变低	促进绿色技术研发和创造，增大对物质资源的利用率，促进集群构建闭合系统

	群落特征变化	交流网知识转移对集群演进作用
自然选择 压力	经历了企业个体数量增长到企业竞争力提升，即由数量增长到质量增长	促进培育应对自然选择的核心竞争力，研发绿色产品
稳态	成熟期群落达到稳态，内部共生共融，能具有较大的信息量和较低的熵值，能充分利用物质和能量，区域竞争力越来越强	集群内企业间基于绿色关联目的共生共融趋向明显增强，绿色能量、信息丰富、流动有序，集群动态稳定发展

合作效率指的是前向、水平、后向联系企业之间，生产企业与互补、基础设施服务类企业之间，以及产业群与行业中介等支撑机构之间明确、自愿合作的结果。集群进化中，交流网知识转移提供主体合作低廉的交易成本，产生了排他性和补偿性的合作效率，具体表现在：能量学中，交流网知识转移提供主体间合作渠道及合作内容，促进主体获得充分的能量；组织结构中，交流网知识转移将主体"黏合"，并将主体发展需要的知识合理分配，促进主体完备及提高合作效率；个体生活史中，交流网知识转移丰富了主体发展的能量和信息，提供集群发展动力来源；物质循环中，交流网知识转移提供技术研发和创新，改进主体合作层级和合作方式；自然选择压力中，交流网知识转移淘汰落后主体，稳定常规主体，升级优秀主体；稳态中，交流网知识转移促使主体各司其位、各司其职。交流网知识转移在集群内流动，通过直接作用于集群主体来间接影响集群的演化特征，集群的高端化、循环化、协同化发展是集群主体合作效率提高获得的补偿。企业群落生态化发展比常规群落多了废弃物循环利用环节，该环节需要与上一生产过程紧密配合。有效的合作需要交流网知识转移发挥引导与联系作用，引导相关企业个体、企业种群参与利用废弃物生产衍生产品，联系相关主体进行研发和生产。交流网知识转

移为企业群落生态化发展提供了更多的资源、能量、信息，深化了生态化的群落演进特征，获得合理绿色收益。

因此，在实现交流网知识转移的构建和企业群落生态化发展的基础上，为保障在企业群落生态化发展中应用交流网知识转移来实现企业群落合作效率的增强，可实施：第一，完善适合生态产业集群绿色发展的法律法规。包括促进循环经济的基本法、促进废弃物回收与循环利用的法规和条例等。第二，重视集群社会网络的建立。例如，在集群内成立的非正式组织、协会等发挥人员互动、交流的作用，增强交流网知识转移的效果。

4.1.4　四川省产业集群绿色创新发展路径

4.1.4.1　四川省产业集群绿色发展现状

2016 年四川省出台了《四川省加快推进生态文明建设实施方案》，以促进四川绿色发展、循环发展、低碳发展。其中对构建绿色产业体系、推动建立资源节约集约利用体系等做出了相关规定。产业集群作为促进四川经济发展的主要形式，其绿色发展是推动四川省生态文明建设的主要方式。四川省产业集群绿色发展的现状如下：

首先，四川省产业集群绿色发展表现为休闲农业产业集群的发展。四川省作为休闲农业大省，按照"产业基地为基础、创意农业为手段、农耕文化为灵魂"的要求，以国家现代农业示范区、省级万亩亿元示范区为重要载体，建设农业主题公园、农耕文化展示园区、农业科普教育园区等休闲农业，推进休闲农业转型升级①。截至 2016 年 5 月，已建成 2000 个休闲农庄，3 万余家农家乐，4531 个休闲农业景区。虽然四川休闲农业产业的发

---

① 2016 四川休闲农业发展现状分析：休闲农业景区 4531 个，http：//www.askci. com/news/chanye/20160531/14573523174. shtml

展已取得巨大成就，对四川经济的发展做出巨大贡献，但休闲农业产业集群的发展尚处于初级阶段，在资源开发利用上也表现出一些问题：一，对生态环境的破坏。休闲农业以环境为基础，其发展直接影响环境，但在发展中为追求经济效益存在过度开发、处理措施不当等严重问题，对生态环境造成严重破坏。二，从业人员素质不高。休闲农业经营人员大部分属于当地农民，而休闲农业产业链从农产品生产、加工到最终的市场开发涉及多个产业，对高素质人才需求迫切。三，项目开发存在盲目跟风。四川休闲农业开发项目同质化现象严重。例如农家乐仍以"吃农家饭、干农家活、住农家院"为主，没有充分挖掘地方特色和生态文化。

其次，四川省产业集群绿色发展表现为高新技术产业集群的发展。"十二五"以来，四川将新一代信息技术、新能源产业、高端装备制造产业、新材料产业、生物产业以及节能环保产业等作为战略性新兴产业重点发展。这些产业作为四川省高新技术产业，其发展已取得一定成效。2014 年高新技术产业全年总产值为 12230.5 亿元，比上年增长 18.3%；其中规模以上工业领域高新技术企业实现工业总产值 10521.4 亿元，较 2013 年同比增长 10.4%；建筑业、服务业等非工业领域高新技术企业实现产值 1709.1 亿元，比上年增长 54.9%[①]。虽然四川省高新技术产业发展取得了一定成效，但从整体上看发展水平远远落后于发达城市，尤其是在资源循环利用、废弃物治理等方面的技术匮乏，造成资源浪费、环境破坏。例如利用电子信息技术制造的电子产品均含有有毒有害物质，而四川废旧电子产品不仅没有得到有效处理，而且数量巨大。在 2010 年全国有 9000 万台废旧电子电器

---

① 2014 年高新技术产业统计简析，http：//www. scst. gov. cn/zhuzhan/kjtj/20150204/19075. html

产品，四川占了将近 300 万台；作为全国多晶硅产业化生产的发源地，多晶硅短期内得到迅猛发展，但对生产中产生的大量四氯化硅、氯气、氯化氢等易燃、易爆、有毒的废气废液没有相应的处理技术，体现在生产过程就是没有实现清洁生产，后续废弃物没有有效处理，对环境造成严重的危害。并且近几年仍有大量技术不达标企业进入多晶硅行业。

再次，四川省产业集群绿色发展表现为文化创意产业集群的绿色发展。文化创意产业本身属于绿色、环保、低碳的"无烟工业"，与集群绿色发展的战略目标具有同构关系。四川省巴蜀文化资源丰富，为文化创意产业集群绿色发展奠定了良好基础。经过近几年的发展，四川文化产业取得了一定的成效。在发展规模方面，四川文化产业规模在西部有明显优势，据中国西部省市文化产业发展指数（2015）显示，在综合指数、生产力指数、影响力指数方面，四川都位居西部之首，且明显高于其他省市[①]。在对经济发展的影响方面，作用不断增强：2015 年四川省文化相关产业实现增加值超过 1200 亿元，占 GDP 比例接近 4%；成都的文化产业增加值占 GDP 超过 5%，成为成都的支柱产业之一[②]。在文化产业的布局方面，四川形成了以成都为文化核心发展区，以伟人故居、将帅纪念园等红色长征文化为主要内容的产业带，以古蜀文化、三国文化为代表的历史文化产业带，以"藏羌彝文化走廊"区域为核心的民族文化产业带，以汶川地震恢复重建区为依托的重建文化产业带的"一核四带"发展格局。但四川文化创意产业在发展中也表现出一些问题：首先产业融合程度

---

① 记者李思忆：《西部文化产业、消费指数首发》，载《四川日报》，2016－07－29005。

② 四川文化产业去年增加值超 1200 亿 成都已是"中国手游第四城" 四川大剧院有望 2018 年底开放，http：//news. 163. com/16/0310/04/BHP5PV7R00014AED. html

低。由于对创意产业的认识不足，内涵界定模糊，四川文化创意产业多数由中小型企业组成，条块分割是常态，无法形成完整的产业链。其次专业化创新型创意人次不足。四川省从事以设计、制造等单一环节的创意人才居多，但既懂文化创意产业设计又能整体把握创意运行的复合型人才不足。再次地区发展不平衡。四川省文化创意产业主要集中在成都地区，文化产业增加值占GDP超过 5％，而其他地区增加值占 GDP 的比例不足 3％，对经济的影响作用小。

最后，四川省产业集群绿色发展还表现为其他集群的发展。例如物联网产业集群：《四川省"十二五"物联网产业发展报告》中指出，"十二五"期间，四川物联网产业年均销售收入增长约30％，2015 年销售收入达 1000 亿元以上，但仍存在核心技术缺乏、规模化应用不够、缺少龙头企业等问题[①]。绵阳等离子产业集群：坚持自主创新，并购了韩国欧丽安等离子公司，获得 300多项技术专利；构建产业生态链，实现产业配套等[②]。还有油气化工产业集群、攀枝花钒钛产业集群、食品饮料产业集群、机械制造产业集群等，在发展的同时均表现出一定的生态环境问题，都需要坚持绿色创新发展。

4.1.4.2　四川省产业集群绿色创新发展路径

基于前述分析，本课题认为四川省产业集群绿色创新发展路径是在实现企业个体清洁生产、企业种群位势形成的基础上，重点实现企业群落共生共融。通过绿色创新，建设绿色企业、生产绿色产品、发展绿色产业，促进资源高效利用和低碳经济发展，

---

① 记者侯沁：《四川：打造千亿元物联网产业集群》，载《中国电子报》，2016－06－07002。

② 白桦、靳军：《四川绵阳构建国内最大等离子集群》，载《中国高新技术产业导报》，2011－08－08B03。

加快建设资源节约型、环境友好型社会。在发展中具体可从传统资源改造升级、引入新兴产业清洁化生产和集群绿色化整合三条路径展开。

（1）以资源环境承载力为基础，实现传统资源改造升级。

产业集群绿色发展离不开在资源环境承载力基础上实现环境与经济协同发展的内生需求，这种内生需求是以传统资源的改造升级为出发点实施的。

首先对资源高度依赖的产业，以实现产业现代化发展为升级目标。如农业产业集群的现代化发展目标是生态农业，是生态农业和产业集群互动形成的一体化发展。包括在生产组织形式上，构建产前、产中、产后完整的产业系统，实现农业经济再生产；在经营方式上，实现生态加工、生态运输、生态营销一体化的产供销经营；在经营目的上，以保持生态平衡和整体产业化经营利润提高为基础，实现农业附加值的提高。对四川来说，通过打造农业特色产业集群实现生态农业的发展目标。包括完善农业基础设施建设，构建产业规模优势。如从2010年起，农业综合开发连续4年集中投入优势特色产业带动发展项目资金7700万元，为四川宜宾和泸州的白酒企业建设集中连片的酿酒专用高粱基地8.5万亩[①]。构建现代产业体系，转变农业经营方式。通过农业经营主体采用多种形式的适度规模经营来实现农业特色产业集群发展，并针对不同的经营主体采用差异化的专业生产扶持。

其次对环境高污染的产业，以绿色生态为原则进行改造。如高新技术产业集群。高新技术产业的污染具有特殊性和隐蔽性，尤其是随着医药制造业、电子及通信设备制造业等行业高新技术的快速发展，工业废弃物的产量和危害性呈现增加的趋势。坚持

---

① 川财：《四川打造农业优势特色产业集群》，载《中国财经报》，2016-07-14003。

绿色生态发展的原则，一方面实现这些产业关键领域和重要环节的技术进步，提高能源利用效率，降低污染物的排放；另一方面倡导发展节能环保、新能源材料、生物制药等低碳环保的产业。对四川来说，无法改造的高污染行业要加大淘汰力度，如铁合金、电石、造纸等，对能够改造升级的运用高新技术进行产业结构调整，促进产业转型升级。在改造中坚持绿色生态原则，将生态工业园区的发展经验应用于高新技术产业开发中，建立生态高新技术产业园区，并依托现有的支柱产业和主导产业来提供齐全的基础设施、关键技术支撑，以减少资源耗用、管理成本等。同时利用开发区影响系数较高的关联产业来延伸园区的产业链，寻找以产业废气废渣为原料的清洁生产的企业，提高资源利用率。

最后对软文化资源，以创意为指导实现升级。如以传统文化资源为基础的文化创意产业集群。传统文化产业具有资源丰富、底蕴深厚的特点，进行文化创意产业的绿色发展不能抛弃传统文化，而是要将科技、网络、金融等领域的创意想法运用至传统文化产业，帮助实现传统文化产业绿色升级，即构建"文化＋创意"的发展思维。例如运用数字、网络技术改造传统印刷，通过关键技术开发研制环保印刷材料、环保装备等，推进印刷高新技术企业的培育等。高新技术在出版印刷业中的应用加速传统出版印务转型为现代出版传媒。目前四川已汇聚一大批骨干传媒企业的总部，包括以博瑞传媒集团为代表的"创意成都总部"、以四川新华发行集团为代表的"新华之星文化总部"、以四川日报报业集团为代表的四川传媒总部，三个总部项目总投资超过 9.5 亿元[①]。现代传媒业作为四川文化创意产业的重要组成部分，一

---

① 冯立、严斌：《文化创意产业"创"出发展新引擎》，载《成都日报》，2011－10－19004。

方面体现了高新技术在传统印刷业中的应用，帮助实现传统印刷业的绿色发展，另一方面体现了传统印刷业与现代传媒业的融合发展，实现绿色产品的大量生产。

（2）严守产业准入政策，引入新兴产业清洁化生产。

在东部地区经济快速稳定增长下，产业发展所需的土地、劳动力等基本要素成本上涨，并且资源环境的约束也越来越紧，在这种背景下，中西部承接产业转移成为推动区域经济协调发展的重要路径。四川拥有丰富的水资源、天然气资源、钒钛资源等，作为承接产业转移大省，具有突出优势。但是四川在承接产业转移时引入了一些低层次的转移，给四川绿色发展造成了严重的影响，如森林砍伐、水源污染等环境破坏。

在承接产业转移时，首先严守产业转入政策是前提。四川省在产业转移方面出台了一些政策，如《中共四川省委、四川省人民政府关于加快推进承接产业转移工作的意见》（川委发〔2008〕6 号）、《四川省承接产业转移工作方案》、《四川省人民政府关于承接产业转移的实施意见》（川府发〔2011〕15 号）等，但均没有形成完整的产业准入标准体系，相应的环保制度也不完善。四川省在产业转移方面的绿色发展要以完善产业准入标准为重中之重。

其次引入新兴产业清洁化生产是目标。在严守产业准入政策的基础上，有选择地承接产业转移，鼓励企业在承接中创新，通过提升自身的自主创新能力实施环境友好行为，实现清洁生产。例如高新技术产业的转移，首先，对进入产业实行环保、工艺、产品等全方位的质量认证和评估是前提。质量认证和评估是综合考虑项目的技术先进程度、排污治理水平、环境影响程度、可持续影响范围等指标，评估这些指标可能对环境的影响程度、对资源的利用效果。对于污染性大的项目要控制引进数量，并在进入后严格控制和监督。同时对承接项目的企业的资格也要审查，防止项目符合标准但项目执行中对生态环境的破坏。其次，引导产业转移中相关企业推行清洁生产是措施。这需要政府引导企业树立绿色生态观念，转变经营发展方式，鼓励企业构建生产循环系统以减少生产过程、生产产品以及提供服务产生的污染，达到企业全过程的清洁生产。最后，对重点工业污染物监管是保障。在四川，尤其对电子信息产品污染物、化学污染物、医药废弃物等要准确掌握污染物排放情况和动态变化，以便及时采取措施来应对污染物的影响。

（3）突出绿色环保导向，实现集群绿色化整合。

绿色环保是集群绿色化的基本原则，集群绿色化整合是通过构建绿色创新环境、打造绿色供应链以及建设绿色创新体系来实现的。

首先构建绿色创新环境。良好的绿色创新环境是集群运用创新资源进行绿色创新活动的关键要素。若没有有利于绿色创新的环境，即使集群拥有丰富的自然资源、知识资本、先进的技术等，也无法实现集群的绿色创新。构建绿色创新环境，首先要合理确定集群绿色创新的生态定位。四川产业集群发展水平低于东部沿海地区，四川应抓住后发优势，注重发展的高质量、高标准、高起点，尤其是要坚持生态可持续发展的道路。因此从长远看，绿色创新是集群赶超发达地区的战略定位。其次优化集群绿色创新的生态空间。这要求四川合理规划集群的空间布局，促使集群空间布局恰当。例如以绿色经济为主的川西生态经济区，作为长江上游的生态屏障，应以促进生态文明旅游产业集群和现代农牧业产业集群发展为主，而不能将具有高污染性的化工产业集群布局在此。

其次打造绿色供应链。绿色供应链既要关注上游经营主体对资源的整合和配置，又要关注下游消费者需求和市场反馈。在具体实施上，首先要推动绿色供应链闭合系统的构建。要利用闭合循环原理实现"原料—产品—废物—原料"的循环，可通过企业个体或企业种群构建完整的生产、加工、销售、配送、市场反馈等完整的经营方式，也可通过集群内所有主体的优势互补建立联盟实现闭合运作系统的打造。其次绿色供应链要能满足消费者个性需求。绿色供应链打造的最终目的是更好地为消费者服务，实现社会经济绿色效益。例如因休闲农业内经营主体、种群的独立性强、可组合性强，所以构建个性供应链的可行性比较高，这就衍生出专门为满足消费者需求而存在的服务部门。该类服务产业的存在节约了供应商和消费者的交易成本，提高了社会绿色经济效益。

最后建设绿色创新体系。绿色创新体系包括生产设计创新、清洁生产创新、绿色营销创新、废弃物回收利用创新等全方位创新，其构建离不开技术创新。这包括企业个体运用技术创新研发实现清洁生产，企业种群将技术创新作为竞争资源提升竞争优势，企业群落实现构建绿色创新体系的目的。进行技术创新具有成本高、风险大的特征，因此一方面需要政府加大对技术研发的支持，通过相关的资金补贴、税收优惠政策等给予帮助，同时完善优秀人才引进政策，抢占高端技术生态位；另一方面则需要建设集群区域创新平台。通过创新平台为企业提供研发、生产、经营的场地，通讯、网络与办公等方面的公共基础设施，以及系统的培训和咨询，政策、融资、法律和市场推广等方面的支持，从而降低创业者的创业风险和创业成本，提高创业的成功率，促进科技成果转化，培养成功的企业和企业家。其对集群的影响是从内部发挥的，提供的是一般性服务，但承担着吸引优质资本进入集群的桥梁作用。

4.2 基于融合发展的集群内产业新业态发展路径

基于上文的分析，我们认为融合发展的路径主要包含重组融合、渗透融合、交叉融合三条路径，而每条路径的构成主体、核心要素、价值增长点以及融合过程都各不相同。重组融合是借助要素规模化、要素优势扩散、要素协调性提高产业现代化；渗透融合是借助知识来源改善、产业链软化和服务链完善、渗透环节的多元化提升产业整体创新实力，形成产业竞争优势和打造品牌经济；交叉融合是通过增强市场需求对价值竞合的引导性，推动价值链结构与市场需求相匹配，进一步实现价值链延伸和新价值链构建。本节将结合四川省相关集群的发展基础及特点，对四川省产业集群重组融合路径、渗透融合路径和交叉融合路径进行具体阐述。

4.2.1 四川省集群内产业重组融合推动新业态发展

4.2.1.1 农业经营户重组促进农业产业基地结构优化

（1）四川农业产业基地产业重组融合基础。

四川是全国 13 个粮食主产区之一，也是我国西南、西北地区唯一主产区。至 2010 年年末，四川全省粮食产量及播种面积位居全国第 5，其中水稻、小麦、玉米、红薯、马铃薯等粮食作物和油菜、水果、茶叶、药材、棉花、甘蔗、烟叶等经济作物凭借自然条件优势发展成为优势农作物，在四川农业发展中产生了巨大的经济效益。同时，四川作为全国五大牧区之一、全国畜牧业大省，畜牧业产值占农业产业 40％以上，可利用草地面积 2.12 亿亩，每亩草地提供的肉、奶及畜牧量和牧业产值均居五大牧区之首。除此之外，四川省中药材占全国药材总产量的三分之一,是全国最大的中药材基地,芳香类植物、野生果类植物、野生菌类资源丰富,占全国总量的95%①。四川农业得天独厚的发展条件奠定了四川农业大省的地位,也决定了农业集群升级在四川省产业集群升级中的重要地位。

四川省农业产业基地作为农业集群的主要表现形式,在发展中具有以下现实特点:

第一,农业优势资源丰富。在西部大开发战略下,四川省积极推进农业产业基地建设,全省优势特色效益农业发展呈现带状、块状集聚特征,产生盆周丘陵山区茶叶产业、龙门山脉红心猕猴桃、成都平原稻菜轮作、盆周山区高山蔬菜、长江上游晚熟柑橘、攀西晚熟芒果、川南竹产业、盆周山区和攀西地区木本油料产业②等一批优质粮、油、果、菜、茶等特色鲜明的产业带和生产区。至2012年,全省形成现代农业万亩亿元示范区619个,产业基地面积3790万亩,特色效益农业综合产值3495元③。

第二,农业经营主体规模逐渐扩大,生产专业化程度有所提升。2012年四川农业人口达1991.3万人,农业总产值达5433.12亿元,农作物总播种面积为964.32万公顷,农业人均产值同比增长13.02%,农业人均播种面积增长3.5%;2013年四川农业人口1955.79万人,农业总产值5620.26亿元,农作物总播种面积968.22万公顷,农业人均产值同比增长5.32%,农业人均播种面积同比增长2.23%;2014年四川农业人口1909万人,农业总产值5888.1亿元,农作物总播种面积966.86万公顷,农业人均产值同比增长7.33%,农业人均播种面积同比增

---

① 胡玉福:《四川农业信息服务体系建设研究》,四川农业大学2013年论文。
② 四川省人民政府关于加快转变农业发展方式的实施意见,http://www.sc.gov.cn/10462/10883/11066/2015/10/17/10355870.shtml
③ 四川农业发展概况,http://www.scagri.gov.cn/zwgk/nygk/201409/t20140923_247298.html

长 2.31%①。"十二五"期间，四川全省认定或达到认定条件的新型职业农民接近 6 万人，经工商登记的农业专业合作社为 47329 家。其中国家示范社 462 家，省级示范社 1030 家，入社农户达 261.7 万家②。截至 2015 年年底，四川农业专业合作社已增长至 5.83 万户。简言之，四川农业生产一方面表现为生产主体的经济效益和耕种规模逐年增长，另一方面表现为随着农业就业人口的递减和农业专业合作社的增加实现的农业经营主体专业化程度和生产能力的提升。

第三，农业品牌影响力不断加强。四川省农业品牌效益的提升主要体现在龙头企业数量和生产能力提高以及品牌影响力增强两个方面：第一，在龙头企业户方面，"十二五"期间各类农业产业化龙头企业超过 8500 家，其中国家级重点龙头企业 60 家，省级重点龙头企业 589 家；省级以上畜牧业龙头企业从 46 家扩展至 141 家，达到亿元销售规模的龙头企业共 133 家，川内大型畜牧企业肉类罐头加工份额占全国 50% 以上③。第二，在品牌影响力方面，"川字号"优质特色农产品走向全国。至 2012 年年底，四川省累计认证无公害农产品基地 4315 万亩，比 2007 年增加 1.5 倍；绿色食品原料生产基地达到 651 万亩，比 2007 年增加 4.3 倍。全省累计认证或登记"三品一标"3069 个，居全国前列、西部第一。其中，无公害农产品 1927 个，比 2007 年增加 1.5 倍；绿色食品 1061 个，比 2007 年增加 54%④。以"四川泡

---

① 四川统计年鉴，http://www.sc.stats.gov.cn/tjcbw/tjnj/2015/index.htm
② 李俊霞、舒长斌、刘俊豆：《四川农业科技发展现状及对策建议》，载《四川农业科技》，2015 年第 9 期，第 5~7 页。
③ 四川农业发展概况，http://www.scagri.gov.cn/zwgk/nygk/201409/t20140923_247298.html
④ 四川农业发展概况，http://www.scagri.gov.cn/zwgk/nygk/201409/t20140923_247298.html

菜""峨眉山茶""大凉山""川藏高原""宜宾早茶""广元七绝"
等为代表的一批区域品牌和以竹叶青、吉香居等为代表的企业品
牌享誉全国。安岳的柠檬、广元的橄榄、成都的水蜜桃和枇杷、
川西的川芎和川贝等都是全国最大或唯一的生产基地。

第四,农户经营模式多元化,循环农业初具雏形。2008 年,
四川省粮食产量超过 700 亿斤,2012 年全省粮食总产量超过 738
亿斤,位居全国第 6 位;四川粮食生产总量与需求基本均衡,除
食用粮消费外,一部分加工转化为饲料和白酒,农业与畜牧业、
农业与农产品加工业的关联在近年来得到不断加强。在畜牧业方
面,四川省始终坚持模式机制的创新推广,在畜牧业生产区,着
力推广"龙头企业+专合组织+适度规模养殖"和"生态养殖+
沼气+绿色种植"模式,初步形成了以标准化生产为基础、适度
规模化生产为引导、种养结合、生态循环的发展模式。同时,引
进温氏、特驱集团等资本进入农村建设现代化养殖基地,完善畜
牧业生产的经营模式,进一步创新性提出"六方合作+保险"、
托养、寄养、订单等养殖新模式,强化产业链各主体的无缝
整合[1]。

第五,四川农业机械化水平整体较低,成为制约四川省农业
发展的突出因素。"十二五"以来,四川农业机械化水平有所提
升,但较全国机械生产覆盖面积和机械化效益而言,整体发展水
平仍较低。至 2014 年年底,四川农机总动力为 4160.12 万千瓦,
农用运输车、农用大中型拖拉机、农用排灌动力机械、联合收割
机、机动脱粒机拥有量分别达到 12.58 万台、12.61 台、98.15
万台、2.61 台和 160.56 万台,农业机耕面积达 459.79 万公顷,
主要农机耕种收综合机械化水平约为 47.55%,低于当年全国水

---

① 四川农业发展概况,http://www. scagri. gov. cn/zwgk/nygk/201409/
t20140923 _ 247298. html

平 14.5%^①；同时，四川省机械化发展呈现生产环节、地域和行业较大的差异性，总体表现为全省平均机耕水平较机播和机收水平高，平原地区机械化水平较丘陵山区机械化水平高，稻麦机械化水平较其他作物机械化水平和机收水平高^②。

2004—2014 年四川省与全国机械化水平如图 4-10 所示。

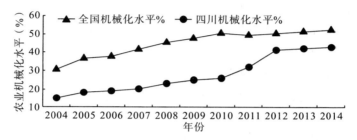

图 4-10　四川省与全国农业机械化水平折线图

数据来源：李杰《加快四川农业机械化发展的对策研究》，载《四川农业与农机》，2014 年第 6 期，第 14~16 页。

综上所述，四川省农业集群式发展以农业生产基地为载体，作为农业生产大省，生产性农业在四川农业发展中占主体地位。近年来，四川农业生产主体规模不断扩大，专业生产合作社逐渐成为农业生产主要经营单位；农业发展注重品牌建设，"川字号"农产品品牌影响力扩散至全国；整体农业发展呈现集约型特征，农业生产基地内农业与农产品加工业、农业与畜牧业的整合发展推动了农业经营模式的创新，逐渐呈现出生态农业、循环农业的发展特征。但四川农业生产中，机耕面积较全国水平仍较低，这成为制约四川农业现代化发展的重要因素。因此四川农业生产基

---

① 数据来源：2015 四川省统计年鉴，http://www. sc. stats. gcv. cn/tjcbw/tjnj/2015/index. htm

② 李杰：《加快四川农业机械化发展的对策研究》，载《四川农业与农机》，2014 年第 6 期，第 14~16 页。

地内的农业重组融合不仅要充分发挥扩大现有优势，也要注重制约因素的改善。

（2）农业生产基地内产业重组融合路径。

第一，坚持以专业化和适度规模化的经营体系带动生产部门重组融合，实现农业主体结构调整。农业经营单位合并是规模化、专业化生产的重要途径，这种合并包括行业内生产链的水平合并、纵向合并以及生产联盟的扩大，即鼓励农、林、牧、渔各行业内各生产链环上同质且经营规模较小的主体的合并、生产链环上下游企业的业务兼并以及专业化生产合作社的推广壮大。水平合并是以相同的生产业务和相似的技术条件为基础，实现小规模农业生产单位的规模合并，以提升人均种植面积、养殖规模为目标，是提升农业生产基地内单位农业经营户实力的重要方式；纵向合并表现为农业产业链上下游业务合并，以降低生产成本为导向，对于农业生产基地而言，是压缩基地内产业链长度、拓展产业链宽度以结构优化提升基地生产效率的有效方式；专业合作社的推广是实现生产资源共享、实现生产基地内部管理效率提升的重要手段。

第二，以农业经营户整体机械化水平提升带动现代化生产要素扩散，实现农业基地知识结构重组提升。机械化标志着农业生产手段的改进和农业生产链的知识储量的增加，即以知识属性较强的高级阶段要素取代物质性较强的初级阶段要素。它包括要素取代和扩散两个过程，具体到农业生产基地整体机械化和信息化水平提升，主要包含以下两层含义：一是提升领先农业经营户的机械化水平，二是以横向企业合并或生产合作等形式实现现代化农机和信息管理技术在基地内扩散。对于农业生产基地而言，提升农业经营户的整体机械化水平既提升了农业生产经营效率，推动农产品标准化生产，也提升了农业整体知识层次。其实质是农产品知识结构调整，是现代化农业发展的重要标志。对四川农业生产基地而言，机械化覆盖面积的提升将实现普遍的产品标准化，是农业生产基地产品升级的基础，同时机械化生产提升农业生产效率，从而实现农业生产基地的流程和价值链升级。

第三，构建循环农业体系提升农业运作协调性，实现农业价值链提升。随着农业生产技术的不断提升，农、林、牧、渔业之间的生产产品、生产资源和生产废物利用率不断提高，所以更应加强农业各生产部门之间的生产联系，而实现产业链延伸是深化循环农业的核心。实现农业内部连续生产的生产模式创新必须要实现农业经营主体的模式创新，以业务合并的方式延长企业内部产业链，由此带来企业结构的重组，实现农业产业结构深度整合，实现四川农业生产基地价值链大幅度提升。

第四，发展四川农业品牌经济，以优势品牌带动产业联动，实现资源协调性和价值链升级。四川是农业大省，在目前的农业发展中，粮、油、果、菜、茶等优势作物和畜牧业养殖在全国处于领先地位。依托各地的资源优势和农业基地发展基础重点建设农业生产基地，形成特色鲜明的产业带和生产区是发挥四川农业品牌优势的重要举措。一要在各地区优势农业生产基础上，合理规划粮食作物和经济作物生产区域。这种增强要素集聚程度、扩大同类要素规模的方式是生产基地专业化提升、增强农业经营户集聚能力的直接导因。在此基础上扩大农业生产区域化特征，可集中各类农业生产资源并进一步形成差异化的管理模式，有利于农业生产基地产品和流程升级。二要坚持农业"走出去"，扩大农产品品牌优势辐射范围。这是增强四川农业生产基地开放性的重要措施，依据要素关联特征，实现优势品牌要素带动其他农业生产要素升级，以开放的特色农产品市场普遍带动四川农产品市场扩大，在不断扩大的市场需求驱动下实现四川农业生产基地的产品升级、功能升级和价值链升级。

4.2.1.2　工业企业重组促进工业集群结构优化

（1）四川工业园区及工业集群产业重组融合基础。

"十二五"期间四川省三产业结构调整成效显著，至 2015 年年底，四川省第一产业、第二产业和第三产业增加值分别为3677.3 亿元、14293.2 亿元和 12132.6 亿元，三产业实现增加值占全年实现地区生产总值（GDP）比重为 12.2%、47.5%和40.3%①。对比 2010 年三产业结构（14.4∶50.5∶35.1），第二产业比重明显下降，第二、三产业差距不断缩小，但第二产业仍在四川经济发展中占主体地位。第二产业以工业发展尤为迅速，2015 年，全部工业增加值 12084.9 亿元，是 2010 年的 1.6 倍，年均增长 12.8%。其中，规模以上工业增加值年均增长 13.3%，增速比全国快 3.7 个百分点；传统优势产业仍为四川工业经济的主导力量。2015 年，41 个工业行业大类中 36 个行业呈现增长趋势，其中酒饮料和精制茶制造业增加值占比最高，同比增长11.4%；非金属矿物制品业、医药制造业、汽车制造业增加值分别为 20.1%、12.3%和 10.0%。随着四川省工业发展"十二五"规划的推进，逐渐形成"7+3"工业发展格局，推动实现电子信息、装备制造、能源电力、油气化工、钒钛钢铁、饮料食品、现代中药七大优势产业和空航天、汽车制造、生物工程以及新材料等潜力型产业的不断发展的工业体系构建。

"十二五"期间四川省主要经济指标见表 4-3。

---

① 数据来源：2015 年四川省国民经济和社会发展统计公报，http：//www. sc. stats. gov. cn/sjfb/tjgb/201602/t20160225＿201907. html

表4-3　"十二五"期间四川省主要经济指标

指标	2010年	2015年	"十二五"年均增长（%）
地区生产总值（亿元）	17185.5	30103.1	10.8
第一产业增加值（亿元）	2482.9	3677.3	4
第二产业增加值（亿元）	8672.2	14293.2	12.7
第三产业增加值（亿元）	6030.4	12132.6	10.3
三产业结构	14.4∶50.5∶35.1	12.2∶47.5∶40.3	

数据来源："十二五"四川经济社会发展成就综述，http：//www. sc. stats. gov. cn/tjxx/zxfb/201602/t20160217_201375. html。

"十三五"规划将四川经济划分为成都平原经济区、川南经济区、川东北经济区、攀西经济区和川西北生态经济区五大经济区。四川产业园区门户网四川产业园区分布图显示，五大经济区共有工业园区199个，成都平原经济区共96个，占全省工业园区总量近50%，其中成都市共有工业园区21个和10个工业集中点①，是四川各市中工业集群最为集聚的地区；成都市工业空间总规模达438.57平方公里，全市形成以电子信息、汽车、新能源、新材料、生物医药、食品、冶金建材、石化等产业聚集发展的态势，在产业空间分布上打造中心城区重点发展工业总部经济和高新技术，近郊重点发展现代制造业和生产性服务业的优势产业梯度格局；2014年全市工业集中发展区集聚规模以上企业共2150户，占全市68.5%，实现主营业务收入8664.6亿元，占全市比重88.6%。全市工业集中度超过80%，工业投资强度

---

① 四川省产业园区门户网，http：//www. pipsc. gov. cn/ditu. html

从 2012 年至 2014 年逐年实现 9％、20.5％、3.5％的增长幅度，工业效益逐年递增，2011 年、2012 年、2013 年工业园区亩均增加值分别为 115 万元/亩、132 万元/亩、148 万元/亩，分别增长28.5％、15.1％、12％[①]。具体而言，四川省工业产业集群发展呈现以下现实特征：

第一，产业分布呈现区域化特征，工业园区打造"一区一主业"的结构特征。从四川省五大经济区产业结构来看，第二产业在各地区占据主导地位，工业发展仍为各地区经济主要力量，但依托各地区的资源特点和发展规划，形成了不同的产业空间布局：在工业方面，成都平原经济群以发展新一代信息技术、航空航天与燃机、高效发电和核技术应用等先进制造业为重点，并在传统工业领域着力推动食品饮料、电子信息、汽车制造等产业改造升级，加快冶金、建材、化工等传统产业技术改造和淘汰落后产能；川南经济区以推进老工业基地转型升级为核心，鼓励和支持名酒企业多元化发展，大力发展高端成长型产业，加快长宁—威远、滇黔北—昭通国家级页岩气示范区（四川省境内部分）等的勘探开发，建设川南页岩气勘查开发试验区；川东北的工业发展以精深加工业为主，构建了以天然气化工业、汽车汽配、建材、机电、纺织、食品加工等为主的区域支柱产业[②]；攀西充分发挥当地资源优势，发展钒钛、稀土、石墨等资源开采加工产业，旨在建成世界级钒钛产业基地、国家重要的铁矿石资源保障基地、国家重要的稀土研发制造基地[③]。同时，从单一工业园区

---

① 推进工业园区提质增效的建议，http：//www. sc. cei. gov. cn/dir1009/223971. htm

② http：//www. sc. gov. cn/10462/10464/11716/11718/2016/9/7/10395013. shtml

③ http：//www. sc. gov. cn/10462/10464/11716/11718/2016/9/7/10395013. shtml

内产业分布而言，四川省各工业园区内产业集群数量不断减少，集群发展呈现集约化、专业化发展趋势。2011 年以后，成都市按照产业集群发展规律，把原 116 个工业园区整合为 21 个工业集中发展区和 10 个工业点，同时在园区建设和集群规划时坚持"一区一主业"的原则，实现了产业集中、集约、集群发展的产业格局①。

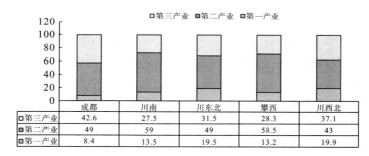

图 4—11　2015 年四川省五大经济区产业结构（％）

数据来源：四川省人民政府，http：//www．sc．gov．cn/10462/10464/10591/10592/2016/2/3/10367576．shtml。

第二，工业集群规模不断扩大。四川省产业集群发展宏观规划上旨在推动"1525 工程"深化，以最终建成 1 个千亿级集群、5 个五百亿级集群和 25 个百亿级集群为目标。以"1525 工程"推进的集群发展情况而言，四川省工业集群规模不断增大主要体现在以下两个方面：第一，入园企业数量不断增多。2011 年四川省"1525 工程"入园工业企业数量达到 8108 家，同比增长 8.42％，净增加 630 家。其中，500 万元以上工业企业达 5646 家，同比增长 8.18％，净增 413 家；省外投资工业企业达 1649 家，同比增长 22.15％，净增 299 家；外商投资工业企业 511 家，同比增长 14.83％，净增 66 家。第二，园区经济规模不断

---

① http：//www．sc．cei．gov．cn/dir1003/87323．htm

扩大。2011 年四川省"1525 工程"园区实现营业总收入 13483.39 亿元，累计实现利润总额 808.46 亿元，同比增长 41.19％和 35.17％。其中 1000 亿园区当年实现营业收入 2450.90 亿元，利润总额 173.41 亿元，同比增长 55.41％和 33.62％；500 亿园区实现营业收入 4488.79 亿元，利润总额 307.97 亿元，同比增长 32.9％和 23.33％；100 亿园区实现营业收入 6701.72 亿元，利润总额 327.08 亿元，同比增长 42.41％和 49.6％；特别地，遂宁经济开发区、内江经济开发区、广元经济开发区等 11 个园区当年更是实现了利润总额的成倍增长①。

第三，龙头企业实力不断增强。2016 年四川省发布的大企业集群培育名单显示，至 2015 年，全省百强企业资产总额、营业收入和利润总额分别为 43125.7 亿元、22281.2 亿元和 984.2 亿元，较 2008 年同类指标增幅高达 434％、370％和 224％；入榜企业最低营业收入为 51.6 亿元，首次突破 50 亿，百亿以上企业共 61 户（其中长虹控股营业收入突破千亿），500～1000 亿元企业 11 户，100～500 亿元企业 49 户，较 2007 年，百亿企业数量增长 150％，500 亿以上企业实现零的突破。从行业分布来看，变化最大的为建筑业，共有 17 户上榜，比 2015 年增加 6 户。得益于成渝经济区的打造，其中中铁二局、水电五局、华西集团、能投集团、四川铁投集团等为代表的企业，经营业绩更是呈快速增长态势②。

第四，集群内科研转化能力不断增强。2011 年，四川省"1525 工程"园区直接从事研究开发人员 6.47 万人，同比增长 13.07％；研究与试验发展经费支出 82.75 亿元，同比增长

_____

① 成长型特色产业园区检测月报（四川省"1525 工程"园区）。

② http://www. sc. gov. cn/10462/10464/10797/2016/8/25/10393398. shtml

28.30％。科研力量的增长和科研经费的投入提升了园区的技术转化能力，全年实现高新技术产品销售收入 2517.67 亿元，同比增长 25.16％，特别是雅安工业园、广安经济技术开发区、资阳机车产业园、眉山铝硅产业园、南部县工业集中区这 5 个园区高新技术产品销售收入较去年实现翻番。

前文对四川产业集群现状的分析表明，四川省工业集群内龙头企业品牌影响力不足、配套企业产品生产能力不足以及工业集群内产业整体研发实力较低等问题依旧突出，是未来四川工业集群转型升级的重点。

综上所述，工业仍是四川经济发展的主导力量。四川工业集群式发展以园区和工业点规划为载体，工业园区分为高新技术园区和传统工业园区，以传统工业园区为主。本节产业结构调整重点强调传统工业园区内工业企业重组。从四川省工业园区的分布而言，四川工业园空间在五个经济区的空间布局尚未均衡，50％的工业园集中在成都平原经济区，但五大经济带工业园区的产业分布与地区主导产业一致性增强，区域工业的功能互补性有所提升；从单一工业园发展而言，工业园规模不断扩大，产业集中度和专业化增强，逐渐呈现"一区一产业"的园区和集群分布特点，园区内企业经济规模逐年提升，龙头企业尤其是传统建筑产业的龙头企业实力发展迅速。但从川内工业园区的整体发展而言，"龙头＋配套"的集群分布格局尚未形成，龙头企业品牌优势尚不明显，配套企业的产品质量和生产能力亟待提升，工业集群内部研发实力较江浙等地仍有差距。因此，工业集群内产业重组融合路径应以完善工业园区的空间布局和集群内"龙头＋配套"企业布局为重点。

（2）工业集群内产业重组融合路径。

第一，依托区域资源优势，以产业资源重组增强产业分布区域化差异，提高工业园区区域分布合理性和跨区域工业园区功能互补性。工业园区的合理化分布包括两个方面：一要提高跨区域工业园区的产业合理分布。四川工业园区实践已基本形成了相互差异的工业发展优势，在此基础上要求进一步深化发展成都平原经济区新一代信息技术、航空航天与燃机、高效发电和核技术应用等先进制造业、川南经济区高端成长型产业、川东北的天然气化工业、汽车汽配、建材、机电、纺织、食品加工等为主的区域支柱产业以及攀西钒钛、稀土、石墨等资源开采加工产业。扩大区域产业分布差异的园区规划格局是充分发挥区域资源优势，实现有限要素区域集中的重要方式。通过不同工业产业的差异化、集中式管理实现工业园区的专业化生产，带动园区功能升级。二要提高工业园区在五大经济区数量分布的均衡性。至 2014 年，四川省五大经济区的工业园区数量差距不断缩小，但仍存在较大的实力悬殊。表现在近 50% 的园区集中于成都平原经济区，其中 33% 的园区集中于成都市。改变这种数量差距不仅是对工业欠发达地区的工业实力的提升，也是促进各区域工业园区实力均衡和提升区域功能互补性的重要途径。这种功能互补性的提升是园区生产互动、增强开放性的基础。

第二，深入推进"一区一主业"的园区格局，以产业分布调整奠定集群专业化生产基础，带动集群产业结构调整。"一区一主业"的工业园区和工业集群分布格局特点在近年来四川工业园区规划尤其是成都平原经济区工业园区规划中不断凸显。这一举措是在工业园区产业跨区域分布基础上深化不同产业差别管理，扩大同一产业空间集聚规模的方式。可以工业园区与工业集群的对应性提升实现单位工业集群规模扩大，吸引同类企业和生产关联企业集聚，增强产业链的集约程度，并以企业的空间集聚强化企业竞争与合作关系，以此推动四川工业产业集群内产业链的完整性和复杂性，提高工业产业集群的功能升级、流程升级和价值链升级。

第三，培育优秀企业品牌，以品牌影响力助力企业优势要素扩散，增强龙头企业辐射能力。2016 年四川省公布的百强企业名单显示，四川省工业企业的经济规模不断扩大，要实现龙头企业品牌影响力首先是要提高龙头企业的经济实力，即要进一步推动百亿级企业、五百亿级企业和千亿级企业的数量突破。龙头企业实力的增强是提高企业标杆带头作用和扩大企业品牌影响力的经济基础，要鼓励龙头企业发挥企业发展优势，采用企业合并或生产合作等方式实现龙头企业优势扩散并以此形成一批实力强劲的竞争企业和带动一批配套企业发展，在企业竞争和生产合作中实现龙头企业品牌影响力的提升。这一举措实质是通过龙头企业优势提升工业集群的自组织能力，加强集群内企业竞合关系网，普遍提升集群内企业实力。这既是推动四川省工业集群产品升级和价值链升级的有效方式，也是加快"龙头＋配套"集群内企业分布格局的基础。

第四，构建"龙头企业＋配套企业"的集群内企业分布格局，以企业关联结构重组增强企业合作协调性，实现集群流程和价值链升级。对于工业企业而言，生产技术竞争力是集群发展的核心竞争力，包括开采业的勘探技术、开采技术、运输与加工技术，先进制造业的信息技术、航空航天技术、发电和核技术，传统制造业的设备制造工艺、食品加工技术等技术。实现"龙头＋配套"的集群内企业分布格局，对龙头企业而言，配套企业为龙头企业的生产和创新提供了上下游产品的供应，压缩了龙头企业的生产合作成本，是龙头企业集中生产资源进行技术研发和产品生产的保障，对于提升竞争力有积极的推动作用；对于配套企业而言，实质是形成了订单式生产的经营形式，为配套的中小型企业构建了一条直销渠道，是减小中小型配套企业生产经营风险和提高产品功能与需求协同，增强配套企业产品市场融合性，借助龙头企业发展引领配套企业竞争力增强、快速发展壮大的一种途径。推广实现工业集群内"龙头+配套"企业的分布格局是提升集群竞争力，促进集群产品升级、流程升级和价值链升级的重要方式。

4.2.1.3 服务业企业重组促进服务型集群结构优化

（1）四川服务业集聚区产业重组融合基础。

四川省现代服务业体系包括生产性服务业、旅游性服务业和生活性服务业。生产性服务业主要指物流运输业、金融投资业和信息技术服务业；旅游性服务业主要指旅游业和与其相关的住宿、餐饮业；生活性服务业主要指商贸流通业、民生服务业和房地产业等①。2014年，四川全省服务业实现生产总值11043.2亿元，同比增长15.62%，较2010年服务业生产总值增长83.13%。2014年服务业生产总值占全省当年GDP的38.70%，占比同比增长2.5%。2014年四川省服务业吸纳就业人数1648.10万人，占同期就业总人数34.1%，服务业吸纳就业人数同比增长2.56%。至2016年第一季度，四川省服务业规模以上企业共5483户，实现营业收入867.6亿元，同比增长8.2%；实现利润总额79.2亿元，同比增长3.4%。其中，四川省电子商务、现代物流业、现代金融业、科技服务业、养老健康业五大新兴先导型服务业发展态势良好：2016年一季度，四川省电商交易额为4829.8亿元，同比增长28.1%，较全国同期增幅高3.9%；社会物流总额实现1.2万亿元，同比增长6.3%，社会物流总费用实现同比下降0.5%；现代金融业增加值为272亿元，同比增长12.5%，存贷款余额和保费收入分别增长12.6%和51.3%；全省规模以上科技服务业实现营业总收入为270.7亿元，利润总额38.9亿元，同比增长7.4%；四川省城乡居家

---

① 李璐：《四川现代服务业经济体系构建和发展对策研究》，载《北方经贸》，2016年第5期，第52～53页。

养老服务覆盖率高达 90％和 50％，全省规模以上健康服务业企业共 779 家，实现营业收入 23.8 亿元，同比增长 12.1％[①]。

服务业的发展呈现一定的区域特性。成都经济区的经济和平原优势推动当地金融业、物流业、信息咨询业显现巨大的发展优势，现代物流、信息服务和居民服务等新兴服务业较其他四大经济区发展较为迅速。川南经济区拥有较好的水运条件和完善的交通运输系统，物流业逐渐发展成为当地服务业的支柱产业。同时，蜀南竹海、峨眉山、乐山大佛等丰富的自然资源形成了当地旅游服务业迅速发展的基础。攀西经济区近年来工业化需求催生了当地现代服务业、物流业的发展。川东北经济区传统的交通运输业、批发零售业、住宿餐饮业进一步发展，现代物流业、金融业和商贸流通业发展较快，同时依托南充、达州、遂宁、广安、巴中、广元等中心城市的不断发展，城镇化进程进一步加快，以红色旅游为特色的旅游业渐成规模。川西北地区自然资源丰富多样，生物种类繁多，自然景观雄伟壮丽，康巴文化博大精深，民风民俗多姿多彩，为川西北地区旅游业的快速发展提供了良好的基础[②]。

四川省五大经济区优势服务业列于表 4-4。

表 4-4　四川省五大经济区优势服务业

经济区	优势服务业
成都	金融业、物流业、信息咨询、文化体育、休闲娱乐业、文化产业、旅游业、现代物流、信息服务、居民服务等新兴服务业

①　一季度四川省五大新兴先导型服务业实现良好开局，http：//www.mofcom.gov.cn/article/difang/201605/20160501317635.shtml

②　四川省五大经济区发展优势各异，http：//125.64.4.186/t.aspx? i=20101227090013-461275-00-000

经济区	优势服务业
川南	物流业、旅游业
攀西	现代信息服务业、物流业、现代旅游业
川东北	传统的交通运输业、批发零售业、住宿餐饮业、现代物流业、金融业和商贸流通业
川西北	旅游业

数据来源：四川省五大经济区发展优势各异，http：//125.64.4.186/t. aspx？i＝20101227090013-461275-00-000。

成都是服务业发展最快的地区。目前成都市高端服务业发展的主要载体是各大集聚区、商务楼宇和产业园区。2013 年，成都市修编出台了服务集聚区规划，按照产城一体"四态合一"的理念，布局 32 个服务业集聚区，以 32 个服务业集聚区为核心，健全集聚区配套服务设施，完善集聚区重大项目，当年完成服务业重大项目投资 1122.7 亿元，300 余个亿元以上服务业重点项目加快建设。成都天府软件园是成都高端软件集新兴信息服务产业额集群的核心集聚区，作为成都新一代信息技术产业的重要载体之一，天府软件园已成长为全国发展最快的专业软件园区，吸引了包括 IBM、DHL、华为、腾讯等 450 余家国内外知名企业入驻。其中，外资企业占比 40%，33 家财富世界 500 强落户，行业 100 强 75 家。园区主要包括软件服务外包、软件产品研发、通信技术等几大产业集群，并成为国内外信息服务企业在中国战略布局的首选之地①。

科技服务业是现代服务业体系的核心内容，具有智力密集、高技术含量和高附加值等特点，是推动产业结构优化升级的关键

---

① 建设服务业集聚区，推动服务业转型，http：//125.64.4.186/t. aspx？i＝20140530101529-513694-00-000

产业。至 2014 年，四川省拥有各类科技活动机构共 1650 个，科技活动人员 33.1 万人，建成国家现代服务业基地 5 个（2013 年全省服务业规模超过 2000 亿元），一些领域居于全国领先地位。其中，在研发设计服务领域，四川省共拥有科研机构 266 个（2013 年全省该领域产值超过 500 亿元），并成长发展起一大批工业设计、创意设计、IC 设计等专业从事研发设计的中小微企业；在信息资源服务领域，全省拥有超过 1300 家专业从事软件、信息服务企业和一批从事该领域研究技术推进应用的高校院所（2013 年仅成都市软件及信息服务业完成收入 1549.64 亿元）；在科技金融服务领域，四川省已初步形成了科技支行、天使投资、创业投资和产业投资相互补充的金融服务体系，全省年均科技投融资总额为 300 亿元左右；在创业孵化服务领域，全省孵化器数量达到 50 家以上（包括大学科技园 7 个），孵化面积 200 多万平方米，再孵企业超过 3500 家；在科技中介服务领域，2013 年科技咨询服务企业总数超过 1.6 万家，其中生产力促进中心数量超过 144 家，从业人员上千人。除此以外，四川省在质量和安全检验、检测、检疫、计量、认证技术服务等方面的公共验验检测服务体系比较健全，中国测试技术研究院综合实力居全国前茅，并相继建立了光伏、钒钛、酒类等一批专业性国家级检验检测中心①。

　　但在四川服务业发展过程中，其突出问题仍是服务业区域集聚度较低，且区域发展差异较大。以空间基尼系数分析四川省服务业在五大经济区的集聚度发现，2001—2012 年五大经济区的服务业集聚程度整体呈上升趋势，但上升幅度不大：成都经济区空间基尼系数从 2001 年的 0.0045 上升至 0.0205，川南经济区

---

　　① 四川省科技服务业发展工业推进方案，http：//www. ynste. com/zcfgl/4027. jhtml

从 0.0007 上升至 0.0017，攀西经济区从 0.0048 上升至 0.0067，川东北经济区从 0.0032 下降至 0.0019，川西北经济区从 0.0027 下降至 0.0004（表 4—5）。数据说明，近十年来成都经济区的服务业发展速度最快；从各经济区 2012 年空间基尼系数来看，整体水平较低，四川省服务业集聚上升空间仍很大。同时，最高的成都经济区为 0.0205，系数比集聚程度仅次之的攀西经济区高0.0188，比最低的川西北经济区高 0.0201，五大经济区之间的服务业集聚程度差距仍较大。

表 4—5　2001—2012 年四川省各区域服务业空间基尼系数

经济区 \ 年份	2001	2002	2003	2004	2005	2006	2007	2008	2009	2010	2011	2012
成都	0.0045	0.0046	0.0048	0.0062	0.0138	0.0142	0.0154	0.0144	0.0159	0.0185	0.0213	0.0205
川南	0.0007	0.0006	0.0015	0.002	0.0019	0.002	0.0022	0.0022	0.0012	0.0015	0.0018	0.0017
攀西	0.0048	0.0055	0.0083	0.0086	0.0049	0.0045	0.0038	0.0043	0.008	0.0077	0.0066	0.0067
川东北	0.0032	0.0033	0.001	0.001	0.0005	0.001	0.0016	0.0017	0.0022	0.0026	0.0025	0.0019
川西北	0.0027	0.0003	0.001	0.0003	0.0016	0.0009	0	0.0019	0.0003	0.0008	0.0001	0.0004

数据来源：郭培迎、张凤《四川省服务业发展的区域集聚效应研究》，载《现代商业》，2015 年第 14 期，第 130～131 页。

综上来看，近年来四川省服务业总体水平上升，逐渐形成了完善的现代服务业体系，并提出着力发展四川省电子商务、现代物流业、现代金融业、科技服务业、养老健康业五大新兴先导型服务业，发展态势良好，其中电子商务增速最为明显；服务业集聚区依托各大集聚区、商务楼宇和产业园区，且服务业集群的发展态势与依托产业园区的发展态势呈现一致性，依托各地资源优势，服务业分布呈现一定的地域差异性；但四川服务业整体发展实力较弱，服务业企业集聚度较低，各经济区之间的发展差距仍较大。因此，服务业集聚区产业重组旨在促进高端服务产业发展，提升集群内生产性集群依附程度，并协同区域服务业的发展水平。

（2）服务业集聚区产业重组融合路径。

第一，打造传统服务业与新兴先导型服务业协同发展的产业格局，以产业资源重组推动服务专业化提升，实现服务业集聚区功能提升。打造传统服务业与新兴先导型服务业协同发展的产业格局一方面要求整合产业资源，协调服务产业类型，另一方面要求提升服务集聚区规模。具体地，一是要合理协调传统服务业和新兴服务业发展水平。协同不同层次的服务业发展，是实现服务专业化，充分发挥产业规模经济的基础。传统服务业是生产型企业、居民生活需求的基本保障，新兴先导型服务业则是围绕现代产业体系形成的新型服务业。推动传统服务业发展是提升服务业整体水平的基石，促进新兴先导型服务业发展对于加快产业转型升级的进程有重要意义。目前，四川省服务业整体水平有所提升，五大新兴先导型服务业潜力较大，因此要在此基础上进一步协同新兴先导服务业和传统服务业相结合，以新兴先导服务业为核心，以传统服务业为基础，提升四川省服务业集聚区的基础实力和可持续发展能力。二是增强服务集聚区规模，即不仅要增加服务集聚区数量，也要增加集聚区内服务型企业数量。服务集聚区规模的增长实质是同类企业要素群的规模集聚，一方面通过同类要素规模化提升服务集聚区实力，另一方面加强要素互动，加快要素发展阶段提升服务集聚区自组织能力，有利于实现服务质量的升级，带动服务集聚区的服务层次、集群结构和价值链的升级。

第二，依托区域资源特点，以产业资源重组增强资源优势，实现服务业集聚区发展的区域协调性。服务业发展受到当地资源条件的影响，合理规划服务业的跨区域分布一方面有利于充分发挥各地资源优势，通过同类要素的规模化集中增强要素影响力，另一方面可实现各区域不同类型服务产业的差别化管理，集中生产力量进行产业专业化发展，是加快要素升级的重要举措。对于四川服务业集聚区而言，跨区域的产业分布格局是提升集聚区内功能升级和省内服务业整体结构升级、效率升级的有效途径。

第三，促进生产企业与生产性服务企业"捆绑式"发展，以产业结构调整提高服务质量，实现服务业产品和功能升级。生产性服务业是现代服务业体系中重要环节，以服务生产型企业、提高产业链效率为目标。一方面，现代服务业具有智力密集、技术和知识密集的特点，要素知识层级较高。其要素价值的发挥需要物质性要素为载体，即强化生产型服务企业与生产企业关联是生产型服务企业价值发挥的基础，进一步形成覆盖面广、高效的生产服务网络，可最大程度实现生产型服务业集聚区的价值扩散的重要渠道。同时，强化生产型服务企业与服务对象关联，形成服务质量的直接反馈渠道，对于生产型服务业集聚区提升整体服务质量，实现功能升级和价值升级具有重要的意义。

4.2.2 集群内产业渗透融合形式的新业态构建

4.2.2.1 四川省高新技术与传统集群产业渗透融合基础

（1）工业与高新技术。

《中国制造 2025 四川行动计划》指出，实现制造业转型升级要以信息技术与制造业深度融合为主线，推动制造业产业链高端化发展，并提出实施制造业创新中心建设、高端装备创新研制、智能制造、工业强基、产品强质、绿色制造、军民融合 7 大工程，努力在新一代信息技术、航空航天与燃机产业、高效发电和核技术应用产业、高档数控机床和机器人、轨道交通装备、节能环保装备和新能源汽车、新材料、生物医药和高端医疗设备、农机装备、油气钻采及海洋工程装备 10 大产业领域实现突破发展①。四川省制造业发展规划表明,四川省现阶段高技术产业向制造业的技术渗透着重表现为工业化和信息化"两化"的融合以及新技术推动的高技术工业发展。本节以四川省高新技术园区的发展现状分析新技术推动的高技术工业发展情况,以园区的信息化建设分析"两化"融合情况,以此分析高新技术产业与四川省传统工业的交互发展现状。

第一,高新技术园区。

基于前文对 7 大四川省国家级高新技术产业园的经济分析,这里着重结合各高新技术园区的创新资源和服务资源,以此分析四川高新技术与工业渗透融合现状,见表4-6。

第二,工业园区信息化。

成都是工业园区密度最高的城市(已形成 21 个工业园区和 10 个工业点),这里选取成都市 5 个工业园区为代表,阐述近十年四川工业园区的信息化建设现状②。

成都高新技术产业开发区自 1991 年被批准为首批国家级高新及时产业开发区,是全国版权示范园区、全国科技和金融结合试点地区、国家知识产权示范园区、国家高新技术产业标准化示范区、全国知名品牌创建示范区。2011 年,在全国 53 个国家级高新区中综合排名第五,四川高新区综合排名第一。至 2011 年底,全园已基本完成光纤接入、无线全面积覆盖,园区内建成较为完善的数据中心、安防系统和信息管理平台,信息化管理水平和数据共享效率较高。

成都天府软件园是中国最大的专业软件园、国家软件出口创

---

① 中国制造 2025 四川行动计划,http://www.chinaidr.com/news/2015-10/72589.html

② http://www.2he.com.cn/zhihuiyuanqu/

表 4-6　四川省 7 大国家级高新技术开发区概况①

	成都高新区	绵阳高新区	自贡高新区	乐山高新区	泸州高新区	德阳高新区	攀枝花高新区
创新资源	研发机构：至 2014 年，园区内企业技术中心 12 家、重点工程技术研究中心 4 家、国家级企业技术中心 2 家、中央在蓉独立研发机构 10 家，博士后工作站 6 个，成立产业技术类产业联盟与四大类产业联盟 18 家 创新人才：2014 年引进海外留学创业人才 265 人，创办企业 123 家，同比增长 47%。国省内企业 29%。国内全面参与"天府行动"百余项。成都高新区引进全国"千人计划"人才 85 人，占四川省的 38%，占四川省的"千人计划"人才 219 人，团队 21 个，占四川省的 37%、40%，"成都人才计划"人才 213 人，团队 18 个，占成都市的 61%、64%	研发机构：不断深化产学研合作，与中科院联系，与中科院联系初步融合创新体系初步形成，与四川大学、西南科技大学、绵阳师范学院、绵阳职业技术学院建立了校地合作关系，区内建立了国家级企业工程技术中心 4 个、省市级企业联合实验室 8 个，建立了博士后科研工作站 1 个、企业博士后流动站 3 个	研发机构：园区内科研院所 14 家、大中专院校 20 所，各类研发机构 64 个，拥有各类国家级领先研发中心 2 个，全省专业技术人才 6.78 万、技能人才 4.6 万、技术人员实用人才 13.9 万人。 创新人才：截至目前，园区企业研发人员数量占比超过 30%，园区企业研发投入占销售比超过 2.5%，拥有自主创新研发平台的创新型企业占比达到 35%	成都理工大学工程技术学院、乐山师范学院、乐山职业技术学院、西南交大峨眉校区，成都 5 所高等院校以及 26 所职业学校成为两高新区的人才保障	研发机构：园区内拥有国家级工程技术中心 2 个、博士后工作站 2 个、省级企业技术中心 2 个，并先后与中科院成分院、重庆大学、清华大学、西南石油大学、四川大学等高等院校及科研机构建立了"产学研"合作关系；2015 年，由泸州国家高新区管委会与浙江大学、四川大学、中国石油工程设计公司等高等院校及科研机构建立"产学研"合作关系，涉及国家战略性新兴产业，人才培养、就业培训，当年培训企业专业人才 1000 人以上，为园区企业输送了大批合格的技术人才、创业人才及经营人才，创业人员大幅提升企业员工队伍②	研发机构：截至 2015 年底，园区内建成国家级工程技术研究中心 2 家、国家级重点实验室 2 家、国家级工程技术研究中心 3 家、省级工程技术研究中心 9 家、省级企业个中心，成立了四川省个省级科研创立"产学研"联盟"和"四川省校校企业联盟"，园区企业先与清华大学、中浙江大学、四川国家高新区高校建立了战略合作关系，石油工程设计及科研机构建立了"产学研"合作关系，四川省科研机构建立"产学研"合作，涉及国家重点实验室 36 个、近三年共实施"产学研"项目 195 项	研发机构：拥有国家级重点实验室 2 个、国家级工程技术中心 2 个、国家级重点实验室 3 个、国家级企业技术中心 1 家、质量监督检验中心 1 个，建立了"产学研"合作基地和博士后工作流动站、创新人才：高新区与 50 多家国内外科研院所和高等院校建立了战略合作关系，设立了四川国家钒钛科技人才培训基地、钒钛人才培训基地、博士后科研流动工作站和研究生实践基地，合作办公室、博士后流动站，引进各类专业技术人才 2200 余人，其中国家级人才 57 人，创新人才团队 8 个

① 资料来源：根据成都高新技术产业开发区官网、绵阳高新技术产业开发区官网等资料整理。
② 泸州高新区，http://www.most.gov.cn/ztzl/gkjgzhy/2016/2016jcl/qgkjgzhy/201601/t20160111_123578.htm

续表4—6

	成都高新区	绵阳高新区	自贡高新区	乐山高新区	泸州高新区	德阳高新区	攀枝花高新区
服务资源	孵化器：打造"创业苗圃一孵化器一加速器"全产业链孵化链条，载体总面积达到346万平方米。新建天府软件园G5等4家（政府示范孵化器（体）面积12.18万平方米，目前已建成以8家国家级孵化器为骨干、总面积超过140万平方米的30家科技企业孵化器群体。在孵企业总数物则3700家。2014年，新引进各类金融机构201家。其新增注册资本83.97亿元。协助加快金融总部落户区。新增民营银行等金融后台服务区建设，创投、交易所等各类机构22家。推动利益登创动力元，中海互联网大厦、川投大厦、交易所广场等金融服务专业楼宇	孵化器：建设"苗圃一孵化器一加速器"一体化孵化链，建设业科技创业苗圃、生物医药国家级专业孵化器等国家级孵化平台建设，完善创业服务中心和国家级孵化总面积3万㎡，在孵面积3万㎡，在孵企业148家。毕业企业95家。国际创业总数物则创四川尚尚·国际创业科技园管理有限公司2个民营推进华为国家级孵化器，目前，正积极推进绵阳出口加工区公办加速园区加速工作，以加强川山集团园区建设，海工业园国民加速器群建设步伐。其他服务：引进市内外知名电子商务型企业80余家，至配套企业30余家	孵化器：依托国家级孵化服务中心，加速孵化链条建设，孵化器全新引进4家高新科技企业入驻，在孵企业1家，毕业企业和税销产值50%，每平米产值接近2.5万元。平台建设：扩容升级了科技信息服务平台、强化与清华大学、岩研中科院等各类科技合作。全力促进成果转化	建立了科技孵化园，创业园和夹江园孵技术产业园，与乐山市产业服务公司建立了合作关系。建立起以中小企业担保融资和产权交易、技术转让为主的创新机制。截止2005年底，高新区已有人孵项目25个，创业企业15家，创业企业实现销售收入7500万元	孵化器：综合性企业孵化器，占地面积2.79万平方米，医药产业专业孵化器，项目建设总投资3.8亿元，科技金融：1.6万平方米，项目建设总投资3.8亿元，引进包括商行工作、农行在内的14家金融机构。平台建设：一是园区着力建设综合服务平台、法律财务服务中介平台、投融资对接服务和中小平台，投融资对接服务平台。二是建设类孵化服务平台。三是用工招聘平台、技术转移平台、媒体传讯平台。二是建设类数据服务平台。2015年为四川大数据服务平台、是提供技术市场服务平台三，以华为四川分公司中小企业项目助动力公司孵化服务平台，是提供技术市场服务平台三，技术评估为主，技术评估一体创新技术服务平台	孵化器：2014年12月5日，高新区创新创业服务中心被科技部火炬中心认定为国家级众创空间，目前入驻企业106家，其中大学生创业企业18家，主类图绕园区主导产业进行孵化。其他服务：中心设立300万元的种子资金、服务各类科技及村企业300余家，提供直接就业岗位2551个，技能工人培训能力达5000人/年	平台建设：园区内创新平台健全，已建成各类科技创新平台42个，国家钒钛制品质量监督检验中心1个，国家级企业技术中心2个，国家级重点实验室1个，可对23个钒钛制品的全部检验，涵盖钒钛制品的全部检验和参数。重点建设产品检测、检验。其他服务：园区着力发展现代物流、商务服务、信息服务等生产性服务业，建成四川最西部融入川滇、辐射东南亚的专业人才培养等立足攀西，实现了"以产兴城，依城促产、产城一体"的良性互动

新基地、国家服务外包基地城市示范园区，是成都软件与信息服务产业的核心聚集区。园区拥有西部最大的国家级公共技术支撑平台，拥有数据中心、IC 设计测试实验室、集群渲染与高清非编中心、信息安全专题实验室、Android 实验室、手机测试平台、海外游戏平台等资源，网络通信环境达到国际水准，实现无线网络全覆盖。在信息化基础设施方面，园区拥有智能化停车场和高端国际会议设备设施等。

西南航空港经济开发区于 2005 年经国务院核批，成为省级重点经济开发区，2009 年被列入"1525 工程"500 亿产业园区行列，被国家科技部批准列入国家新能源装备高技术产业示范基地。成都市新都工业开发区成立于 1992 年，是经四川省人民政府批准成立的省级重点开发区，作为成长型特色产业园区被列入"1525 工程"100 亿园区培养行列，重点发展机电成套设备制造、石油钻采专用设备制造、汽车零部件制造及相关配套产业。电子科技大学国家大学科技园（成都园）由电子科技大学下属企业成都科杏投资发展有限公司建设，集创新研发、成果孵化、产品中试、市场营销和技术服务功能为一体，是西部又一自主创新基地。至 2011 年，三个园区均已完成程控电话、光纤宽带和安防系统布控等信息化项目建设，其中成都新都工业开发区基本建成物流管理系统，极大地提升了园区内物流管理水平。

第三，农业生产基地信息化。

四川省农业信息化推进已基本形成了农业信息网站和电话信息服务相协调的农业信息体系：在农业信息网站建设方面，2000 年四川省提出"加速农业信息服务体系建设，推动农村信息致富工程"战略；2001 年，四川省建立了覆盖成都、绵阳、乐山、广元、雅安等 12 个市、近 20 个县的农业信息门户网站，部分市、县农业局建成局域网，实现与重点乡镇、农业大户和农业市场的联网。目前，四川已建设并开通了四川省农经网、天府农业信息网、四川信息田园、四川畜牧食品信息网、四川种业信息网、四川植保信息网、四川三农新闻网、中国西部新农业信息网、中国星火计划四川网、数码粮务网、四川省育种攻关信息共享平台等近 300 多个涉农信息网站，数量高于中、西部 18 省（区、市）的平均水平，位居全国前列。此外，四川省联合电信公司打造了集农业咨询、农业就业、文化娱乐和农村简介等功能为一体的"信息田园"农村信息服务平台，发展成为农民、企业和商家的实时互动平台，并在各级政府协同之下形成宽带信息镇 1337 个、宽带信息村 6873 个，开办各级农村网站 3016 个。在电话服务方面，2006 年，四川省农业部发布《关于开通 12316 全国农业系统服务同一专用号码的通知》，截至 2011 年，"三农"服务热线覆盖成都、绵阳等 18 个市州，全省 140 多个县；并建立联系基础村委会、乡镇企业和农户的"三农百事通"电话服务系统，至 2010 年，该系统已在成都、绵阳、乐山、雅安等市州建立 5000 多个农村示范点。四川省农村信息网络系统覆盖大部分的农业生产基地，为农民提供了大量农产品信息、市场信息和技术指导等。

但四川农业信息化基础薄弱，也成为制约农业信息化推进的主要因素。其一，信息传输平台集成共享性差。一方面四川省信息传输技术缺乏技术融合性，尚未形成集电话、网络、手机、视频等多种传输技术互为补充的农业信息协同传输平台，信息传输集中在单一的网络平台、手机平台和电话平台；其次，四川省各类信息传输平台分别由农业、林业、牧业、气象、信息等多部门独立构建，平台之间重复建设现象严重，缺乏平台交互能力。其二，基础设施建设滞后。"十一五"期间，四川省各级农业部门信息化投入建设资金仅为 1000 万元，"5·12"地震过后，四川农业信息化建设一度停止，四川"金农"工程一期项目建设投资也由 3364 万元下降至 1600 万元，相比于同期江浙、湖南等地年均 1500 万元的建设资源投入显得严重不足；同时，东部沿海地区已基本完成了省—市—县三级联网，但目前四川省仍有 30％的市和 60％的县未实现网络覆盖，而且已覆盖地区由于缺乏基本信息化设备，信息建设水平仍旧较低[①]。

"十三五"规划中，四川提出瞄准农业生产、经营、管理和服务四大应用，突破大数据、物联网、数字农业等前沿技术，建立全产业链条智慧农业系统，积极发展农业电子商务。其中典型代表是落户于成都的国内首个真正意义上的中药材电子商务交易平台——成都天地网。该平台支持中药材线上交易，至 2010 年交易规模超过 15 万吨，实现营业收入 75 亿元，线上交易量居全国行业之首[②]。四川省还积极以天地网为核心建立国家级中药材指数网络中心，支持企业在全国中药材主产区和市场建仓储物流交割中心、电子商务交易中心、信息中心和检验检测中心，完善中药材商务平台，深化信息化对农业生产链的改造升级。

综上所述，四川省高新技术产业与传统产业渗透主要表现为高新技术对传统产业生产技术的替代，实现向高技术产业转型的趋势，在集群式发展中表现为高新技术集群的规划与发展。同时，无论是农业还是传统工业，高新技术对其产业结构和管理手段的改进突出表现为信息化的应用。从高新技术园区发展来看，四川省高新技术园区的经济规模不断增长，无论是龙头企业或是中小型企业，其企业数量和经济收益都在不断提升，而规模的提升促进了园区内跨产业集群数量的增长和产业链的完整。集群转型升级活力与实力大幅度提升主要表现在以下两个方面：一是创新实力的增强。四川省高新技术园区规划以提升创新研发实力为核心，

---

① 胡玉福：《四川农业信息服务体系建设研究》，2013 年四川农业大学论文。

② 四川省将打造全国最大中药材电子商务平台，http：//finance. stockstar. com/JL2011022500001971. shtml

围绕研校企合作、企企合作、人才计划等形成了较为完整的产学研结构；大部分园区实现了"国家级—省级—市级"研发中心体系和创新人才培育基地等，产业创新能力和知识密度不断提升。二是服务能力的提升。四川省高新技术园区的发展以服务能力提升为驱动，"创业苗圃—孵化器—加速器"这一完整的产业孵化链逐渐成形，金融服务、电子商务、咨询中介等各类服务型企业集聚，技术服务平台、创新创业平台、资源共享平台、公共服务平台等平台体系逐渐完善，极大地推动了高新技术产业实力，是集群升级的重要支撑。从传统产业信息化来看，四川省工业、农业信息化不断增强，信息技术对产业渗透度不断提升，逐渐成为质量监控环节、管理环节、渠道销售环节等主要手段，但信息化基础薄弱、信息设备覆盖面不完全、信息平台交互能力差等问题仍旧突出，是未来产业信息化建设的重要改革方向。因此，本文对集群产业渗透融合路径设计以促进园区发展和推动信息化为代表的产业结构提升两个方面对渗透融合机制进行具体阐释。

4.2.2.2 四川集群内产业渗透融合路径

第一，鼓励企业创新积累，以知识来源改善提高要素渗透效果，实现传统产业知识结构改善。企业创新积累的增加要求企业增强生产实践中的知识积累和知识创新能力，实质是改善企业知识来源，扩大企业内部知识比重，从知识类型角度增强知识逆向转移的一种手段。这种创新积累主要来源于两种方式：一是增加企业创新投入，改善企业内部创新环境，实现生产实践知识和技能的直接积累；二是加强同类企业良性竞争和合作，依托有效的技术交流和业务沟通，增加生产经验和知识的间接积累，减少知识积累成本，在增加企业内部知识储量和改善知识来源结构的基础上通过企业创新投入和企业内部创新实力改善提升集群内产业升级的组织基础，进而推动产业整体知识层次升级和产品结构改善，实现集群的产品升级、功能升级和价值链升级。

第二，完善高技术产业研发链，以产业内部知识积累增强产业要素势能差，实现渗透效果提升。这在四川高新技术园区建设中表现为以提高技术创新能力、构建完整的研发链为关键环节。技术研发机构是高新技术园区的"大脑"，即在高新技术向传统生产渗透中，起核心作用，其实质是通过增加知识传递方的知识储量，加大知识逆向转移的双方势能差，这也是产业渗透开始的前提条件。在高新技术园区内增加技术研发机构的集聚，一方面可通过规模化的知识总量增长直接作用于企业合作，扩大知识溢出效应，为技术转移提供可能性；另一方面可增加跨技术研发机构类别，推动跨产业研发联盟建立，这样不仅能减少高技术渗透的难度和提高技术渗透的深度，还能推动技术融合、技术创新和新产业的生成，即这一措施可提高产业转型效率，并进一步推动集群价值链改善升级。

第三，深化校企、企企合作，以完善的集群创新和人才培育体系推动集群服务功能建设，实现渗透效果提升。创新型人力资本是改善企业创新能力的重要因素。在四川高新技术园区建设中，人力资源的引入和创新型人才培育体系得到不断完善，并在技术创新和技术产品化过程中转化为巨大的经济效益。这一环节不仅是集群创新的要素基础，也是伴随产业渗透和生产能力改善而出现的人力需求，要求在现阶段基础上继续深化"走出去"等人才吸引项目，开展多形式的人才流动活动，缩小人才缺口，同时，深化校企、企企合作和人才培育机制，实现稳定、可持续的人才供应。

第四，鼓励生产服务主导型高新技术企业发展，以高新技术产业链软化和服务链完善提高要素渗透效果，实现高技术产业知识结构改善。这种方式实质是通过增加高新技术产业内服务要素数量和改善产业服务质量实现产业链软化，即从产业特征调整着手提升知识逆向转移效果。在高新技术产业中，一方面鼓励生产服务主导型的高新技术企业发展①，一方面引导高新技术企业转型，实现知识密度高的高新技术企业在高新技术产业中的主导地位，在高新技术产业结构改善的基础上降低高新技术企业技术研发成本，有效促进高技术合作，为高新技术产业创新实力的提升提供间接的产业环境，以集群内产业的价值提升带动传统集群的价值链升级。

第五，构建完整的产业孵化链和服务平台体系，以集群环境改善提升传统产业技术内化效率，实现传统产业知识结构调整。改善集群环境：一要继续推进集群内"创业苗圃—孵化器—加速器"这一孵化链的完整性建设，通过扩大集群内中小型高新技术企业孵化面积，提高孵化效率，提升高新技术产业整体企业实力。这一措施实质是高技术市场化的催化剂，也是高技术向生产型企业渗透过程中深化技术内嵌度、提高企业对高技术的应用和扩散能力的有效举措。二要引导不同类型的生产型服务企业在集群内集聚，构建包括资源共享平台、技术交流平台、金融平台、公共服务平台等在内的集群服务体系。服务平台的构建是提高资源配置效率的方式，也是通过提升企业合作透明度强化产业内企业关系网的基础。以上集群环境的改善是集群产品升级、流程升级、功能升级和价值链升级的重要保障。

第六，基于"互联网＋"打造智慧集群，以信息技术的多环节渗透推动传统产业现代化，实现产业知识结构和集群价值链升级。传统产业信息化程度的提高是现阶段传统产业转型升级的重要标志。在传统产业集群内，以集群产业为单位，完善集群内信息基础设施建设、扩大集群信息网络的覆盖面积、实现产业和集群管理手段的提升，是提高集群运作效率、推动集群大数据时代

---

① 方建中：《产业转型升级的范式转换：从分立替代到耦合互动》，载《江海学刊》，2013 年第 6 期，第 71～77 页。

的技术基础，由此将推动集群流程和价值链的升级。

4.2.3 产业交叉融合形式的新业态构建

4.2.3.1 四川省集群产业交叉融合基础

继基于信息技术发展实现的"三网融合"之后，产业交叉融合的表现形式主要为文化产业和旅游产业与农业、工业的融合，以此出现休闲农业和农业旅游的融合性产品。本节以四川省休闲农业集群和工业旅游现状分析四川省集群内产业交叉融合现状。

（1）休闲农业集群。

休闲农业进一步发展。四川是中国"农家乐"的发源地，充分利用了省内丰富农业资源和厚重的农耕文化建设休闲景区和培育休闲农庄，推动四川休闲农业的进一步发展。至 2015 年，全省休闲农业与乡村旅游经营单位发展到 3.1 万家，接待游客 3.2 亿人次，综合经营性收入 1008 亿元，同比增长 34%，规模效益居全国首位[①]，重点打造了"五大休闲农业产业带"：以成都平原为核心的平原风光产业带，以甘孜、阿坝、凉山为重点的民族风情休闲农业与乡村旅游产业带，以巴中、达州、广安等为重点的红色故里产业带，以乐山、宜宾、泸州等为重点的川南田园风光产业带，以德阳、绵阳、阿坝等为重点的灾后重建新貌产业带[②]。除此之外，四川省近年来举办了许多以"春赏花、夏避暑、秋采摘、冬年庆"为主题的农业节庆活动，如龙泉的"国际桃花节"、蒲江的"国际郁金香节"、青白江的樱花节、双流的草莓节等；另外，围绕创意农业精品大赛、蒲江郁金香节、宜宾早茶

---

① 2015 年我省休闲农业收入居于全国榜首，http://www. scagri. gov. cn/ywdt/stdt/201601/t20160113_456023. html

② 许静：《四川农家乐产业规模效益全国第一》，载《四川日报》，2013 年 2 月 20 日第 9 版。

节、彭州蔬菜博览会、眉山泡菜国际博览会等大型节会，举行了专题新闻发布会。这些活动不仅吸引了广大游客，还提高了农业产业集群的知名度，扩大了社会影响力①。

四川省休闲农业发展具备以下发展特点：第一，休闲农业新型经营主体形式多样。"十二五"以来，四川省着力培育农民合作社、家庭农场、农业企业、旅游公司"四大"休闲农业新型经营主体，形成了以休闲农家为基础、休闲农庄为主体、农业旅游公司为牵引的休闲农业经营体系。至 2015 年，已形成规模化的休闲农庄近 2000 个，省级示范休闲农庄 100 家。第二，产业基地景区化发展。2013 年，四川省率先启动农业产业基地"景区化"发展战略，强化创意农业理念与创意规划设计，培植创意观景、创意产品、创意活动、创意服务及创意品牌推广；同时深挖农耕文化，建设农耕民俗文化、现代农业科技、农事体验等战士场所。至 2015 年年底，全省建成农业主题公园、农业观光园、农业科普园等 2000 余家。

虽然四川休闲农业产业蓬勃发展，但也存在农业基地和园区建设缺乏战略性，过分重视休闲农业发展的问题。农业科技园区发展存在的问题：缺乏科学规划，盲目进行园区建设。由于在建设园区时没有进行整体规划，且多数园区从方案论证到规划设计时间仓促，未能做好规划准备，无地方特色，甚至有一些冠区选择的产业根本就不适合当地种植。部分园区只重观赏价值轻实用价值，从美学的角度考虑得多，造成科技园区在后期使用中的诸多不便；甚至有的地方在园区内大量引进"高、精、尖"的设施，片面追求展示现代农业技术和先进设施，而不是真正地从发展的角度出发、以科技发展农业为目标，仅成了"形象工程"。

---

① 四川省农业厅：《强化"六抓六推动"，实现农业产业新格局——四川省休闲农业与乡村旅游发展现状》，四川省农业厅 2013 年研究报告。

（2）工业旅游。

四川省首个开展工业旅游的企业是绵阳长虹电器。1998 年该企业组织消费者参观工业基地，并科普科技知识，随后引发各行业企业效仿；至 2001 年四川省政府正式提出发展工业旅游，并在第一批工业旅游示范点评定工作中有 3 家企业获此称号，此后四川省工业旅游行业进入快速成长期；至 2007 年，已先后形成泸州老窖集团公司、绵阳长虹电器股份有限公司、乐山龚嘴水力发电总厂、攀枝花钢铁（集团）公司、攀枝花二滩水电站、宜宾五粮液工业园区、成都高新区金威啤酒工业旅游区、遂宁美宁生态食品科技园这 8 个全国工业旅游示范点①，这些企业覆盖酒类、家电、食品加工、水电等多个产业；2007 年以后，四川工业旅游进入发展缓慢期，除了攀枝花二期水电站和泸州老窖结合环境优势扩大为休闲工业旅游景区外，大部分企业的工业旅游品牌优势并未显现；至 2013 年，四川省工业旅游 A 级景区数量共 10 家，仅占四川 A 级旅游景区总量的 3%，行业以酿造类为主，其他主要集中在电子、钢铁等。

目前，四川省工业旅游发展的突出问题表现在工业资源的旅游功能开发效率较低。从五大经济区的工业资源来看，成都平原经济区以新一代信息技术、航天航空与燃机、高效发电和核技术应用等先进制造业为先导产业，其中天府软件园已成长为中国最大的专业软件园，是国家软件出口创新基地和国家服务外包基地城市示范区。绵阳是我国三线建设的重要工业基地，凭借先进的电子技术和军工科技被誉为"西部科技城"；除此以外，资阳、眉山、乐山等众多城市工业资源丰富，部分产业在国内具有巨大影响力。川南经济区酒业发达，规模各异的酿酒企业超过千家，其中泸州是世界级白酒产业基地，拥有著名的水陆空交通枢纽，

① 资料来源：四川旅游网，http：//www. 517sc. com/

是国内唯一的"酒城"。同样以酒业发达闻名的还有宜宾，当地白酒品牌众多，被称为"中国酒都"。此外，自贡的井盐历史悠久，有着"千年盐都"的美誉等。位于川东北经济区的南充市有千年蚕商的历史，并随着丝绸之路影响的扩大，被称为"中国绸都"等。攀西经济区具有强大资源优势，以建成世界级钒钛产业基地、国家重要的铁矿石资源保障基地、国家重要的稀土研发制造基地为区域工业发展目标，其中攀枝花是中国四大铁矿之一，尤以种类丰富堪称世界之最的稀有贵金属闻名，有着"钢铁之都"的称号。除此以外，位于攀西地区的西昌是我国四大航天基地之一，拥有西昌卫星发射中心，是四川打造的攀西城市群核心力量，被称为"科学卫星城"，且自然风光优美，同时享有"国家森林城市""中国最美的十大古城之一"等美誉。川西北是四川生态经济区，随着近年来工业的不断发展，具备了发展工业旅游的强大潜力。五大经济区工业资源丰富，但从工业旅游品牌发展情况来看，资源与功能开发之间存在较大的不匹配，工业园区的旅游资源开发程度较低。

除了存在工业资源开发程度低的问题之外，四川省工业旅游与当地文化产业、自然资源等结合程度也较低，工业旅游形式较单一，多以传统的观光旅游为主。因此，内容的贫瘠也是四川省工业旅游发展较慢的重要原因。

综上所述，四川省农业与旅游业交叉融合发展态势较好，目前主要呈现两种发展形态：一是休闲农业集群。四川省作为休闲农业领头者，在不断发展中壮大形成了"四大经营主体""五大休闲农业产业带"，实现了休闲农庄系列和观赏农业系列结合的休闲农业体系。二是混合生产基地。这是融合作物基地生产功能和休闲农业观赏功能，以产业基地景区化为主导的一种基地发展形式。四川省工业与旅游业交叉融合程度较低，主要表现在工业资源开发程度较低、工业旅游的品牌优势并未显现、工业旅游的形式单一等，但四川工业在西部工业发展较快，自然资源、文化资源优势明显，具有工业旅游发展的重大优势。由此，本文对四川省集群内产业交叉融合路径的设计以巩固四川省农业旅游优势和提高工业旅游开发效率为关键。

4.2.3.2 四川省集群内产业交叉融合路径

第一，依托地区资源优势，融合农业、工业资源与旅游业资源，实现资源功能性拓展和现代化产业结构调整。其一，在功能拓展方面，推动农业、工业资源和旅游业资源融合，是发展农业旅游和工业旅游的基础。其中，农业资源包括农业生产资料、农机设备、农业基地、农业产品等，工业资源包括工业原料、工业生产线、工业企业、工业产业园区、工业产品等。农业、工业资源与旅游资源的结合，拓展了生产资源的观赏功能，一方面实现了工业、农业价值链延伸（这种价值的提升凝聚于生产产品），实现产品的价值提升；另一方面，工业和农业资源的加入促使农业旅游线路和工业旅游线路的形成，直接丰富了旅游产品。其二，在现代化产业结构调整方面，强化农业、工业资源旅游化的核心途径是强化现代农业、生态农业和品牌农业以及现代工业、景区工业和品牌工业的概念，以产业的交叉融合对农业、工业的产业基地建设、产业结构和产业价值提出新的发展要求并引入新的产业价值增长点，是间接推动现代产业结构调整的重要方式。

第二，增强产业开放性，以产业资源共享延展产品功能边界，增强产业融合深度。在产业交叉融合中，资源的共享程度直接关联到原产品的功能延展和融合性产品的综合性能。对于农业、工业与旅游业的交叉融合而言，农业、工业资源的开放性是提高旅游内容丰富性的基础和核心，在此基础上推动生产观光旅游、休闲保健旅游、文化旅游等概念旅游，对于丰富农业旅游、工业旅游形式具有重要作用；对于旅游业而言，旅游资源的开放程度决定了某一地区农业和工业资源观光功能开发的能力，同时旅游行业具有稳固的消费者市场，该资源的合理利用对于农业、工业开拓消费者市场，深化品牌建设具有重要意义，对于实现农业、工业集群价值提升具有正向推动作用。

第三，跟进产业融合的基础建设，以产业融合的资源办调性合理调控产品市场竞争，增强产业融合深度。对产业交叉融合而言，融合性产品的出现加剧了原有产品市场的竞争压力；对农业、工业与旅游业的交叉融合而言，农业旅游和工业旅游的推广分散了原有旅游线路的游客资源，在新兴旅游产业内合理引导产品市场竞争，强调需要相关政策引导和规范；同时，在此基础上，培育新的产业开发主体、调整现有的主体结构和业务结构，推动实现相关基础性建设与跨产业资源融合相匹配，是进一步推动产业融合深度的保障性举措，以此带来集群产业结构的调整和价值的升级。

第四，完善市场机制建设，以市场需求引导融合性产品价值竞争，实现融合性产业或新产业的可持续性发展。对于融合性产品而言，跨产业产品功能的融合使得原产品、融合性产品和由此产生的新产品在面对扩大化的消费群体时，会形成一定的市场竞争，这种市场竞争的实质是产品功能开展，因此对于产品功能的定位和调整将直接影响产业结构的变化。采用以市场需求为导向推动产品价值竞争的方式，是市场产品功能结构与市场需求相匹配的一种手段。市场需求尤其是高层次的市场消费需求和对潜在消费需求的开发，对产品性能的提升和功能开发具有重要意义。因此，强调市场需求的引导作用对推动集群内产品升级和价值升级具有切实意义。

4.3 基于"点—线—面"的集群间协同发展路径

4.3.1 四川省集群协同发展基础

4.3.1.1 四川省集群"点协同"及"线协同"发展基础

前文的分析表明，四川省五大经济区区域优势存在差异，集群的分布依托了这种资源优势呈现区域差别化：成都经济区主要优势产业包括高新技术、重型装备、石油化工、农产品加工等，川南经济区主要优势产业包括能源、天然气、新材料等，攀西经济区优势产业包括能源、钢铁、稀有金属等，川东经济区主要优势产业包括钢铁、天然气等，川西经济区主要优势产业包括生态旅游、民族特色产业等——这些优势产业对区域经济的辐射作用越来越强。本节对四川重点集群的发展情况和重点集群对区域经济的辐射效果不做赘述，将重点阐述基于产业链形成的四川产业集群以及基于区域创新体系形成的四川区域集群协作现状，即"线协同"和"面协同"，作为本文研究基于"点—线—面"的集群间协同发展路径的现实基础。

四川省"线协同"的表现形式是逐渐形成了规模化的产业带，其中具有代表性的为"五大休闲农业带"和"成德绵高新技术产业带"。这些产业带以产业链为核心，在区域内或区域间形成带状的集群协同结构，其发展主要具有以下特征：

第一，产业带分布依托区域资源优势。四川省提出精品农业的发展概念，在休闲农业发展方面突出休闲农业的差异化，近年来旨在依托五大经济区资源优势，打造不同定位的"五大休闲农业带"，包括以成都平原为核心的平原风光产业带，以巴中、达州、广安等为重点的红色故里产业带，以乐山、宜宾、泸州等为重点的川南田园风光产业带以及以德阳、绵阳、阿坝等为重点的灾后重建新貌产业带。

第二，产业带规模不断壮大，成德绵产业带基本形成"龙头＋两翼"的产业关联格局。成德绵高新技术产业带是依托四川省省会成都以及成都以北的绵阳、德阳建立的高新技术园。这些沿成德绵高速公路建设的科技园基本形成了以电子信息、生物制药和军工产品等产业为核心的带状区域。近年来，成德绵高新技术产业带科技实力和经济规模不断提升：2003 年，成德绵三市专利获批数量为 4794 件，占当年全省 79％；至 2005 年，三市完成科技项目课题 21183 项，占全省全部完成科技项目课题 69.12％。该产业带汇集国家级、省级高新技术企业超千家，包括长虹、新希望等一大批跨地区的高技术大型企业集团，截至 2011 年，产业带实现工业总产值占全省高新技术产业的 67.0％，有 11 个市州超过 100 亿元，比 2007 年增加 8 个；四川省 7 个国家级高新技术产业园区基本分布于成德绵高新技术产业带，产业带的规模化发展已初具雏形①。在成德绵产业带中，成都与德阳、绵阳以经济发展规模和地区资源形成了较为稳定的生产关联关系：成都市是该高新技术产业带的"龙头"，2002 年，拥有2700 多个研究开发机构、15 个国家重点实验室和国家工程技术研究中心；至 2014 年，全市纳入统计的高新技术企业共 1428 家，实现总产值 6653.92 亿元，同比增长 23.5％，占规模以上工业总产值超过 67％，当年高新技术产业增加值在全国副省级城市中排名第二②，已成为国家实施西部大开发战略的一个重要科技中心；作为成德绵高新技术产业带两翼的德阳市、绵阳市的

① 高新技术产业的四川范式，http：//epaper. scdaily. cn/shtml/scrb/20130108/6696. shtml
② 成都市科学技术局：加快成都高新技术产业发展的建议，http：//www. cdst. gov. cn/ReadNews. asp? NewsID=18659

高新技术产业得到了长足发展。其中，德阳市 2015 年高新技术产业总产值超过千亿，当年组织实施产学研合作项目 21 项，完成实际投资 9081 万元。德阳高新区围绕积极培育生物医药产业、通用航天、新材料新能源产业等，2014 年入驻企业 641 家，园区实现工业总产值 660 亿元，高新技术产业产值达 44.5%[①]。绵阳市高新区内，先后建成电子信息产业园、生物科技园、新材料及精细化工业园等，全市 2014 年实现高新技术产业产值 1200 亿元，占当年该市工业总产值 56%，同比增长 16.3%[②]。

第三，产业带内集群经济发展差距较大，虹吸效应制约了产业带周边经济联动。在成德绵高新技术产业带中，成都市、德阳市和绵阳市的总体经济实力发展差距仍较为明显，根据相关统计数据表明，2013 年成都市地区生产总值为 9108.9 亿元，德阳市地区生产总值为 1395.9 亿元，绵阳市地区生产总值为 1455.1 亿元，三市经济首位度为 6.26。同年，成都市工业增加值为 3493.1 亿元，德阳工业增加值为 705.6 亿元，绵阳工业增加值为 637.7 亿元，三市工业增加值首位度为 4.95，三市经济结构和产业结构存在较为严重的失衡现象；同时，在成德绵技术产业带发展中，三市的资源、产业集聚度甚高，虹吸效应明显，而相比之下，对于周边城市的辐射带动力较弱，周边城市与成都、绵阳、德阳经济水平和产业发展状况差距较大。

4.3.1.2 四川省集群"面协同"发展基础

四川省"面协同"的表现形式是产城一体化，围绕地区规划和区域创新体系建设，呈现面状的集群、城市、经济区等联动发

---

① 德阳广汉高新技术产业园区，http：//www. ghgxq. gov. cn/aboutus－301. html

② 四川省人民政府，http：//www. sc. gov. cn/10462/10464/10797/2015/6/19/10340177. shtml

展面貌。"成渝经济区"规划较为典型。成渝经济区位于长江流域上游，与长三角经济区、大武汉经济区构成了长江流域三大经济集聚中心，是中国重要的人口、城镇、产业集聚区，在中国经济社会发展中具有重要的战略地位。成渝经济区包括重庆市的万州、涪陵等 29 个区县，四川省的成都、德阳等 15 个市，共计 146 个区县级行政单位。2012 年，GDP 为 31293 亿元。

近年来成渝经济区的发展实现了川渝地区经济规模增长和产业结构的优化。从总体来看，成渝经济区三次产业在 1991—2008 年间有了较大的增幅。川渝地区 GDP 由 1357.86 亿元增长至 17602.91 亿元，经济规模增长 11.96 倍，年均增长达到 66.47%。其中第一产业总产值由 388.56 亿元增加至 2532.08 亿元，增长 5.51 倍，年均增长 36.2%；第二产业总产值由 398.7 亿元增加至 7410.45 亿元，增长 17.59 倍，年均增幅为 97.7%；第三产业总产值由 362.29 亿元增加至 5911.08 亿元，增长 15.32 倍，年均增幅为 85.1%。从各产业比重来看，至 2008 年，成渝经济区三产业比重分别为 15.97%、46.74% 和 37.29%，较 1991 年，第一产业下降 17.83%，第二产业上升 12.04%，第三产业上升 5.79%；第一产业比重大幅下降，第二产业和第三产业比重有所上升，第二产业仍为区域主导产业。这一调整极大促进了地区产业分布的合理性。在区域协同发展作用下，成渝经济区在现阶段主要呈现以下特点：

第一，以成都、重庆为双核，区域整体经济呈现"凹"字形结构。2012 年，成渝经济区 GDP 总量超过 100 亿的区县共 105 个，超过 500 亿的区县共 14 个，其中渝北区 GDP 总量高达 879.32 亿元。同时，GDP 总量小于 50 亿元的区县共有 14 个○，

① 刘运伟：《成渝经济区经济发展时空变化特征》，载《中国科学院大学学报》，2015 年第 2 期，第 229~234 页。

主要分布于绵阳市北部、雅安市北部和乐山市南部的山区，即成渝经济区内发达和较发达区县集中在经济区的西北部和东南部。GDP 总量在成都—德阳—绵阳、成都—资阳—重庆、重庆—广安—达州三个方向上向两端延伸，经济区形成以成都和重庆为核心的典型两核形态，整体经济呈现来两头发达、中间薄弱的"凹"型特征。

第二，顺应城市发展规律和要素优势，区域产业分工体系已基本形成。四川城市体系中包含成都平原城市群、川南城市群、川东北城市群和攀西城市群。这四大城市群在川渝经济区具有不同的经济地位：成都平原经济区包括成都市、德阳市、绵阳市、眉山市、资阳市以及乐山市主城区、夹江县、峨眉山市和雅安市主城区、名山区等，是四川省人口、经济、城市最密集的平原地区，形成了以超大城市成都为中心的经济圈，是川渝经济区"两核"经济结构中重要的核心之一。川南城市群包括自贡市、泸州市、内江市、宜宾市，以及乐山市除主城区、夹江县、峨眉山市外的其余城镇。该城市群区位优势明显，拥有较强的工业基础和特色优势产业，中等城市密集，其中自贡、内江、泸州、宜宾构成的三角状城市群空间分布的空间距离小，是最适合成为成渝经济区能量交换的区域。川东北城市群包括广元市、遂宁市、南充市、广安市、达州市、巴中市。近年来，该城市群先后实现达成铁路、成南高速公路、广南高速公路、达渝高速公路的建成通车，便捷的交通枢纽特征使之成为成渝经济区重要的经济腹地。攀西城市群包括攀枝花市、凉山州以及雅安市除主城区、名山区外的其余城镇，具有丰富的资源。作为成渝经济区的一个亚区域中心，其特殊的地理区位、丰富的资源优势和工业基础使其成为经济区发展的战略性区域[①]。在此基础上，四川省旨在推动产业分布与城市群发展相匹配，具体来说就是成都平原城市群发展要求发挥成都特大中心城市的集聚、扩散功能，推动成都、德阳、绵阳、眉山、乐山、资阳同城化发展；川南城市群发展要求依托主干线，重点发展能源工业、材料工业、机械工业、化学工业、食品饮料等优势产业；川东北发展要求加快能源勘探开采和加工工业，建成国家级天然气综合开发利用重点区；攀西城市群发展要求依托攀枝花、西昌两个中心城市，以资源优势为核心，重点发展钒钛和水电资源开发产业等。

第三，大城市大集群的虹吸能力和辐射能力失衡，共生关系和资源共享程度较低。目前，川渝经济区以特大城市成都、重庆形成两核，对资源的集聚能力较强，发挥了较强的"虹吸效应"。这种效应极大实现了资源的集中。在此基础上，有效的共生关系和合理的资源共享渠道是增强正向外部性和大城市大集群辐射能力的关键。相关研究对于城市经济联系和经济隶属关系的分析表明，目前成都与绵阳、德阳、乐山、资源、眉山、雅安等城市具有较强的经济隶属关系，同时这种隶属关系的强弱与该城市和重庆的隶属关系相反，这表明这种经济关联目前大致与城市间的交通距离趋于一致，即中心城市对周边城市的辐射能力随着距离的增加而不断削弱。对于距离较远的中小城市而言，在辐射效果较差的情况下，中心城市的虹吸能力越强，可用资源越少，经济发展的难度就越大。这要求要均衡大城市大集群的虹吸能力和辐射能力，实现资源的合理配置。而目前川渝经济区的"凹"形经济结构标志着这种虹吸能力与辐射能力的失衡特征。

---

① 四川省四大城市群经济实力研究，http：//www. sc. gov. cn/10462/10464/10465/10574/2014/1/8/10290302. shtml

4.3.2 四川省基于"点—线—面"的集群间协同路径

第一，以重点产业集群培育实现极点带动互补式协同发展。

就四川省而言，地处西部地区，经济发展水平较东部地区低，而且内部水平参差不齐，但基本的生产要素比较丰富，发展方式较为粗放，可以由政府主导，根据省域五大经济区特色和优势选择匹配的产业集群进行培育和发展，再通过一系列制度安排促进产业资源的快速集聚，形成初步的集聚和规模效应，从而促进经济区规模的不断扩大。如图4-12所示。

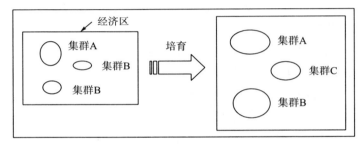

图4-12 重点产业集群形成示意图

重点产业集群处于区域产业的中心位置，其率先实施创新战略，走上转型道路，必然会带动集群体系结构的变动甚至重组，引起资源的重新配置和扩充。政府通过优先培育经济区创新型增长极产业集群，实现其战略、技术、知识、产品、商业模式等创新，进而通过主动输出或者知识溢出等方式向其他集群逐步转移创新知识、技术、管理、资金等创新资源，其他集群之间也可以通过优势互补的方式为重点集群适时配套，与重点集群形成紧密的产业关联。点协同时集群间协同主要依靠打造重点集群，培育重点集群的创新能力，率先实现重点集群发展方式逐步过渡到创新驱动，再通过完善其与其他集群的联结关系，从最初级的沟通环节逐步过渡到高级的同步环节。二者之间的同步过程就是极点带动互补协同方式的创新过程，从而促进区域经济范围的不断扩展。

第二，基于产业链关联关系，以集群间企业和产业链优势要素联合增强集群间合作创新效率。

集群之间基于资源优势和区位条件的协同创新方式包含了高等级区域集群的引领作用，如成都平原经济区聚集了全省最优的创新资源，可以对全省的产业形成直接的辐射作用、提升作用；周边邻近的其他区域通过优势产业集群的建立和资源输出，与其他集群形成互补，如川南化工产业集群与川东北化工集群通过建立产业基地的方式实现跨区域产业集聚和产品创新。不同区域内集群间的"线"协同的出发点是产业链，区域集群间要实施协同创新必须要依靠产业链的完善，包括空间分布、企业性质、技术关联、产品关联、协同管理等。依靠产业链的具体协同，集群可以实现知识、资源、行动、绩效等的沟通、协调、合作、同步过程，协同创新活动也随之产生，最终可以实现区域集群在市场、技术、采购、生产、产品、管理等基本点上的资源整合，促进集群技术优势的巩固和提升，提升集群管理水平的现代化程度，拓宽集群经营范围和市场容量，形成竞争优势。

具体来说，产业链整合包含横向、纵向、混合式三大基本类型。横向一般是指与同质性较强的产业发生合并；纵向一般是指根据企业所处位置，对上下游的资源进行合并；混合式是指同时包含了两种方向合并的整合方式，通过产业链整合，集群生产范围、产品范围、业务范围也随之扩大，就可以实现多元化发展（如产业融合就是一种创新性的产业发展模式，它逐步催生了新的产业出现）。跨区域产业集群间的协同创新也可以由产业链整合为序参量，推动地区之间形成大产业链，实现规模效益的提升。大产业链的形成也有利于加强区域之间的经济联系，促进经济一体化的有效实现。

第三，构建区域创新体系，以区域创新网络带动集群协同创新。

产业集群经过前期的点、线协同发展已经建立起深厚的经济联系，各个产业集群的带动、拉动、引领作用显著，形成了以集群为核心、以多条产业链为主干和轴线向外延伸，辐射范围包含本地和外地的较广的经济腹地，产业集群的发展逐渐突破了原有的行政区划的限制和诸多壁垒，开始形成以经济区域、行业领域、企业群体为主导的集群发展格局。这样一来，跨区域的资源整合和跨地区的整体合作更加突出，产业集群间的协同创新体系更加完善，有效推动了区域创新能力的提升和区域创新体系的建立，区域经济进入一体化发展阶段，与经济、社会、文化、市场等形成较为和谐的格局。

从四川省域范围来看，各个经济片区都存在着一个或者多个优势产业集群，集群实力、能力、潜力都处于优势端，在未来的发展计划上也处于转型升级的前沿，是政府经济规划的重点对象，因此网络位势强，在省域发展中占据着主导和引领的地位。各个地级市本身也拥有一些优势集群和重点集群，在市域范围内居于网络强势地位。从整体分析，省域经济发展的网络特征突出，为了整体提升省域集群协同创新能力和区域协同创新能力，需要省级优势集群和市域优势集群的关键协同。区域创新体系的建设将这些优势集群归结于同一关系网络，依托各个主体在创新网络中的节点，合理利用网络关系，实现网络资源的共享，这对集群合作协调性的增强和各区域集群的整体化升级具有重要意义。

4.4 产业集群创新驱动路径的案例验证

4.4.1 集群企业绿色关联创新路径案例验证

根据前文的研究，把集群企业绿色关联创新发展划分为以创新链知识转移促进企业个体清洁生产路径、以企业产业链知识转移促进企业种群位势形成路径和以交流网知识转移促进企业群落共生共融路径，并把各路径的组成要素进行汇总（见表4-7）。结合各路径对实现集群企业绿色创新的不同影响机理，我们提出如下假设：

假设一——知识转移网络的完备性是实现绿色创新的先决条件。

假设二——集群企业生态系统的成熟性是实现绿色创新的重要保障。

假设三——知识转移网络和集群企业生态系统的有效结合是实现绿色创新的推动因素。

表4-7 集群企业绿色关联创新路径验证框架

维度及内容	促进企业个体清洁生产路径	促进企业种群位势形成路径	促进企业群落共生共融路径	欲验证结论
网络要素维度：（一）知识转移网络的完备性（二）集群企业生态系统的成熟性（三）知识转移网络和集群企业生态系统的有效结合	对所选取案例在以创新链知识转移促进企业个体清洁生产路径上的三个维度的事实表现进行归纳呈现	对所选取案例在以企业产业链知识转移促进企业种群位势形成路径上的三个维度的事实表现进行归纳呈现	对所选取案例在以交流网知识转移促进企业群落共生共融路径上的三个维度的事实表现进行归纳呈现	1.三个假设对绿色创新是否有正向促进作用 2.三条路径对集群企业绿色创新发展是否有正向促进作用

围绕这三个假设，我们设计了集群企业绿色创新路径验证框架：首先，每条路径的构建思路均是知识转移网络的构建、生态系统的构建以及两者的有效结合。其次，根据前面提到的三个假设，提出每条路径的验证维度，分别是知识转移网络的完备性，要求网络构成要素满足主体完整、资源创新、关系有效；集群企业生态系统的成熟性，要求主体完整、结构完善、功能适当；知识转移网络和集群生态系统的有效结合要求实现最终的目标，即企业个体清洁生产、企业种群竞争强度增强，企业群落合作效率提升。再次，分别选取先进国家荷兰花卉产业集群、中国中关村产业集群和四川汽车产业集群三个案例进行验证。最后，结合三个维度的验证结果以及所选取集群的发展现状，得出"假设层"和"路径层"两个层次的结论。具体验证框架见表4－7。

4.4.1.1 先进国家荷兰花卉产业集群案例验证

（1）案例背景及简介。

荷兰地处莱茵河、马斯河和斯凯尔特河三角洲，人口约1700万，与德国、比利时相邻，在国际贸易方面拥有悠久的历史。截至2009年，荷兰人均GDP 41367美元，全球排名第九，是世界上第22大经济体。荷兰从16世纪开始发展园艺学，1570年植物学家Carolus Clusius首次将郁金香从土耳其引入荷兰。早期荷兰鲜花主要出口至德国、法国、英国和俄罗斯，1846年至1870年，荷兰各类园艺产品出口量翻了七番。第一次世界大战期间，荷兰每年出口花卉产品2500万公斤，到1930年，增加到5000万公斤。随着与其他国家建立更多的鲜花联系，荷兰在鲜花的生产和创新上开始大量研发，如1972年的物流管理和鲜花运输、1978年的人工照明、1983年的温室气候控制、1985年的机械种植和收割。在花卉的销售上，19世纪末出现的鲜花拍卖行代替了传统的销售渠道。1912年鲜花种植商和中间交易商集资建成两个鲜花交易市场（Bloemenlust 和 Centrale

Aalsmeerse Veiling)。到 20 世纪 60 年代，各个欧洲主要鲜花出口商开始在荷兰建立机构。至 2009 年，荷兰皇家航空每天向美国运送 4000 多公斤的鲜花，至 2011 年，荷兰花卉交易占世界花卉交易的 50%，其中郁金香等球茎类花卉占世界交易的 80%。荷兰温室种植得益于天然气的使用，同时在温室结构材料、传感技术、新能源、光源等方面也有相应的研发改善。荷兰人在温室气候控制上做到了极致，如地源热泵节能技术、自动化栽培技术和气候控制系统。荷兰将研究机构与种植行业紧密联系，花农和研究人员对花卉变异植株具有高度敏感性，荷兰温室技术代表着现代温室发展的最高水平，选取荷兰花卉作为世界先进集群进行案例验证具有一定的代表性。

（2）案例验证思路。

根据前文集群企业绿色关联创新路径验证框架，我们从知识转移网络的完备性、集群企业生态系统的成熟性以及两者的有效结合来阐述集群企业的绿色关联，若最终能实现企业个体清洁生产、企业种群竞争强度提升、企业群落合作效率增强，则绿色关联较好，可以验证路径设计的可行性。为此，首先要分析企业个体清洁生产，这涉及花卉产业创新知识的三大来源、在种植商、供应商、物流、研发方面的企业个体和创新技术在花卉生产中的应用；其次要分析企业种群位势形成，这涉及花卉产业链的上下游沿产业链纵向、横向形成的企业种群和种群间的互利和竞争关系；最后分析企业群落共生共融，这涉及为荷兰花卉产业发展提供支撑的政府和中介机构、在花卉生产过程中实现的循环经济、花卉产业企业群落的高效合作。

（3）案例验证过程及结果。

根据上述验证框架和验证过程，我们可以观测到验证结果如下：①在企业个体清洁生产上，荷兰花卉产业集群有众多研发机构为企业技术创新提供支持，有数量众多、功能完备的企业类型，技术创新在花卉生产中得到了充分利用；②在企业种群位势形成上，花卉产业链完整，产业链上企业种群竞争与合作有效进行，实现了企业种群竞争强度的提升；③在企业群落共生共融上，政府和中介机构发挥了黏合作用，在生产中重视循环经济，在整体上重视分工合作，促进荷兰花卉产业的发展。

作为世界第一大花卉出口国，花卉产业不仅为荷兰带来了经济效益，也带来了"花卉王国"的美誉。结合荷兰花卉产业集群近年来所取得的发展成效，可以得到验证结果：三个假设得到验证满足，三条路径对集群绿色关联创新发展具有正向促进作用。

荷兰花卉产业集群企业绿色关联路径验证情况及结论见表4-8。

4.4.1.2　中国中关村产业集群案例验证

（1）案例背景及简介。

起源于 20 世纪 80 年代的中关村是中国高科技产业中心，最初的雏形是"中关村电子一条街"。后来，国务院多次做出重要决定进行中关村的发展建设：1988 年 5 月，批准将北京市高新技术产业开发试验区更名为中关村科技园区；1999 年 6 月，做出加快建设中关村科技园区的决策；2005 年 8 月，做出 8 条决定来支持中关村科技园区的建设；2009 年 3 月，同意建设中关村国家自主创新示范区，指出将中关村建设成为具有全球影响力的科技创新中心；2011 年 1 月，同意并批复了《中关村国家自主创新示范区发展规划纲要（2011—2020 年）》，指明了中关村十年的战略定位和发展思路；2012 年 10 月，同意中关村由一区十园调整为一区十六园，并增加园区面积到 488 平方千米。经过几十年的发展，中关村形成了六大优势产业集群（下一代互联网、移动互联网和新一代移动通信、生物和健康、卫星应用、节能环保和轨道交通），四大潜力产业集群（集成电路、新材料、高端装备与通用航空、新能源和新能源汽车）。聚集了以方正、

表4-8　荷兰花卉产业集群企业绿色关联路径验证情况及结论

维度及内容	企业个体清洁生产	企业种群位势形成	企业群落共生融	结论
（一）知识转移网络的完备性 **（二）集群企业生态系统的成熟性** **（三）知识转移网络和集群企业生态系统的有效结合**	（一）荷兰花卉产业创新知识来源有三类：大学研究所、国家研究所和公司自办的研究所（站），培养了能正确理解和应用新的科学技术和设备的花农、专业化的花卉种苗高级管理人才，大量上门种植花卉种苗及种植技术的科技服务人员、专门为花卉种植者提供投资金融计划等服务的高级金融人才 （二）截至2007年荷兰有3770名鲜花种植者。截至2008年，有693家鲜花出口公司。在物流费用占鲜花价格的20%。在花卉研发方面，Wageningen的国际植物研究中心享有盛名 （三）全国80%的花卉采用无土温室栽培技术，在播种、育苗、移栽、采摘、分级、包装等方面普遍采用机械自动化生产，普遍瓦是世界鲜花供应的领导者。为减少农药使用于新品种开发和推广，提高花卉品质。积极研发光大玫瑰为主，现有庭院植物品种2200种，盆栽植物品种2000种，鲜切花品种5500种	（一）荷兰花卉产业涉及花卉科研、培育、生产、加工、销售、推广、物流、旅游、生态、金融等多个产业，从上游的花卉育种到下游的包装、销售、推广、培训，相关设备等均由专业化公司负责，大量上门种植花卉种苗及产业链完整 （二）沿花卉产业链纵向、不同环节企业相互独立而又优势互补形成了多种企业种群，例如花卉种植企业专注研究一个品种，花卉拍卖市场、提供从花卉保鲜到销售到结算的"一站式"服务，沿产业链结形集聚效应吸引客户而被称为"玻璃城"地区集聚效应吸引客户的现状被称为"玻璃城"成的"共生型"、主要是沿产业链形成的"共生型"企业种群发展基础。横向的"玻璃城"型企业种群发展的基础。横向的"玻璃城"提供生产型花卉种群生存的现实竞争方面、主要是同业竞争，如荷兰有350个园艺作物育种公司，其中大型公司会投入高额资金用于新品种研发和推广，获取竞争优势。同时荷兰花卉市场带来挑战，如肯尼亚第二大鲜花生产商，肯尼亚鲜花生产商	（一）荷兰花卉产业以小政府、大社会和政府宏观管理，行业自律性微观结合，政府直接管理和授权中介机构组织间接管理模式。中介机构有国际花卉球根中心（IBC）、种植者协会（NTS）等，其中由中介组织联合成立了全国园艺理事会（PT）权威性的全国园艺经济实力最强 （二）在花卉生产中，采用无土栽培，营养液经处理后循环利用，严格做到不外流。利用温室内的温湿度、光照、二氧化碳等条件实行全人工光控，在杀虫防治上为主，利用生物农药防治技术，减少常规化学农药使用 （三）荷兰花卉产业集群企业分工明确、高效合作，如花卉产业销售体系由七大花卉拍卖市场组成，上万个批发商、其中由七大花卉拍卖市场组成、性质为股份制联合体的拍卖市场是核心。拍卖市场给生产者和购买者联系提供、海关、运输、包装、检验、结算等"一站式"服务	（1）三个假设对集群企业绿色关联均有正向的促进作用 （2）集群创新路径对集群企业绿色发展有正向促进作用

联想为代表的高新技术企业近 2 万家，拥有清华大学、北京大学等 41 所高校，206 家以中国科学院、中国工程院所属院所为代表的国家（市）科研院所，67 个国家级重点实验室，27 个国家工程研究中心，28 个国家工程技术研究中心，26 家大学科技园，34 家留学人员创业园。作为首批"海外高层次人才创新创业基地"，留学归国创业人才超 2 万人，累计创办企业超 6000 家。中关村已发展成为仅次于硅谷的第二个最大的创新中心，生产的具有国际竞争力的企业和产品显示着较强的竞争优势，在国内及国际上均有极大的影响力。选取中关村作为我国先进集群进行案例验证，具有一定的代表性。

（2）案例验证思路。

根据前文集群企业绿色关联创新路径验证框架，我们从知识转移网络的完备性、集群企业生态系统的成熟性以及两者的有效结合来阐述集群企业的绿色关联，若最终能实现企业个体清洁生产、企业种群竞争强度提升、企业群落合作效率增强，则可以验证路径设计的可行性。为此，首先分析企业个体清洁生产，涉及中关村内进行创新的企业、顶尖高校、科研机构等和企业类型、企业与创新机构合作实现的企业创新清洁技术；其次分析企业种群位势形成，涉及中关村内形成的产业链、具有共生关系的多种种群、在相同的创新环境下进行的种群间互利与竞争；最后分析企业群落共生共融，涉及中关村内形成的多种类型的中介机构发挥的"黏合"作用、在循环经济方面的创新发展和正在构建的创业生态圈、智能大街能及协同多方资源提升整体合作效率。

（3）案例验证过程及结果。

根据上述验证框架和验证过程，我们可以观测到验证结果如下：一，在企业个体清洁生产上，中关村内企业种类繁多，研发机构齐全，研发机构积极为企业技术创新发展服务，创造了多种具有经济效益和环境效益的研发技术；二，在企业种群位势形成上，中关村在不同领域形成了具有共生关系的产业种群，形成了多个领域的产业链，并结合社会发展趋势建立大数据产业链、移动互联网产业链，基于不同的产业链种群通过互利和竞争实现竞争力的提升；三，在企业群落共生共融上，中关村重视中介机构的关键作用以及循环经济的发展，通过构建创业生态圈、智能大街来汇集各方资源和能量，有效促进中关村的发展。

中关村以"创新发展 引领未来"为使命，不仅引领中国的创新发展，在国际上也极具影响力。结合中关村近年来所取得的发展成效，可以得到验证结果：三个假设得到验证满足，三条路径对集群绿色关联创新发展具有正向促进作用。

中关村集群企业绿色关联路径验证情况和结论见表 4－9。

4.4.1.3　四川汽车产业集群案例验证

（1）案例背景及简介。

汽车产业具有关联度高、辐射作用强的特点，发展模式以集群发展为主。汽车产业投资金额巨大，产出价值较高，产业链延伸宽且长，对于增加就业、发展工业和服务业具有极强的带动作用。汽车产业作为我国的支柱产业，面临着能源枯竭、环境恶化等较大压力，未来将逐步转变发展方式，适应经济提速转型的要求。从产业属性来看，汽车产业属于传统产业，但技术性较强，科技创新较为活跃，与战略性新兴产业相比，转型升级的需求更为迫切。实施创新驱动、发展绿色产业是促进产业转型、加快产业融合的根本途径，汽车产业实施绿色创新是建设汽车工业强国的必经之路。四川汽车产业已初步形成"一带、一基地、六园区"产业发展格局，2009 年以前连续 5 年实现高速增长。但在近几年，省内汽车企业发展缓慢，汽车服务业不完善，这主要体现为汽车研发、汽车物流、汽车检测、汽车消费信贷、报废汽车回收、汽车专业人才培养等生产性服务基础较差，远不能满足四川省汽车产业做大、做强的要求。因此，选择汽车产业集群作为

表4—9　中关村集群企业绿色关联路径验证情况及结论

维度及内容	企业个体清洁生产	企业种群位势形成	企业群落共生共融	结论
（一）知识转移网络的完备性 （二）集群企业生态系统的成熟性 （三）知识转移网络和集群企业生态系统的有效结合	（一）中关村汇集了中国最为顶尖的高等院校（清华大学、北京大学等41所）、最为知名的科研机构（206家以中国科学院工程院所属的科研院所）、近千个专业化实验室、60多个重点实验室（联合工程）及创新能力最强的创新性企业（联想、百度、科兴等），其发展政策和创新政策均有国务院批地发展和中关村管委会提供大量天使投资人 （二）中关村产业之全，有国有企业、集体企业、股份制企业、股份有限企业等多种；从企业数量上看，由1988年527家发展到最高时期2007年的21025家；从企业为主、后来股份制企业、港资台资外资公司和私营企业迅速增加，有限企业成为园区成员主要群体 （三）中关村从事清洁技术的企业和科研机构2000家，在高压大功率变频器速系统、空气源热系统、超导电缆等方面产生了良好的经济效益和环境收益。截止2013年12月，以中关村产业技术大联盟为科技创新新载体，实现核心技术突破1185项，取得发明专利1651项、实用新型5443项，促成国际标准23项，国内标准54项，具体成效如垃圾渗滤液和烟囱不再冒黑烟等清洁透明的技术	（一）中关村围绕网络计算机、手机、数字影像、生物芯片等产品打造多条产业链，大数据技术发展已与硅谷同步，大数据产业链已逐步形成。2013年4月，签订项目，使"法国产"电信巨头SRR集团，亿赞普和法国品进中国"成为可能。另中关村移动互联网产业链已上集群科技企业6000余家，包括移动终端硬件、移动资讯、移动社交等各个领域的领军企业 （二）中关村产业生态的多种种子的生态系统，有电子信息产业种群，先进制造产业种群，生物工程与药医产业种群，新材料产业种群，新能源产业种群、环境爱护产业种群等；其中电子信息产业种群为统主导种群，对资源的占用和获取能力极强，其它种群资源获取能力较弱，种群规模较低 （三）中关村已形成了集群产业集、科教资源集、创业资本集和创业化条件密集的市场化环境为园区产业提供良好的市场化创业环境支持。为科研进行创新创业成了产业生态系统，相互联系、中关村形成了产业联盟。2002年10月成立第一物联网产业联盟、智慧环境产业联盟；产业联盟包含多个同向战略联盟，在竞争方面，主要表现为移动资讯应用和传统媒体的竞争等	（一）为更好地发挥中关村中介机构的"黏合"作用，中关村核心区创新中介服务机构的种类齐全：从政府机构中属于中介的职能部分分有，如将政府机构有社会委、教委的职能部分享有独立中介功能；另离文由居办创新创业咨询、市场向新设。如橡胶资租组公司、紫金保险公司等；借鉴国外经验创设，如核心区集聚美国硅谷发展证券交易所等中小机构落地。设立了中小公司发展创新落地，设立了吸引海外引国家"千人计划"绿色通道办公室、海外学人服务机构人才引入驻 （二）中关村发展循环经济，如青青循环经济模式，在蛋鸡养殖中、绿色蛋鸡液气发电、沼液肥料再循环等方面，鸡粪和鸡肉完全变成有机食物肥料，用于制造绿色蔬菜系列肥料 （三）中关村正以餐厨安全垃圾实施即，如餐厨有机垃圾变废为宝，北京嘉博立生物科技有限公司餐厨酸，用于制造现代农业出生生物腐植酸肥料。以核心业务为牵引生态系统，如小米、乐视、腾讯、京东等均逐步成为业态圈，具有高度弹性生态系统；中关村目前正在建设智造大街，通过服务创新链，再带动价值链来构建产业体系布局	（1）三个假设对集群绿色关联创新路径有正向的促进作用 （2）集群企业绿色发展路径对集群创新发展有正向的促进作用

四川省集群绿色创新发展的验证案例具有较高的代表性和必要性。

本课题选择川汽野马汽车龙泉驿区和绵阳两个研发生产基地作为具体案例进行验证。川汽野马是四川省内唯一拥有自主研发能力的民族自主品牌整车制造企业，业务涵盖研发、生产、销售和服务等，同时具备传统车和新能源车的生产资质。在"十二五"期间分别被四川省、成都市和绵阳市规划为重点发展的汽车制造企业。下辖成都分公司、成都客车分公司、新能源汽车分公司、绵阳分公司和绵阳川汽动力总成有限公司 5 个子公司，拥有成都、绵阳两大汽车生产基地。其中，成都基地位于龙泉驿区，占地约 270 亩，产品涵盖了公路客车、城市公交车、旅游客车、新能源客车等系列。绵阳基地位于绵阳高新技术产业开发区，项目总投资 30 亿元，占地面积 1200 余亩。已建成国内自主品牌设备一流、四大工艺齐全、多车型全自动化柔性传统车和新能源乘用车生产线的生产基地。

（2）案例验证思路。

根据前文集群企业绿色关联创新路径验证框架，我们从知识转移网络的完备性、集群企业生态系统的成熟性以及两者的有效结合来阐述集群企业的绿色关联，若最终能实现企业个体清洁生产、企业种群竞争强度提升、企业群落合作效率增强，则绿色关联较好，就可以验证路径设计的可行性。为此，首先分析企业个体清洁生产，涉及为野马汽车提供技术支撑的创新组织、进行研发的企业，以及在新能源汽车方面达到的成就；其次分析企业种群位势形成，涉及野马汽车形成的完整产业链、围绕产业链形成的种群，以及种群间展开的互利与竞争；最后分析企业群落共生共融，涉及野马汽车产业内的中介机构、中介机构发挥的"黏合"作用。

（3）案例验证过程及结果。

根据上述验证框架和验证过程，我们可以观测到验证结果如下：一，在企业个体清洁生产上，龙泉驿基地和绵阳基地内均汇集大量的研发机构，同时也有大量的提供零配件的企业，这些研发机构和企业是野马转型研制新能源汽车的基础。二，在企业种群位势形成上，野马汽车内的种群从大类上可分为整车种群和零配件种群，其中零配件种群内又有多种类型的种群。野马汽车产业链长且复杂，基于种群间存在的竞争和互利实现了种群竞争力的提升。三，在企业群落共生共融上，野马汽车产业链上有大量的中介机构连接企业、政府、高校科研机构来生产新能源汽车，有效地促进了野马汽车的发展。

野马汽车不仅是四川汽车产业的一个品牌，更是四川汽车在国内的代表。结合野马汽车近年来所取得的发展成效，可以得到验证结果：三个假设得到验证满足，三条路径对集群绿色关联创新发展具有正向促进作用。

汽车产业集群企业绿色关联路径验证情况及结论见表4－10。

4.4.2 产业融合路径案例验证

根据前文分析，本文将集群产业融合路径设计为"集群产业重组融合路径""集群产业渗透融合路径""集群产业交叉融合路径"，结合不同路径的融合机制，在案例验证阶段对应分为重组融合路径案例验证、渗透融合路径案例验证和交叉融合路径案例验证。

4.4.2.1 重组融合路径案例验证

（1）案例验证说明。

在集群产业重组融合中，要以产业内企业为单位，以生产要素为核心，实现企业的规模和业务的重组，以充分发挥集群内产业的规模经济，因此，本节提出以下假设：

假设一——要素规模化是集群产业调整的基础。

假设二——优势要素扩散是集群产业调整的推动力。

假设三——要素协调性是集群产业调整的保障。

表4—10　汽车产业集群企业绿色关联路径验证情况及结论

维度及内容	企业个体清洁生产	企业种群位势形成	企业群落共生共融	结论
（一）知识转移网络的完备性 （二）集群生态系统的成熟性 （三）知识转移网络和集群企业生态系统的有效结合	（一）龙泉驿集聚了成都汽车产业研究院、清华大学汽车系、深圳华驰、英国米拉公司等创新主体；与电子科技大学等高校开展研发合作；政府成立专门负责招商的汽车产业投资服务局，主要通过建立示范园区、产学研结合等形式。绵阳集聚了西南科技大学等高校和军工科研机构创新主体，主要通过建立国家级解化器等形式合作 （二）龙泉驿集聚了大众、丰田等18家整车生产企业；博世、江森等9家机械整机生产企业；哈曼、孔辉科技等200多家关键零部件配套企业；绵阳集聚了华端科技、川汽集团、三力股份等整车生产企业、宏发机械、长虹电源、英志新能源等配件企业 （三）在环境保护、节约资源开发新能源汽车方面，川汽野马开始绵阳基地不仅引进中国高新汽车、天津力神电池生产基地等重大项目，与清华大学合作逐步完善基地开发规划中，纯电动汽车、电机、电机系统均在研发使用。已完成电动出租汽车的研发并投放使用，纯电动汽车的野马T70已诞生，未来将专注于新能源小型客车、新能源公交车的研制	（一）整车上看两大基地均已形成整车和零配件的研发、生产完整的产业链。现又逐步完善新能源汽车产业链，加动力电池到电池生产完整的产业链条 （二）汽车产业链条长、简单可以分为零配件零部件供种群、整车种群、总车种群和动力电池种群各控制器种群，整车种群是把各造种群中，整车种群把各种零配件组中成为整车，包括冲压—焊接—涂装—总装—PDI（售前检查）五步 （一）在互利方面，沿着产业链、各个零配件种群提供支撑，共同为整车种群服务。在竞争方面，如龙泉驿整机生产的9家企业，供应关键零部件的200家企业，存在于种子存在业务多重重，存在竞争	（一）两大基地所处集群都集聚了以中介服务机构为核心的公共创新服务平台。如成都国际汽车博览城；中外运、嘉民等城新能源车物流，科技城城新能源车体验中心等20余家现代生物服务企业、一汽生物物流国际、民生物流等知名各汽车企业参观体验 （二）中介机构提供的服务有集参观体验，知识普及、核心体验服务于一体，改善交易、汽车贸易、博览、养车、玩车等后市场产业服务；新能源汽车的用户体验支撑节约，租售等新政策，政府出台政策支撑购买新能源汽车的用户为在中央财政补贴的基础上，再基于60%的配套补贴的基础上，如对新增汽车节能，政府出台政策高校科研机构提供的技术创新支撑等，这些均为野马汽车开发新能源汽车服务 （三）野马汽车产业分工明确、高效合作，中小企业产业链上的合作方主体作、大整车方为主生产出台政策，如关键零部件和汽车售后整装，如汽车销售与汽车售后服务等与政府政策优惠等	（1）三个假设对集群绿色关联创新发展具有正向的促进作用 （2）集群创新绿色发展路径对集群绿色关联发展有正向的促进作用

其中，要素规模化是指以企业合并为主要形式的生产要素在经营单位内部集聚，即经营主体的规模化，主要包含企业横向合并和生产链上下游企业的纵向合并；优势要素扩散是指科技含量高的要素取代科技含量低的要素，即产业科技创新实力和企业生产能力的提升，主要包括生产原料、生产设备、生产手段的替代和改造等；要素的协调性包括要素质量的协调性、要素数量的协调性和要素关联方式的协调性，在集群内，要素关联主要表现为基于生产关系的企业关联即要素协调强调不同关联关系的企业在生产水平、生产供求和合作关系方面的协调性。

围绕这三个假设，本文设计以下验证框架：首先，选择国内或国外成熟集群，以要素规模化、优势要素扩散和要素协调性为验证维度，探析各个维度下集群资源发展情况；其次，结合3.3.2融合路径设计思路的分析，认为这三个验证维度通过对集群产业的产品结构、产业结构和产业价值链产生不同程度的影响，从而促进集群产业的调整，因此，验证框架进一步阐述各维度资源对集群产业产品结构、产业结构和价值链的影响方向；最后，结合该集群的整体发展情况，说明假设层和路径的关联关系。本文选取山东寿光蔬菜产业集群作为集群产业重组融合路径的验证对象。具体的验证框架见表4-11。

表4-11　集群产业重组融合路径验证框架

维度及内容	促进产品结构提升	促进产业结构提升	促进价值链提升	欲验证结论
网络要素维度： （一）要素规模化 （二）优势要素扩散 （三）要素协调性	对所选取案例在三个维度上促进产品结构提升的事实表现进行归纳呈现	对所选取案例在三个维度上促进产业结构提升的事实表现进行归纳呈现	对所选取案例在三个维度上促进价值链提升的事实表现进行归纳呈现	三个假设在不同程度上协同作用推动集群产业正向调整

（2）山东寿光蔬菜产业集群案例验证。

①案例背景及简介。

山东省寿光市具有优越的自然条件，享有"中国蔬菜之乡"的美誉，是全国最大的蔬菜生产基地，蔬菜种植面积达 80 万亩，且拥有一流的蔬菜栽培技术、生产基地管理经验和全国最大的蔬菜批发市场。寿光市已发展成为全国标准化生产、农产品质量安全监管工作的示范样板和国家蔬菜种植业创新创业基地。寿光市蔬菜生产基地是全市产业化经营的"第一车间"，全市建设了洛城农发、燎原果菜、三元朱、欧亚特等 20 多处规模大、市场竞争力强的生产示范基地，其中有 15 处基地获得了国家"三品"基地认定，面积达 71 万亩；截至 2015 年，全市新流转土地 5 万亩、新发展农业园区 31 个、家庭农场 473 家，有 13 个蔬菜新品种通过省级审定，并成功举办第十五届菜博会、第二届文博会和设施蔬菜品种展，蔬菜行业发展优势明显[①]。

寿光蔬菜产业集群起步于十一届三中全会之后，其发展经历了初级阶段、成长阶段和成熟阶段。自 1989 年，寿光蔬菜产业集群步入成长阶段，冬季温室大棚的引入让大棚蔬菜规模不断扩大，发展成为寿光市支柱产业，逐渐形成了海陆空为主的立体销售结构；发展至今，寿光蔬菜产业集群蔬菜产品已面向国际市场种植销售绿色有机蔬菜，现代化农业发展体系日趋完善。因此本节选择山东寿光蔬菜产业集群作为研究对象，其较为完整的集群发展阶段和较好的经济发展势头使得分析具有较强的示范作用和引导意义。

②案例验证思路。

本文分别从产品结构提升、产业结构提升和价值链提升三个

---

① http：//www. shouguang. gov. cn/sq/mlsg/201307/t20130716 _ 40492. html

层面分析要素规模化、优势要素扩散和要素协调性三个维度在其中起到的作用，以此说明三个维度对集群产业调整的意义：首先，在产品结构方面，本文旨在说明：一，农业机械化水平和农业研发实力的提升对蔬菜产品标准化生产和提升产品知识储量、改善产品结构有直接推动作用；二，农业经营单位的规模化生产和基础建设的协调性对降低企业合作成本、生产运输成本等具有推动作用，从而间接改善了产品的成本结构。其次，在产业结构方面，本文旨在说明：一，龙头企业的培育和龙头企业辐射作用的发挥对改善产业结构、提高产业效率具有正向促进作用；二，农业科研单位的引入和科研实力的提升，对直接改善产业知识结构和知识密度有促进作用；三，基于生产链的上下游农业经营单位的功能协作和合作方式创新对提升产业结构的效率具有正向促进作用。最后，在价值链方面，本文旨在说明：一，农业生产部门的业务整合对集约型农业发展具有直接推动作用；二，农业生产技术的提升和产业内生产合作协调性的发展对发挥品牌优势具有正向推动作用。由此说明三个维度对集群产业的产品结构、产业结构和价值链提升具有正向促进作用，完成集群产业重组融合路径的验证过程。

③案例验证具体情况及结论详见表4-12。

4.4.2.2 渗透融合路径案例验证

（1）案例验证说明。

集群产业的渗透融合多发生在高技术产业和传统产业之间，表现为知识、技术等要素向传统产业转移内化的过程，这一知识逆向转移过程效果与知识特点、互动产业特点和互动形式等密切相关，因此本节提出以下假设：

假设一——改善知识来源是优化集群产业调整效果的前提。

假设二——产业链软化和服务链完善是优化集群产业调整效果的保障。

表4-12　山东寿光蔬菜产业集群产业重组融合路径验证情况及结论

维度及内容	集群产业产品结构提升	集群产业结构提升	集群产业价值链提升	结论
（一）要素规模化 （二）优势要素扩散 （三）要素协同调整	（一）寿光蔬菜产业集群广泛推广蔬菜温室种植技术，至2007年建设成蔬菜科技示范网络区，推广大棚40多万个。同时，政府投资建设成蔬菜科技创造了良好的外部条件，德国农业技术设备，在园区内建成组培室。提高育苗能力，与北京大学合作建成的延长了蔬菜产品生产时间，提高了标准化的产品。目前全市种苗种繁育能力达8亿株。绿色、有机食品发展园区达290个，有20多个园区的高端产品进驻北京、济南等大中城市的326家超市。 至2014年，山东寿光蔬菜产业集群建设拥有山东蔬菜工程技术研究中心等12个科研机构，并与中国农业大学、省农业蔬菜研究院等46家省级以上科研单位，院校较早建立合作关系，先后获得全部553科研机构24项，1000多个新品种和品菌等300多项国内外新技术，获得国家级98%的。 （二）寿光市地理位置优越，濒临渤海，北邻济南，西有潍坊丰口港和青岛港，至2014年全市公路建设度高达155.2km/km²，形成了高速公路、干线铁路、农村公路协调发展的交通网络，寿光市引进了一批较好的交通运输基础设施，同时，寿光市完善交通设施件等，交通条件大降低了集群蔬菜产品生产成本，大实现了蔬菜产品的价格协调性结构调整	（一）寿光市委、市政府把农业发展作为推动农业结构调整、深化扶持政策、繁荣农村经济的战略重点，制定了许多扶持政策，确立特色产业，优化协调配置，为发展企业建设创造了良好的农村内部条件，积极推动农村专业化专业合作组织化程度、提高农业龙头企业合作带动力，农业龙头企业发展到410家，其中农业产业化程度，省重点龙头企业发展到15家，农民合作经济组织发展到420家，带动全市95%的农户进行经营，该协调平台合并企业集群，同时国家支持带动产生的企业，实现了蔬菜销售商的空间同集聚，全市有效促进了集群发展成为最大的蔬菜集散中心、价格权威的蔬菜价格形成中心，即全国的蔬菜物流中心，国际化蔬菜集散中心，优化市场发展成为大的蔬菜规模化集散和协调性发展 （二）寿光蔬菜产业集群拥有中国农业大学寿光蔬菜研究院，省科研院等46家省级以上科研单位，院校较早建立合作关系，建立1家国家级生产基地，6家省级工程技术研究中心，12家市级中心，除此以外，寿光蔬菜技术中心有机构42家，涉足企业19家工程中心，发电量达68000立方米科研单位的以及蔬菜集群拥有发达的创新知识结构体系 （三）寿光蔬菜产业集群产业结构，集群内完善各的产业结构，上游企业为蔬菜生产提供种子、化肥、农药、大棚材料等生产资料，集聚了大量当地家韩国肥料塑料企业等中小企业，韩国自康塑料有限公司，正在达韩科子公司，中游企业为蔬菜提供加工销售和农药产品加工销售和物流配送等企业为农产品储藏销售、种子市场、为连续蔬菜生产等服务，销售流通公司，据不完全统计，经济合作农民专业合作社及各类专业技术人员有10万人，各类销售专业户、购销公司、经济合作体成员有10万人，形成复杂的产业关系网络，寿光中介组织超1.7万家	寿光市目前最大的物流交易平台是始建于2009年的寿光农产品物流园，园区占地总面积3000亩，每年可实现蔬菜、水果及农副产品交易量达100亿公斤，园区内有蔬菜交易区、物流配送区及配套服务区，蔬菜电子商务交易区，农副产品加工区，其中交易区为实现了蔬菜销售商的空间集聚，本省和外省、本地农产品生产企业，实现了集群商的空间同集聚，六大功能区，其中交易区为本省和外省农业龙头企业、同时国家支持的产生企业，实现了集群商的空间同集聚，该协调平台成为最大的蔬菜集散中心，有效促进了集群发展成为最大的蔬菜集散中心和国际化蔬菜的规模化集群和协调性发展 极大程度上实现了蔬菜价值链的提升，菜标准化+基地建设，推进了集群蔬菜机械化水平，带动集群蔬菜价值链提升。 到2010年底，田间管理农民先后建立了6804台电动卷帘机械化操作，至此形成农保温层长速率速率上升并先后引进CO₂精准施肥器、温室卷绕技术、机械化生产补收设备，空间权处于全国领先水平，空间承担省以外科技小的有机的机化创新示范工程项目 寿光蔬菜产业集群的协同作品式品牌建设进一步加强，集群内蔬菜产业集聚打造了3600亩"七彩庄园"作为现代农业网络公园，并采用"公司+基地+专业合作社+农户"的合作模式，推广现代农业订单生产，实现产业结构为市场需求的"七彩庄园"是主导的"七彩庄园"来推出园地名商标，拥有蔬菜认证品种蔬菜品种高达52个，寿光蔬菜中获得国家三品认证和种为国家地理标志证明商标	三个假设对集群产业调整具有正向促进作用

① 寿光年鉴2006~2010 http://www.shouguang.gov.cn/sq/sgnj4/ny/

267

假设三——丰富渗透形式是集群产业调整的推动力。

其中，改善知识来源是指提高高新技术企业内部知识比例和推动集群知识和外部知识内部化的过程。内部知识积累要求高新技术企业提高研发创新实力和增强生产经验总结能力；集群知识和外部知识内部化要求以集群为媒介，增强高新技术企业信息透明度和降低环境、距离等干扰因素，即要求高新技术产业提升创新实力和增强集群内高新技术企业集聚程度。产业链软化和服务链完善是从知识转移方而言，要求增强互动产业知识密度并促进集群内生产性服务链的完善。丰富渗透形式是指丰富高新技术产业与传统产业的关联形式，即要求高新技术企业和传统企业合作形式多元化。

围绕这三个假设，本文设计以下验证框架：首先，选择国内或国外成熟集群，以改善知识来源、产业链软化和服务链完善以及丰富渗透形式为验证维度，探析各个维度下集群资源发展情况；其次，结合 3.3.2 融合路径设计思路的分析，认为这三个验证维度通过对集群产业的产品结构、产业结构和产业价值链产生不同程度的影响，从而促进集群产业的调整，因此，验证框架进一步阐述各维度资源对集群产业产品结构、产业结构和价值链的影响方向；最后，结合该集群的整体发展情况，说明假设层和路径的关联关系。本节选取中关村丰台园作为集群产业重组融合路径的验证对象。具体的验证框架见表 4−13。

表 4−13　集群产业重组融合路径验证框架

维度及内容	促进产品结构提升	促进产业结构提升	促进价值链提升	欲验证结论
网络要素维度：（一）改善知识来源（二）产业链软化和服务链完善（三）丰富渗透形式	对所选取案例在三个维度上促进产品结构提升的事实表现进行归纳呈现	对所选取案例在三个维度上促进产业结构提升的事实表现进行归纳呈现	对所选取案例在三个维度上促进价值链提升的事实表现进行归纳呈现	三个假设在不同程度上协同作用推动集群产业正向调整

（1）中关村丰台园案例验证。

①案例背景及简介。

中关村丰台园是中关村最早成立的三个园区之一，位于北京西南四环交汇处，地处享有"陆路码头""花乡""航天城"美誉的丰台。丰台园由北京市人民政府于 1991 年 11 月批准成立，1994 年 4 月被批准成为国家级高新区，1996 年成为首批向 APEC 开放的科技工业园之一①。同时，中关村丰台园在全国首先倡导发展"总部经济"，经过十余年的发展，丰台科技园已成为全国知名的总部经济区、北京市重要的高新技术产业基地和丰台区核心的城市经济功能区。

中关村丰台园总体规划面积为 17.63 平方公里，空间布局分为东区、西区Ⅰ、西区Ⅱ、科技孵化一条街和扩区后的丽泽地块、永定河北区、永定河南区、二七车辆厂、二七机车厂、首钢二通产业园、应急救援地块共 11 个区块②。其中，东区是发展总部经济的核心区域，集聚了北京动力源科技股份有限公司、北京金自天正智能控制股份有限公司、中国建龙钢铁、中国诚通集群等一批优势企业，已成为丰台园总部经济的重要空间载体；西区是丰台园的制造业创新中心，全园发展形成了以电子信息、生物医药、先进制造、新材料、新能源为核心的高新技术产业，以工程服务、轨道交通和航天军工为代表的特色产业和以文化创意和生产性服务业为代表的潜力型新兴产业，重点打造轨道交通产业、军民融合产业、应急救援产业和节能环保产业四大特色产业集群。截至 2015 年年底，丰台科技园共有规模以上企业 585 家，当年实现总收入 2942.9 亿元，同比增长 8.5%，增速较上年同

---

① 中关村科技园丰台园总部基地，http：//www. lwzg. net. cn/art/2014/8/6/art_3199_407565. html

② 中关村丰台园概况，http：//www. zgc－ft. gov. cn/html/fty/col661/column_661_1. html

期提高 8.1 个百分点，其中技术收入 233.2 亿元，同比增长
6.9％；园区实现工业总产值 215.3 亿元，同比增长 1.7％，实
现出口总额 11.6 亿美元，同比增长 12.8％，实现利润总额
247.3 亿元，同比增长 531.3％[①]。丰台园着力打造强大的科技
企业总部基地、战略性新兴产业研发和成果转化基地以及一体化
的高新技术企业孵化基地，开创总部经济、创新经济和城市经济
相融合的园区新模式，具有要素集中完备、发展模式创新、经济
态势良好的特点，对研究集群产业渗透融合具有典型代表性。园
区的产业渗透主要表现在高新技术带动下传统产业的高端化发展
以及工业园区的信息化建设两个方面。

②案例验证思路。

本节分别从产品结构提升、产业结构提升和价值链提升三个
层面分析改善知识来源、产业链软化和服务链完善以及丰富渗透
形式三个维度在其中起到的作用，以此说明三个维度对集群产业
调整的意义：首先，在产品结构调整方面，本文旨在说明产业创
新实力的提升是产品知识结构改善的直接动力，产业链软化和服
务链的完善以及多元化的渗透形式是提高知识逆向转移效果的手
段，即创新能力是推动产业产品结构改善的核心维度。其次，在
产业结构调整方面，本文旨在说明：一，促进集群内高新技术企
业集聚、扩大高技术企业群规模是推动集群内产业结构完整性建
设的组织基础；二，产业链软化和服务链完善是提升产业知识密
度和促进产业高端化发展的手段，对优化产业结构具有重要的推
动作用；三，丰富渗透形式，深化信息技术在集群产业中的应
用，是推动产业结构与市场需求相匹配的手段，也是产业结构调
整的重要依据。最后，在价值链调整方面，本节旨在说明：一，

① 2015 年 1—11 月丰台科技园区运行情况月度报告，http：//www．zgc－ft．
gov．cn/html/ft＿tjs/col660/2016－01/04/20160104142651435370575＿1．html

产业科技含量提升是实现价值链升级的重要手段；二，产业链软化和服务链完善对深化"总部经济"、充分发挥集群的外部经济和提高资源配置效率具有重要影响，是形成新的价值增长点的重要方式；三，丰富渗透形式主要体现在信息化与工业化的多元结合形式是打造智慧集群的重要手段，对集群价值链调整具有正向推动作用。由此说明三个维度对集群产业的产品结构、产业结构和价值链提升具有正向促进作用，完成了集群产业渗透融合路径的验证过程。

③案例验证具体情况及结论见表4－14。

4.4.2.3 交叉融合路径案例验证

（1）案例验证说明。

集群产业交叉融合的实质是平行产业价值链的解构与重组过程。交叉融合的价值链重组以跨产业技术融合为核心，并以协调跨产业价值链的竞合关系形成稳定的价值网络为目标。因此，本文提出以下假设：

假设一——以技术融合为核心的价值链整合是集群产业调整的根源。

假设二——增强价值链网络资源协调性是集群产业调整的保障。

假设三——以市场需求为导向的价值竞合关系调整是集群产业调整的导向。

其中，以技术融合为核心的价值链整合主要指以形成跨产业联盟和跨产业研发策略为外在形式的融合性技术和融合性产品的形成；增强价值链网络资源协调性是基于跨产业合作导致资源竞争加剧背景下资源短缺和重复建设现象而言的，即强调通过提高跨产业资源共享水平实现资源的合理流通与分布；以市场需求为导向的价值竞合关系调节强调稳态的价值链整合应以满足市场需求为导向。

表 4—14 中关村丰台园产业渗透融合路径验证情况及结论

维度及内容	集群产业结构提升	集群产业价值链提升	结论
(一)改善知识来源	中关村丰台园创新资源丰富，已发展成北京市高新技术重要产业基地，现入驻企业超过5000家，其中高新技术企业3009家，上市公司43家，现有国家级企业业务中心8家，市级企业研发中心35家、国家级工程技术研究中心1家、北京市工程技术研究中心1个、北京市专利试点单位11个、园区内设立博士后科研工作站11个、院士专家工作站11个等，深厚的科研实力实现了园区产品研发。其中有3家院士工作站、34项科技成果获得专利、现有13项国家级重点新产品，26项产品载入选国家火炬计划，2014年，当年实现技术合同成交额609亿元，同比增长19.4%	(一)轨道交通产业是丰台园四大特色产业群之一，丰台园内集聚轨道交通重点企业超过120家，包括中国中铁股份有限公司、中铁电气化局集团有限公司、中铁建电气化局集团有限公司等，其中上市公司8家，园区已基本形成以工程总承包、设计、制造、检测等完整产业链条、上下游配套企业齐全完备，即以扩大集群规模的形式实现完整产业链条。(二)中关村丰台园创业服务中心是国家级创新创业服务中心及北京市商务部认定的重点产业基地，占地面积超过2万平方米，"四区一番"的重要集成部分，该网络共计1700余家从业孵化器企业群体共5万多名科技人员，其中3家软件孵化基地，11家企业孵化基地，其中园区内还形成了比较成熟的科技教育产业并完善的人才支撑，建成11家企业博士工作站和博士后创新实践基地，累计培训5000余人，技术支撑平台，科技北航，工大、首都医科大学等高校，产学研平台，融教育和成果转化于一身，使企业孵化的能力大大增强，另一方面孵化器企业"加速器"作用增大，一方面服务企业加速增长和企业知识创新，电子信息技术研发平台。	(一)以园区内四大特色产业集群的"北京国家轨道交通产业"为例，轨道交通产业，丰台园科技部批复的"北京国家轨道交通高新技术产业化基地"和"国家新型工业化产业示范基地"，并建立了"北京轨道交通产业技术创新战略联盟"是中关村"641"产业轨道交通科技的重要组成部分，军民融合领域20多项，均属于高新技术产业，形成长短链条高端化、设计中试产品40多个，应用系统集群发展都出步骤，应急数据"新巡逻战争群中的各研发应高端化中心，共建地建设"新巡逻战争群中核技术"及发展成数据移步都建设。(二)丰台园总部经济是表着北京国家级商业高新区，"二创园"号创园，对辖区园区资源集群、环境超厉、成本控制等方面有突出成效，成为丰台总经济总部经济理念，形成政策推动实践理念，科技研发中心，资本运营中心、财务和总中心结集经济的有效载体，经过十年集聚园区建设的总部经济的有效载体，现有了中大企业中央部门，地方企业第二、三大企业总部群，成为北京中心小城区总部经济集聚区的拓展。(三)2016年，中关村正式上线，"线上工具"，创新机构布局主体在上线平台有效减底创业风险，同促实现集群产业价值升级	三个假设对集群转型升级整有正向促进作用

① 中关村丰台园核心竞争力全面提升，已发展成北京市高新技术重要产业基地，现入驻企业超过5000家……
② 张红莉：《中关村丰台园新一代信息技术产业发展浅析》，载《企业改革与管理》，2014 年第 19 期，第 114～115 页。

　　围绕这三个假设，本文设计以下验证框架：首先，选择国内或国外成熟集群，以技术融合为核心的价值链整合、增强价值链网络资源协调性和以市场需求为导向的价值竞合关系调节为验证维度，探析各个维度下集群资源的发展情况；其次，结合3.3.2融合路径设计思路的分析，认为这三个验证维度通过对集群产业的产品结构、产业结构和产业价值链产生不同程度的影响，从而促进集群产业的调整，因此，验证框架进一步阐述各维度资源对集群产业产品结构、产业结构和价值链的影响方向；最后，结合该集群的整体发展情况，说明假设层和路径的关联关系。本节通过分析美国生物医药产业集群发展特点作为集群产业交叉融合路径的验证途径。具体的验证框架见表4-15。

表4-15　集群产业重组融合路径验证框架

维度及内容	促进产品结构提升	促进产业结构提升	促进价值链提升	欲验证结论
网络要素维度： （一）以技术融合为核心的价值链整合 （二）增强价值链网络资源协调性 （三）以市场需求为导向的价值竞合关系调节	对美国生物医药产业集群在三个维度上促进产品结构提升的事实表现进行归纳呈现	对美国生物医药产业集群在三个维度上促进产业结构提升的事实表现进行归纳呈现	对美国生物医药产业集群在三个维度上促进价值链提升的事实表现进行归纳呈现	三个假设在不同程度上协同作用推动集群产业正向调整

　　（2）美国生物医药产业集群实例验证。

　　①案例背景及简介。

　　生物医药产业是现代高新技术产业的典型代表，国家"十二五"规划明确了我国生物医药的发展重点是基因药物、蛋白药物、单克隆抗体药物、治疗性疫苗、小分子化学药物等。生物医药产业由生物技术产业和医药产业互动形成。生物技术产业是以现代生命科学理论为基础，采用工程学、信息学等多学科技术对生物体及其细胞、亚细胞和分子等组成成分进行改造，使得动物、植物、微生物等呈现品质或特性的提升，其主要内容包括基因工程、细胞工程、发酵工程、酶工程、生物芯片技术、药物材料、基因测序技术、组织工程技术、生物信息技术等。在现阶段，生物技术产业涵盖生物技术产品研制、规模化生产和流通服务行业等。现代医药产业以制药和生物医学工程为支撑，其中制药行业包含研究、开发、生产药品的完整过程，除了生物制药外，还包括中药、化学药等领域。生物医学工程以应用生命科学和工程科学的原理和方法为知识基础，从工程学角度对分子、细胞、组织、器官乃至人体系统进行研究，是研究用于防病、治病、人体功能辅助及卫生保健的人工材料、制品、装置和系统技术的总称，其产业包括生物医学材料制品、（生物）人工器官、医学影像和诊断设备、医学电子仪器和监护装置、现代医学治疗设备、医学信息技术、康复工程技术和装置、组织工程等。

从医药生物技术产业与生物技术产业、医药产业的关系来看：第一，医药生物产业延伸了生物技术产业的研究领域，是对工业生物技术产业、农业生物技术产业和海洋生物技术产业等领域的补充，占生物技术产业的 60％ 以上，逐渐发展为生物技术产业最为重要的组成部分。第二，医药生物产业对于传统医药产业的意义不仅仅在于改善了新药研制方法，更在于随着人类基因组计划的完成促使更多的利用生物技术研制的全新药品实现了传统医药产品性能的全面提升，对整个医药工业的改造具有重要推动意义。具体地，生物技术产业和医药产业的技术交叉融合促进了医药生物技术这一新产业的形成：一方面医药生物技术产业与其他细分生物技术产业具有许多技术通用性，如安全评价、药理药效研究、结构测试、临床药理研究、医疗机械测试等，是一种生物技术应用领域和研究对象的延展，对生物技术产业具有补充作用；另一方面医药生物产品与其他医药产品面对共同的市场，是传统医药产品的功能延伸。因此，本节选择医药生物技术产业作为集群产业交叉融合路径验证的产业对象具有代表性和示范意义。

1976 年在风险投资的支持下，美国第一家生物医药公司——基因泰克公司成立，标志着生物医药产业作为一项新兴产业开始崛起。随后美国生物医药产业不断发展，2000 年产业收入达 250 亿美元，形成的生物医药公司超过 1400 家，有 350 多种生物医药正进行临床试验；至 2001 年，美国生物医药业得到了美国政府和风险投资者的高度重视，逐渐成长为美国新的经济增长点。美国作为全球生物技术产业的龙头，近年来已遥遥领先于其他国家：2010 年，全球生物医药市场总额达到 8750 家，比2009 年增长 4.1%（北美主导全球生物医药市场，占全球38.6%）。就单一国家而言，美国是全球最大的生物医药市场，约占全部的 36.1%（中国为全球第三，约占 4.8%，次于日本）[①]。截至 2011 年，美国生物技术企业已增加至 1870 家，研究支出增加至 172 亿美元，营业收入增加至 588 亿美元，相比于20 世纪末，分别增长 42%、73% 和 261%，当年产业营收占全球该产业营收的 70%，净利润高达 86%[②]。目前，美国生物医药产业集聚趋势已相当明显，波士顿—剑桥地区、旧金山湾区、新泽西州、圣地亚哥市、马里兰州/华盛顿大都会区、费城、西雅图、罗利—达勒姆地区和洛杉矶这 9 个都市圈集中了 3/4 以上的现代生物产业资源，拥有全美 75% 以上的生物技术公司，平均获得美国国立卫生研究院（NIH）的经费是其他大都市圈的 8

---

① 陆怡、江洪波：《全球生物医药产业现状与发展趋势》，载《科学》，2012 年第 5 期，第 59~62 页。

② 宋韬、楚天骄：《美国培育战略性新兴产业的制度供给及其启示——以生物医药产业为例》，载《世界地理研究》，2013 年第 1 期，第 65~72 页。

倍，生物制药领域的风险投资水平和商业活动分别是其他都市圈的 30 倍和 20 倍①。因此以美国生物医药产业发展为研究对象，对研究生物医药产业的发展特点具有代表性和示范意义。

②案例验证思路。

本文分别从产品结构提升、产业结构提升和价值链提升三个层面分析技术融合、增强价值链网络资源协调性和以市场需求导向价值竞合关系三个维度在其中起到的作用说明三个维度对集群产业调整的意义：首先，在产品结构调整方面，本文旨在说明技术融合是跨产业生产技术创新的前提，融合性产品是实现对原有产业产品功能延伸的核心环节。其次，在产业结构调整方面，本文旨在说明：一，技术融合的深入，以跨产业合作研发机构为基础，对推动产业规模化发展具有促进作用；二，改善提升价值链网络的资源协调性是实现产业交叉融合深化的物质基础，加强相关产业的关联程度，在宏观上调整产业结构具有重要作用。在价值链调整方面，本节旨在说明以市场需求为导向，尤其是开发市场潜在需求调节相关产业竞合关系、指引融合产业的发展方向对原有价值链延伸或新价值链构建具有正向推动作用。由此说明三个维度对集群产业的产品结构、产业结构和价值链提升具有正向促进作用，完成集群产业交叉融合路径的验证过程。

③案例验证具体情况及结论见表 4-16。

4.4.3 产业集群间协同创新路径的案例验证

本研究设计了"点—线—面"的集群间协同发展路径，以达到集群通过协同创新驱动发展的目的。根据协同发展路径的要素构成以及协同的具体过程，在结合集群间协同发展的现实情况基础上，

---

① 吴晓隽、高汝熹、杨舟：《美国生物医药产业集群的模式、特点及启示》，载《中国科技论坛》，2008 年第 1 期，第 132~135 页。

表4—16 美国生物医药产业集群产业交叉融合路径经验证情况及结论

维度及内容	集群产业产品结构提升	集群产业结构提升	集群产业价值链提升	结论
(一) 以技术融合为核心的价值链网络资源协调性整合	美国生物医药集群围绕技术研发为发点这样而建成。药产业合作建发的规模化标志意者将技术融合的开端。以美国西海岸地区为例，波士顿一剑桥地区的创新者有得波尔广广场以美国国圈物医学产业集聚区为例，至2013年，波地区已聚集100余家制药公司。马萨诸塞州生物技术委员会发布数据显示，该地区聚集的生物制药公司人工工资占比72000万美元/年，期有福员近57000人。旧金山湾区与华裔近30%创新区医收入来源于主体聚生物制药创新中心。2016年，在全球CMI城市中，波士顿位居创新活力较列全尖顶生命科学领域，可能继续收入超过30万个，波地区还拥有众多顶城市中心企业集聚区如BioMarin制药、基因泰克(Genentech)、诺华(Novartis)等评列全美CMI城市的第五。波士顿湾区学中心众多在校科技比卡大学排评为2016年"最具创新州"第二名，位居全美较CMI城市的第一名，位居旧金山湾区。罗伯特哈佛等研科研单位。大量创业、大量创业者等大学城市生物技术及其比卡州大、杜克大学集群等大量城市成的研究机构核三角地区，包括拉、罗德岛细胞群研究所三角地区，基因100多家药所批初创型企业、诺华(Novartis) 诺和德(Novo	(一) 随着生物医药技术水深化，美国生物医药产业规模化转征逐渐明显，以美国生物医药集群区为例，美国生物医药技术委员会布有得波尔广广场域集聚了超过100家制药公司。至2013年，该地区已聚集100余家制药公司布。至2014年，拥有1100家生物制药公司，生技东(Thermo Fisher) 以及BD生命科学领域创业公司，企业辉瑞价值340亿美元、诺华(Novartis) 企业辉瑞市值340亿美元，科学辉瑞制药公司。例如2015年 Allergan 科学辉瑞制药公司值超过5.5亿美元。该州有福115000人，生科学辉瑞制药集群企业。医疗产科瑞美生物医药值40亿美元诺华了2010年强基因药业价40亿美元诺华了2009年诞生群众药集群内合作研究(contrast了Kythera Biopharma，2012年受聚了One Lambda、10亿美元诞生了Cougar Biotechnology等。以T Diagnostic Products Corporation等。以数据表明技术创新企业技术实现提升，跨产业聚合技术水结诺则项，将生物技术技术实现企业生物医药成本，药企在自身技术出贡献，美国生物增强协同围绕内的CRO合作，已基本实现研究出产业，如美国NOVARTIS (诺华) 公司与全美实现研究领域外包，已基本实现研究出产业，如美国 ChemBridge公司，研专业企业在实现研究出产业围绕业为生物制药企业提供研发技术创新增强企业技术强化优化基于研究技术区提升了，分别为服务领域外包，逐种新完善强了研发策略，逐渐形成为美国典型的生物医药产业典策略	美国生物医药产业的发展良好表现，一药产业业技术的融合随着产业价值链提升的增加和合作的创新，通过集群规模的开工，参与主体的数多和合作业网络的完善推动价值链条件提促进技术产业化的创新力量。是价值链提升的保障。本段以国生物医药产业的表现评价及价值链提升的表现来估计国生物医药产业的开发价值链的表现来估计细阐述宅美国病医疗的临床试验成本本，目前市场小，获利能力较差等特点成为宅美国典型病率发少的公司进入速度减慢。为促进宅美国罕见病的研究，美国政府于1982年下设宅人罕见病药发动企业。以统筹宅儿药研究资设定宅正达标准者美国第于1983年颁布《孤儿药法案》，正达标准者美国第于1983年颁布见病界定，取消于宅相应的优惠政策、包括临床试验医疗费用。完善宅人遗主的一系列的医疗管理制和孤儿药管理周等一系列的费用，研发药和其他优惠设计减税及减税美本，缩窄审查周期。截至2013年，美国上市的孤儿药活动，并通过维护罕见病研究的资料基金之。以化建设和罕见资病发研究的资料基金之。以目前美国孤儿药公认成为维护美国各类疾患增长宅美国罕见病研究的优惠政策、被推进儿于美国罕见病技术公司投于宅孤儿药产品的56%，中小型生物医药企业成为宅孤儿药于美国主要力量，在全美所有的宅研发孤儿药于美国之主要公司，截至2006年，生物医药技术公司于全部外宅产品总收入17.8亿美元，生物类基因公司宅产品总收入17.8亿美元，孤儿药收入60.3亿美元，基因泰克公司收入71.9亿美元，孤儿药收入84%，除此以外，安进公司收入占产品收入48%，孤儿药收入43%等	三个假设对集群产业结构调整有正向促进作用

提出"空间分布、联结关系、创新表现"三个现实考察维度，可以更利于清楚观察集群协同创新发展的概况，验证路径设计的合理性和可行性。首先，基于三个维度与创新的关系提出假设：

假设一——空间分布的临近性是实现协同的基本前提。

假设二——联结关系的有效性是协同创新的主要保障。

假设三——创新表现的独特性是有效协同的参考依据。

其次，围绕假设构建产业集群间协同创新路径的验证框架，对集群间通过协同进行创新的情况进行考察，以有效验证路径设计的合理性。最后，通过对产业集群间协同创新的案例进行内容分析，证实假设的正确性，从而验证路径设计的可靠性，为产业集群间协同创新提供真实的路径选择。

为此，从产业类型、产业的创新性要求、产业链延伸范围、产业发展潜力等出发确定包含上述因素的文化创意产业作为此次案例验证的产业集群类型，并结合当前经济社会发展的热点，以京津冀协同发展为宏观背景，选择发展较好的北京市朝阳区文化创意产业集群作为最终案例。这与本研究的协同创新有更强的联系。

产业集群间协同创新路径验证框架见表4-17。

表4-17 产业集群间协同创新路径验证框架

维度及内容	重点集群带动	企业及产业链创新	依托区域创新	欲验证结论
验证要素维度： （一）空间分布临近性 （二）联结关系有效性 （三）创新表现独特性	对重点集群带动方式从空间分布、联结关系、创新表现三个维度进行解析，了解创新驱动实现方式的具体实践过程	对企业及产业链创新方式从空间分布、联结关系、创新表现三个维度进行解析，了解创新驱动实现方式的具体实践过程	对依托区域创新方式从空间分布、联结关系、创新表现三个维度进行解析，了解创新驱动实现方式的具体实践过程	得出三个考察维度与协同创新关系，说明点、线、面路径可行性

4.4.3.1 案例背景及简介

北京市"十一五"规划确立了文化创意产业支柱地位，并出台相应政策支持其发展。北京市成为我国文化创意产业的先行地区，而朝阳区文化创意产业是北京市发展较好的地区。2006年朝阳区"十一五"发展规划指出将文化创意产业作为支柱产业。随后朝阳区逐步建成四大功能区：北京CBD—定福庄国际传媒产业走廊功能区、奥林匹克公园文化体育融合功能区、大山子时尚创意产业功能区和潘家园古玩艺术品交易功能区。文化创意产业也随之呈现出聚集发展的良好态势，园区、基地不断建成。2006年以来，北京市先后分四批认定30个市级文化创意产业集聚区，其中朝阳区占8个，是全市最多的。另外，朝阳区还建成区级文化创意企业14家，根据各个集聚区的主营业务不同，将朝阳区文化创意产业集聚区分为文化艺术及艺术品交易类、传媒类、旅游休闲娱乐类等5类。朝阳区文化创意产业的发展已由粗放式扩量增长转变为精细化的提质增效升级，实施产业高端化发展战略。北京朝阳成为首都文化创意产业创新发展核心区，因此选取朝阳区文化创意产业进行集群间案例验证具有一定的典型性和代表性。

4.4.3.2 案例验证思路

本研究将集群间协同创新分为"点—线—面"的层次协同路径，根据上述验证框架，从集群空间分布、集群间联结关系以及创新的最终表现来阐述集群间协同发展的情况，再依据集群发展现状进行支撑性分析，若方案层要素完整且创新表现较好，则可以最终验证路径设计的可行性。为此，首先分析增长极视角的重点集群带动产业经济发展，这涉及朝阳区的主导产业集群、支柱产业集群和新型产业集群的培育，以及它们的带动效应和拉拔作用；其次分析产业链视角的集群协同发展，这涉及如何通过产业链的优化和整合来实现朝阳区文化园区之间集群的协作并实现创新的过程；最后分析基于网络位势的区域集群协同发展（主要是分析京津冀三地文化创意产业集群的协同发展）。

4.4.3.3 **案例验证过程及结果**

根据以上分析思路，我们可以观测到北京市朝阳区众多文化创意产业园区、产业带在三个创新驱动实现方式上的具体表现。其基本形成了以传媒集群为重点的多个文化产业基地，通过文化创意产业集群区建设带动文化产业发展，并且基本公共服务较为完善。传媒类产业布局呈现出多样化的特点。不同产业园区的融合催生出新的文化创意休闲旅游业。国家文化产业创新实验区聚集了传媒、企业、科技、投资等众多类型的单位，文化产业创新体系完善。依托京津冀一体化进程，成立了京津冀文化产业联盟，北京、天津、河北利用各自的资源优势形成了较好的协同效果，有利于三地文化创意产业规模化发展。

表4-18　北京朝阳区文化创意产业集创新驱动案例验证

维度及内容	重点集群带动	企业及产业链创新	依托区域创新	结论
（一）空间分布	（一）传媒业在CBD国际传媒文化创意产业集聚区中占据主导作用，建立了北京CBD—定福庄国际传媒产业走廊园区，培育形成了国家音乐、国家动画、国家版权贸易交易等级文化产业基地，来缔创意产业园、惠通时代广交园等50余个文化产业基地，吸引人民日报、中央电视台、北京电视台、凤凰卫视等众户	（一）产业链分布：传媒类的6个产业群分布形成了CBD—定福庄传媒产业走廊地带功能区，从空间形态上看，CBD国际传媒集聚区，团块状分布的特点；CBD国际传媒集群、惠通时代分布和北京图书批发交易时代广场和北京音乐创意产业园与竞网图书片产业三点成面，北京音乐呈现、中国传媒大学文化产业三点面的聚点，有利于园区、基地之间信息交流与融合	（一）位置：建立京津冀文化产业联盟、三个政区依据产业链位置来形成不同分工。北京侧重于研发和孵化，天津侧重于产品开发于生产，河北侧重基于土地等基础资源供给	（一）空间分布和集群创新有关系对集群发展有正向作用，创新表现有利，创新表现实了了一关系；（二）"点—面—线—面"的协同发展思路和产业集群实施动的发展驱动战略
（二）联结关系	（二）集聚了行政审批服务、公共技术服务、社会中介服务、内容平台服务、版权保护服务、投融资服务、宣传推介服务等创新服务资源	（二）企业联系：包含人民日报、北京电视台、凤凰卫视、恒大文化、亚马逊、中视、万达院线、蓝博电视等超过2万家文化创意和商业项目落户于此，存在投资、众多文化产业企业等有效地推动了文化产业的创新、规模以上企业收入超过2000亿元	（二）合作关系：①企业合作：北京476家企业在河北设立分支机构393家，神州数码等企业在天津设立分支机构1029家；②高校合作：北大与天津各企事业单位、高校、科研机构合作项目160余个，与河北高校、科研机构合作项目170余个。②区域合作：以《京津冀协同发展规划纲要》为指导，成立了京津冀高校协同创新联盟，京津冀产业协同创新深度合作	
（三）创新表现	（三）大山子时尚创意产业功能区培育的798艺术区成为中外文化艺术对话的重要窗口和文化展示平台，是北京的城市名片和文化地标。通过立多个基地能够很好地促进朝阳区文化创意产业的创新发展。鹏络功能区通过"凤凰计划"吸引了一批高端创业人才	798艺术区、与旅游业相结合成了集聚有效推动文化产业类新产业	（三）创新表现：根据京津冀签署的《京津冀三地文化领域协同》，推进京津冀三地文化化发展，今后将围绕文化产业布局、公共文化服务建设、演艺文化交流、区域文化市场以及文化人才交流等推进协同项目。加借助办办水影京津冀文化旅游育成合，开辟北京至河北张家口文化旅游线、发展民俗旅游、生态旅游等文创①②	

① 京津冀三地联手推动文化产业一体化发展，http://www.radioti.com/gnwvw/system/2014/08/28/000490813.shtml
② 京津冀将文化产业纳入协同发展，2015.12.16 http://business.sohu.com/20151216/n431546544.shtml

5 构建动能体系促进四川省产业集群转型升级的对策

5.1 基于"绿色创新"的集群内企业发展对策

基于绿色创新的集群企业发展路径,重点在于集群内部各企业的培养。在绿色理念指导下,首先将核心放在企业技术的优化升级上,当生产技术绿化后,绿色生产才成为可能,绿色集群的打造也才成为有望实现的目标。因此,绿色技术的发展是首要任务,培育龙头企业的绿色文化是重要任务。要在企业技术的优化与生态化的基础上打造企业绿色文化,在生产的各个环节加入绿色理念、实现绿色清洁生产,从而带来绿色产品的产出。其次,单个企业完成了绿色生产,但企业与企业间存在着上下游的产业链的关系,所以还要建立一个符合绿色理念的生态化的产业循环系统,促进企业间绿色关联关系的建立。只有单个企业的技术与文化都遵从绿色理念,企业间的关联关系才能在此基础上形成并最终打造绿色集群,实现集群的转型升级。具体来讲,绿色集群打造要有产业的生态化作为支撑,企业完成了良好的绿色投入与绿色生产,还要在产业内完成这一产业本身的生态化,产业上下游的企业间就会在生态循环的环境中加速发展;绿色关联关系的形成有利于企业种群与群落的良性发展。最后,绿色集群的打造离不开全方位的保障,集群的发展依旧是政府主导型的,因此政府政策的制定与完善都要以绿色创新为方向，在产业选择、园区打造、生态布局以及促进集群绿色发展的财政税收政策上做出有力的举措。

5.1.1 企业以绿色技术研发与运用为核心，实现清洁生产与绿色产品产出

5.1.1.1 个体企业绿色技术研发与运用（技术开发、产品升级、关联关系升级）

企业绿色发展，首先是生产技术的绿色化，借助知识转移等途径实现技术的绿色创新，实现绿色投入、绿色生产、绿色产出。企业加快高新技术的发展，用技术进步改善生产流程以及最终的产品。具体来讲，可以从以下几个方面实现技术绿色创新：第一，加大绿色科技创新投入，培养高新技术支柱产业，激活传统产业存量资本，改造和提升产业技术水平，使高新技术和绿色技术渗透和扩散到各行各业，支持和鼓励包括传统农业、工业和服务业在内的各产业广泛应用高新技术和绿色技术，促进产业技术水平的提高；第二，推动低碳经济、绿色经济发展模式，制定相关的绿色技术标准和范式，运用低碳经济和绿色经济的技术创新思路制定发展低碳经济和绿色经济的技术创新措施，积极发展低碳经济和清洁生产；第三，加强绿色关键性共性技术创新，开展多形式的产学研联盟，加强对低碳技术、回收处理技术、绿色再制造技术关键性共性技术的创新等[1]。

5.1.1.2 个体企业打造绿色文化实现清洁生产与绿色产品产出

企业在绿色生产技术的研发与运用基础上，应当重视产业集群内绿色文化的培育。打造绿色文化，是各类型企业都需要的。

---

[1] 杜静、陆小成：《新型工业化中产业集群绿色创新的对策选择》，载《科技进步与对策》，2010 年第 6 期。

绿色文化的打造，可以有如下方式：将绿色理念融入公司管理制度中，以一种无形的、潜移默化的方式影响企业员工。此外，还可以建设大型展览中心，定期举办具有国际影响力的绿色产品展览会，方便企业进行新产品展示、了解行业动态、获得采购订单等，使节能、环保、生态、绿色的文化深入人心；加强企业内员工对于绿色生产及绿色生产的认同，从而提高其知识和技能水平，形成绿色技术和绿色产品的展示舞台。

在组织管理方式上，集群内部企业遵循绿色发展的理念，在组织结构设计及组织管理方式上也应遵循这一原则，比如：企业在组织结构设计上以扁平化的组织结构进行设计，提高企业运行效率，减少中间环节的信息流通成本和不必要的资源消耗；组织结构扁平化有利于企业内部信息沟通质量的提高，减少管理等级。企业在管理制度、实施流程、企业组织结构等方面完成绿色文化的构建，最终的结果是会带来企业的绿色生产和绿色产品的产出。

5.1.2 以建立生态产业循环系统为中心，实现企业间的绿色联盟

5.1.2.1 建立生态化的产业循环系统

产业经济的绿色化，要求在维护生态平衡的基础上合理开发自然，把人的生产方式、消费方式限制在生态系统所能承受的范围内，建立以人与自然和谐发展为特征的产业发展模式。产业生态化依据产业自然生态有机循环机理，在自然系统承载能力内，对特定地域空间内产业系统、自然系统与社会系统之间进行耦合优化，达到充分利用资源、消除环境破坏和协调自然、社会与经济的持续发展。产业生态化是一个渐进过程，是产业的反生态性特征日趋削弱、生态性特征逐渐加强的过程。在这一过程中，人们为产业系统创造一个新的范式，将人造系统纳入自然生态系统

的运行模式中，逐步实现由线性（开放）系统向循环（封闭）系统的转变。产业生态化作为获取和维持可持续发展的一种实践手段，旨在倡导一种全新的、一体化的循环模式，即经济系统和环境系统具有高度的统一性，两个系统内各组成部分之间相互依存、不可分割。同时，产业生态认为物质和能量的总体循环贯穿于从原材料开采到产品生产、包装、使用以及废料最终处理的全过程。它的循环优化并不局限于一个企业内部，而是注重更高级别的区域系统乃至整个国家或地区的产业系统的优化，在一定区域内形成类似生态圈的产业循环系统，通过区际产业生态系统的互动性依存在全球实现产业活动与生态系统的良性循环。产业生态化作为一种新形态经济或生态型循环经济，需要改变现有土地利用的思维模式，改变产业流程减少废物排放，使产业适应环境而不是改变环境来适应产业，把人类活动、土地利用、自然循环和功能协调形成统一的生态系统，通过改变新的组织形式、调整政策来恢复和保持各种形式的社会、经济和生态的调节能力。未来可持续能力决定于调节社会、经济与生态系统功能延续性及其相互关系的资源管理系统。产业生态化将不可持续发展变为可持续发展，是通过经济与社会的转型进化到一个新系统的状态而不是依赖效率提高的发展模式来保留现有系统结构。具体来说，产业生态化就是在工农业生产中大力推广那些节约资源、环境负面影响小、经济效益高的技术，不断地探索既有利于保护环境又能提高企业效益的经营管理模式；大力调整产业结构，淘汰那些设备陈旧、高物耗、高能耗、污染严重的产业部门和环境负效应严重的产品，建立资源节约型的国民经济生产体系；在加快发展第三产业的同时，积极提倡适度消费、绿色消费的观念，加快建立具有"环境标志"的绿色产品制度。从大生态系统的角度看，实现产业生态化就是建立涵盖第一、二、三产业各个领域的"大绿色产业"①。企业要实现绿色发展，必然要求在一个生态化的产业循环系统中。产业链上下游企业间只有借助一个有效的生态循环系统方能实现绿色整合。

5.1.2.2　生态工业系统的整合

生态工业系统的整合，即某一企业通过高科技工艺从另一企业的废料中提取出于自身发展所需的原料，变废为宝，从而实现企业间物流、能量流的循环。四川省地处西部地区，蕴含着丰富的矿产资源、农业资源，这些资源绝大部分都是不可再生资源。在传统产业生产中，资源的利用率相当低，而采用循环经济模式将各企业通过资源的价值链条紧密地联系在一起，形成具有西部特色产业集群，就能大大提高资源的利用率，实现和发展"绿色经济"。高新技术对传统产业的渗透融合在这一模式中可以得到最佳体现。产业融合的实质就是技术的融合，高新技术的渗透融合能够使资源的价值链条得到更加广泛的延伸，使得越来越多的企业围绕某种资源而创造出更长的价值链。这种模式中集群企业相辅相成，不可分割，形成一个有机整体，从而培养出集群的核心竞争力，使之具有其他同行业无法比拟的优势②。生态工业系统的整合可以说是生态产业循环系统中的重要部分，这一措施主要针对一些环境不友好型产业（比如能耗大、污染强的化工行业）。只有针对产业中能耗大、污染重的一部分企业做出有效改善措施，绿色发展才会更加顺利进行。

5.1.2.3　构建企业间绿色联盟

构建企业间绿色联盟是要在生态产业循环系统的大背景下重点对工业系统进行整合，此外，对所有产业而言，建立产业内企

①　陈柳钦：《产业发展的集群化、融合化和生态化分析》，载《中州学刊》，2006年第1期。
②　谢方、王礼力：《基于产业融合论西部产业集群发展模式创新》。

业与企业间的绿色联盟也是特别重要的举措。构建企业间的绿色联盟，首先是培育集群内上下游企业互动创新机制：原材料供应企业和相关产品制造企业开展技术合作，产品生产制造企业把部分开发任务交给原材料供应企业，或者帮助原材料供应企业进行开发，同样的，原材料供应企业也可以主动参与到相关生产制造企业开发过程中甚至进行超前开发。一体化的大型公司一般采取上下游协调发展的战略，而规模较小的企业由于投入研发的资金有限，更应该积极和集群内的上下游企业合作，提高自身创新能力[①]。

其次，发挥集群内上下游企业资源利用和废物处置规模效应：以化工行业为例，化工行业产业链长、产品种类多，生产过程中进行主反应的同时伴随着副反应，或者由于原材料本身不纯，伴随副产品。副产品虽然有的经过回收之后可以成为有用的物质，但是往往由于副产品的数量不大，单个企业处理量达不到规模数量，而且成分又较复杂，所以在一定浓度时大多是有害的，有些还是剧毒物质，要进行回收会有许多困难，在经济上也需要耗用很多经费，所以企业往往将副产品作为废料排弃而引起环境污染[②]。不过，现在很多化工行业上下游生产之间的衔接性非常好，产品之间存在很强的可转换性。许多原材料、辅助材料和半成品都可以在多种工艺和产品的生产中重复利用，从而在成本增加不大的情况下令集群内上下游企业可以通过产品上下游衔接，相互合理利用资源（包括交换主副产品、废弃物以及共用集群内"三废"处理等基础设施设备），共同研发相应处理技术，以同时降低生产过程中资源能源的投入，从而降低生产成本，提高各企业经济效应，同时也提高环境和社会效益。

---

① 朱庆华、邓玉琴：《基于产业集聚的化工行业绿色供应链管理模式研究》。
② 朱庆华、邓玉琴：《基于产业集聚的化工行业绿色供应链管理模式研究》。

最后，实现企业与企业间的生态联盟：企业绿色持续创新联盟主要是在企业实施持续创新项目过程中考虑循环经济对企业技术创新的影响，从生态角度分考虑企业间在环境管理、需求方面的关联性，谋求生态效益与经济利益的最大化、最优化，共同提高企业的生存能力和获利能力，同时实现节约资源和保护环境的相关企业、组织间的创新战略合作（协作性竞争组织）。这种合作不排除企业与大专院校、科研院所的联盟。可以说，企业绿色持续创新联盟是基于生态效益的战略联盟。"绿色持续创新"是指企业在相当长的时期内持续地推出、实施旨在节能降耗、减少污染、改善环境质量的绿色创新项目，并不断实现创新经济效益的过程①。企业绿色联盟的形成主要体现为上下游企业间的密切合作，共同进步。

5.1.3 以支持绿色创新为重点，完善制度保障，实现绿色创新

如前文所述，四川产业集群发展依旧处于起步与发展的阶段，政府主导性占有很强的地位，所以，从集群绿色创新的需要出发，政府应当制定统一的、协调的集群绿色创新发展政策。对于四川省产业集群而言，应加快构建绿色制度体系。绿色制度体系是指所有绿色制度的有机组合，它是生态政治制度、绿色经济管理制度、绿色文化制度等的创新与整合。结合当前制度中存在的问题来看，四川省产业集群绿色制度创新需要从战略选择、产业政策、财政与税收政策等方面着手，建立绿色法规制度、绿色经济激励机制，建立和完善各项低碳政策和环境保护制度，强化

---

① 洪洁、李琳：《基于生态经济环境下的企业绿色持续创新联盟初探》，载《经济问题探索》，2008年第7期。

企业的排污治理责任，减少和避免企业破坏环境的经济行为[①]。具体来讲，在产业选择上，以发展战略性新兴产业为重点，以污染少、能耗低、废料少的产业为核心，对原有的产业进行绿色改造，对引进的新产业进行有效选择。其次，重视产业园区的打造，为集群的健康良性发展提供有力的发展空间。此外，做好产业生态布局工作，最后实施保障企业绿色创新的财政与税收政策，实现集群绿色发展。

5.1.3.1 以战略性新兴产业为产业选择重点（产业选择）

区域内集群发展不仅依靠本区域内的产业，也会从外界引进产业，在承接产业转移引进新产业时要遵循绿色发展的理念，因此，应该选择以低碳、环保、绿色为主导的产业。在这里，我们认为，战略性新兴产业就是符合这些条件的产业类型，包括：一是信息技术产业。重点发展集成电路、新型显示器、高端软件和服务器等核心基础产业，加快发展新一代移动通信、下一代互联网核心设备和智能终端的研发及产业化，推进"三网融合"、物联网及云计算的研发和应用。二是新能源装备产业。重点发展新能源装备制造，发展核岛系统集成等关键部件、大功率风电机组、生物质能发电成套设备。加快发展多晶硅、薄膜太阳能电池及组件、动力电池。积极发展清洁可再生能源。三是高端装备制造业。重点发展航空、航天、高速铁路设备等。发展军机、公务机等整机及零部件、航空电子系统产品。积极开发空间服务系统、亚轨道科学研究火箭。四是以高性能材料为代表的新材料产业。重点发展钒钛、稀土材料，开发含钒钢、钒精细化工、钛合金及高档钛材等高端产品。积极发展新型功能材料、高性能纤维及其复合材料、超硬材料等新材料。五是节能生物技术产业。重

---

① 杜静、陆小成：《新型工业化中产业集群绿色创新的对策选择》，载《科技进步与对策》，2010 年第 6 期。

点发展创新药物和生物育种，开发以生物技术药物、新型疫苗、诊断试剂等为重点的创新药物研发和生产，推进以先进医疗设备、医用材料等为重点的生物医学工程产品的研发和产业化，支持发展高产、优质、抗病、抗逆生物育种产业，加快生物基材料发展，建设国家重要的生物高新技术产业基地。六是节能环保技术产业。重点发展高效节能技术产品，开发节能电器、半导体照明等绿色照明产品。积极发展先进循环技术装备和产品，加快资源循环利用关键共性技术研究和产业化。这六大产业都是技术含量高、市场前景广阔、低能耗和无污染的现代产业，对于发展低碳环保产业、坚持发挥区域特色与提高产业优势融合有重大意义。选择这些产业将对绿色健康发展与顺利实现产业集群的转型升级有较大的推动作用。

5.1.3.2　实施有效战略，加快产业集群园区打造

政府支持集群绿色创新，要利用有效战略，完成集群绿色园区的打造。在战略上，首先，大力引进和培育创新型企业和人才：创新型企业和人才是产业集群创新的主体，培育创新型企业和人才是促进产业集群技术创新的基础手段，也为园区建设提供智力支撑。要通过财政资助等多种手段，大力引进、培育和提高创新型企业，如从国内外引进创新型企业特别是"种子型"创新型企业，融入各地的产业集群，鼓励发展重点企业的配套企业，对其提供必要的政策扶持，为园区发展提供更强大的动力。鼓励各地培育本地创新型"种子企业"，加强知识产权保护，提供信息、资金和技术等服务，降低企业创新成本，鼓励创新型企业之间开展技术合作和培训交流。建立吸纳和使用创新型企业家队伍的制度和机制，努力创造优秀创新型企业家"人尽其才"的优良环境，有计划地推进区域教育体系建设，为创新型产业集群提供源源不断的人才支持。积极实施人才战略，建立良性的引才、育

才、用才机制①。这些针对人才、企业、产业的有效战略，会为一个健康绿色园区的形成提供基础条件。

其次，区域政府之间也要建立战略联盟，加强人才流通与项目引进。区域间通过良好的网络协同，进行资源与人才的共享，在集群绿色创新与绿色发展上提供强大的后盾力量支持。最后，完成绿色园区的打造：有了人才、企业等优势条件，加上区域间政府的联盟，园区的打造就能更加顺利。绿色园区是产业集约化发展的重要载体和平台，四川省应加快建设产业特色明显、配套能力强的产业园区，对产业园区的产业分工、产业类型等条件进行标准化，加强园区基础设施建设，完善配套设施。

5.1.3.3 优化产业生态布局

强化产业集群绿色创新的生态布局，主要包括：第一，科学引导空间的生态布局，统筹城乡发展，突出产业集群内企业之间的生态联系，突出专业化分工与互补。突出成都市增长极的地位，加强绿色创新的资源整合与空间布局优势，在产业布局和经济社会发展中重点关注生态环境保护和资源集约化开发与利用，促进企业与企业之间的密切联系，在资源能源消耗和废弃物回收利用方面形成绿色产业链，促进产业集群创新的绿色发展。第二，合理确定区域创新的生态定位。从长远来看，成都市作为西部地区崛起的战略支点、四川省绿色创新的示范和引擎，需要合理确定绿色创新的生态定位，当好四川的"领头军"，着力于西部崛起战略的推进和四川省产业集群竞争力的提升。第三，优化绿色创新体系的空间布局。创新体系应构建多层次、循环式、网络状、生态化的开放式创新系统，以创新基地为平台，以产业集群为载体，以地区特色产业为依托，重点发展生产性服务业，提高服务业比重，降低重化工为主的第二产业比重，推动产业结构

---

① 王宏顺：《产业集群的财政支持政策研究》，2008 年毕业论文。

调整与升级，促进绿色创新空间结构的优化①。

5.1.3.4　完善绿色创新财政与税收政策

政府财政政策促进集群绿色创新，首先是加大财政投入，完善基础设施建设：建设产业园区以可持续道路为指导，要坚持可持续发展，确保园区布局、产业定位、生态建设及配套设施具有一定超前性，留足后续发展空间，科学制定入园企业的投资密度、投入产出率等客观评价标准，防止有限"寸金地"在短期内被小规模、低水平的企业占用，造成园不成形、区不成块。要坚持一次规划、分步实施，不能因为资金短缺而降低建设标准，为园区长远发展留下隐患。一是要梯度推进，立足实际，滚动发展，依托项目建设园区，节约土地资源和开发成本，减少潜在风险②。要改造完善区域基础设施，提升区域开发建设的档次，提高区域承载项目的能力，以全方位满足投资者在交通、水、电、气以及商务信息处理等方面的需要，从而使本区域形成人流、物流、资金流、信息流等生产要素集群的洼地效应，建成投资者的宝地、创业者的乐园。另外，产业园区基础设施配套费要按一定比例返还，专项用于园区基础设施建设。土地出让金等有偿使用收入，要纳入财政综合预算，作为政府对园区基建的投入。条件具备的地方，建议在财政预算中设立园区发展专项基金，为园区基础设施建设和发展提供稳定可靠的财政支持和财力保障。

其次，增加财政对科研的投入，促进绿色技术的诞生与发展：在依靠市场和企业投资的同时，财政部门应注重综合运用财政担保、贴息、政府采购、国债、税收等经济杠杆，稳定增加财政对科技的专项投入，加大产业集群研究开发经费支出力度。并

---

① 杜静、陆小成：《新型工业化中产业集群绿色创新的对策选择》，载《科技进步与对策》，2010年第6期。

② 王宏顺：《产业集群的财政支持政策研究》，2008年毕业论文。

坚持从不同角度广泛吸引金融信贷、个人投资、国外资金以及社会各界资金对产业集群的投入，充分发挥财政政策的作用，实现多层次、多渠道、全方位科技投入资金筹集的目标，从而使财政支出成为推动技术不断进步、推动产业集群不断发展的不竭动力①。

财政部门应进一步完善对产业集群内企业的贴息政策，重点支持鼓励企业科技进步、自主创新。按照建设新型国家的要求，调整贴息资金的支持范围，将开发区公共服务平台建设和"孵化器"建设等项目纳入贴息范围。同时，对国民经济有重大影响的高科技项目在取得成果后，其技术与装备应扩大到产业化规模。对先进的、成熟的、对产业的发展具有导向性并能产生良好的经济效益的高技术产业项目，应该重点予以贴息补助。加大对产业园区的投入力度，财政政策支持的基本职能是其他措施的基础，只有在投入到位的前提下，技术创新才能有根本的科研投入保障，产业集群才能成长、成熟②。

最后，建立健全针对产业集群内中小企业的财政支持体系：第一，加大对中小企业服务体系的支持，重点是在产业集群和高新技术园区培育中小企业技术服务机构，搭建共性技术和关键技术攻关平台，为中小企业提供创业辅导、技术支持和管理咨询；组织开展对中小企业从业人员的各种培训提升并拓展各级各类中小企业信息网站的功能，通过网络开辟交流渠道，发布供求信息，普及政策法规。提供上述服务，要尽可能地采取市场化运作，即政府以委托方式交由有关服务机构承担，制定考核标准，实行动态评议，对符合要求的企业予以一定的补助或奖励。第二，为集群内的中小企业融资创造更加有利的条件，可考虑采取

---

① 王宏顺：《产业集群的财政支持政策研究》，2008 年毕业论文。

② 王宏顺：《产业集群的财政支持政策研究》，2008 年毕业论文。

以下措施——其一，支持中小企业信用体系的建设，为使金融机构能够清楚地判断风险，对有关部门和中介机构开展中小企业信用登记、信用征集、信用评估和信用发布等活动予以资助；其二，鼓励区域性中小企业担保机构发展，对担保机构新增的贷款担保余额，可研究实行奖励政策，探索对中小企业间联保、互保制度的支持方式；其三，推动创业投资发展，可研究设立政府引导资金，参股创业投资机构，吸引民间资金向中小企业投资。同时研究制定有利于创业投资发展的税收政策。对具有良好前景的科技创新项目的贷款一律提供信用担保，保证企业能筹集到足够的资金开展科技创新活动。第三，提高中小企业创新能力，财政支持的着眼点应更多地放到有利于降低中小企业创业与创新的风险上来，重点支持处于种子期、初创期的中小企业，支持技术开发初期的原始创新，通过改进对技术创新财政投入的绩效考评办法，处理好财政资金安全性、规范性与有效性的关系。形成鼓励创新、宽容失败的良好社会氛围。第四，支持中小企业开拓市场——一是要支持中小企业与大企业建立协作配套关系，这是中小企业进入市场的重要途径；二是要遵照国际惯例，对中小企业开拓国际市场尤其是新兴市场的有关活动予以必要资助；三是要依照《中小企业促进法》和《政府采购法》，研究制定针对中小企业的政府采购政策，通过在政府采购中确定一定的比例，以招标方式保证中小企业获得政府订单。具体可以考虑在技术档次、价格水平大致相同的情况下，优先购买本国产品或服务。对于重大科研项目的中间研究成果、关键技术部件等可以利用政府资金进行预先招标采购，以鼓励企业的技术创新活动[①]。

以上四点财政政策的保障，是对建立绿色集群提供的有力资金支持，只有在企业具有强大的财政支持的情况下，企业绿色技

① 王宏顺：《产业集群的财政支持政策研究》，2008年毕业论文。

术创新的实现、绿色生产的实现、绿色产品的产出实现才会成为可能。

除了上述财政支出的支持作用外，财政还可以从其另一方面——财政收入，即税收的角度对产业集群予以具有促进作用的支持：第一，改革增值税。实施增值税转型应尽快实现全面的"消费型"增值税，对高新技术产业集群内企业，应当允许以购进的生产设备进行抵扣，以减少对高新技术产品的重复征税，提高产品竞争力，加快高新技术产业的设备更新改造。在现行政策下，增值税对高新技术企业的优惠力度还应加大，要有针对性地给予增值税优惠政策。第二，完善所得税。一是针对产业集群内企业的研究开发费用，只要其投入比上年有所增长，均可按照加扣的规定进行抵扣。企业引进博士后研究的费用，可以视同研发支出。二是对于过程中所需要的仪器、实验设备可按照年期加速折旧。三是建立技术开发基金。该基金用于防范企业在开发和应用新技术上的风险，其数额可按企业投资额中销售额的一定比例提取，在计征所得税时予以抵扣。四是对企业使用科技成果应当实施税收优惠。五是再投资退税。六是对从事企业技术开发的科研人员，在个人所得税上给予适当的政策倾斜，比如对个人的技术转让、技术专利使用费等减征个人所得税，对科研人员从事研发活动取得的各种奖金、津贴免征个人所得税，鼓励科研人员持股，对科技人员因技术入股而获得的股息收益免征个人所得税。第三，实现直接优惠向间接优惠转变。直接优惠方式侧重于事后优惠，有较大的局限性，间接优惠侧重于事前优惠，有利于体现政府推进产业集群内科技创新的政策取向，有利于形成"政策引导市场，市场引导企业"的有效优惠机制，也利于公平竞争。目前我国以直接优惠方式为主，而随着产业集群规模的扩大和产业结构的提升，这一优惠功能会逐渐减弱，甚至会成为科技发展的障碍。我们可以借鉴国际经验，更多地采取加速折旧、投资抵免、亏损弥补、费用扣除、提取技术开发准备金等间接优惠方式，激励企业更多地投入科技和设备更新，促进科技发展。第四，实现结果优惠向中间环节优惠转变。长期以来税收优惠的重点一直放在产业的生产、销售环节。其基本特点是符合了认定条件的纳税人如果取得了科技创新收入则可以免征或少征税款，假如企业有大量的研发投资失败，则享受不到税收优惠。在这样的政策激励下，企业往往把重点放在引进技术和生产高科技产品上，最终必然影响科技创新和产业升级。为此，我们必须改变以往针对科研成果优惠的政策，根据科技研究开发的特点，对研究开发过程实行优惠，刺激更具有实质意义的科技创新行为。规定享受优惠的研究项目或研究开发行为，确定基础研究或前期研究环节优惠、中间试验阶段优惠等标准，由企业申报，核准享受税收间接优惠。第五，实现区域优惠向产业优惠转变。一方面，原则上科技无国界、无区域界线，因此，税收优惠应不分地区、行业和部门，一视同仁。另一方面，我国现行的区域优惠已不能适应我国科技产业发展的要求，我国科技产业已具备相当规模，为向产业优惠转变创造了条件。只要符合优惠条件的企业和项目，无论投资何处都可以享受。第六，实现企业优惠向项目优惠转变。科技事业的发展是以全民族的科技活动作为推动力的，因此，税收优惠实施的对象即"收益人"应定位于科技活动过程和科研结果。只有这样，才能推动科技事业的全面发展。而现行科技税收优惠大多以企业作为优惠受益人，其结果是简单地将具有某种优惠资格的企业的所有收入全部纳入税收优惠范围。由于该政策没有区分企业收入中真正属于创新收入的比重，所以在企业多元化经营的条件下其对科技创新的刺激作用并不明显，而且导致企业不是在科技创新上下功夫，而是在"新产品""高科技企业"等认定方面下功夫，钻政策的空子，使科技税收优惠的实施效果大打折扣。根据高新技术研发的特点，通过项目优惠，刺激具有实质意义的科技创新行为。税收政策的完善也是促进企业实现绿色发展的有力保障。

总而言之，政府的战略选择、产业政策、财政与税收政策的完善与优化对于集群的健康顺利发展和集群的绿色创新发展有着强大的支撑作用，政府政策的保障为集群升级提供了良好的基础和条件。充分发挥政府职能，弥补市场的不足，是集群可持续发展道路上的强大动力。

5.2 基于融合发展的集群内产业新业态构建对策

首先，产业融合构建新业态的重点主体是产业，因此要从产业自身为切入点。在这一路径上，具体的实施对策应该从产业开始，可以内部各子产业的融合为切入点，因为产业内部子产业间相关联性极高，融合壁垒较低，需要的技术支撑相对来说要求较低，实现的难度较小。产业的融合说到底是技术的融合，技术是实现这一路径的最大挑战，所以在各类产业中以高新技术产业为重点，以其为核心动力拉动传统产业的发展或是加快对其他产业的改造。除此之外，产业本身的产业链在这一过程中也起到重大作用，在突破了技术的瓶颈后可适当延长产业链，实现各产业的充分发展。其次，在产业融合构建新业态的过程中，除了产业自身的作为，更需要一定的政策制度保障。政府在产业融合中要充分发挥作用，为产业融合提供有力的支持。最后，产业融合的实现与效应的发挥离不开各个企业的发展，在企业内部应当以创新能力培育为重点，培育龙头企业。在有重点、有核心的指导细想下，实施有条不紊的创新举措，顺利完成产业新业态的构建。

5.2.1 以产业关联、技术引入、价值链延伸为出发点，加快产业间融合步伐

5.2.1.1 借助产业关联，以技术为依托，实现子产业重组融合

重组型融合主要是将原有产业的价值链进行解散，使之形成一种混沌状态的价值网，然后将原有产业价值链的核心增值环节摘录出来，重新整合为一条新的价值链，构筑出新型的融合型产业①。重组融合会在具有高关联度的产业中发生，一般为同一产业内部的各子产业之间，原本是单独的产品或服务在某一相同的标准下通过重组结合为一体的整合过程。

就四川省产业集群中的产业来说，重组融合实践可以如下：重组融合的重点产业选择应该落脚到传统产业上，四川省产业集群本身具有四川省的地域特色，与发达地区相比较，四川省的传统产业相对落后，发展模式较为老套，急需转型升级。对于传统工农业产业集群来说，优化产业链条是促进产业集群转型升级的必然路径。传统工农业产业集群需要通过技术融合形成新的产业形态。比如，第一产业内部的畜牧业、种植业、养殖业等不同的子产业通过生物技术进行有效融合，达到生物链的重新整合，形成最后的生态农业等新兴产业形态。在重组融合的过程中，最重要的就是技术融合，尤其是高新技术发挥着重要的作用。在信息技术高度发达的当代，信息技术为重组融合带来了直接实现条件。因此，位于产业链上下游的产业，可以通过信息技术为纽带，实现融合后的新业态的新产品表现出智能化、数字化、网络化的特征。比如智能家居用品、绿色家电等产品就是典型代表。

---

① 李美云：《论旅游景点业和动漫业的产业融合与互动发展》，载《旅游学刊》，2008 年第 23 卷第 1 期，第 56～62 页。

5.2.1.2 通过高新技术对传统产业的改造完成产业间渗透融合

渗透型融合是某一产业通过采用特定的手段和方法，把另一关联度较高的产业所包含的元素糅合到该产业的产品中，并以特定的方式将这一新产品展现给消费者。此外，还可以通过产业功能的互补来实现两者的渗透发展[①]。具体来讲就是渗透融合的产业选择重点应该落脚到高新技术产业上，利用先进的技术对其他产业进行改造和优化。此外，第三产业是也渗透融合的重点。比如将关联度较高的旅游产业与文化产业融合发展，文化产业通过采用特定的手段和方法，将文化产业中所包含的多彩的文化元素以一定的形式和方式有效糅合到旅游产品中，最后呈现出的新形态产品通过特定的途径展现给消费者。此外，旅游产业也可以向文化产业渗透，如将文化产业中的影视基地、动漫基地等比较具有文化特色和吸引力较强的文化产业进行对外开放，以旅游观光景点为发展突破口之一，这样就能完成较好的产业与产业之间的融合发展。通过产业功能的互补来实现两者的渗透发展，拿四川成都来举例，成都著名的东郊记忆文化园区就是将旅游与文化完美结合的典型。此外锦里小吃一条街将成都独特拥有的地域巳蜀文化、历史三国文化等文化要素与商业、旅游等产业有效结合，在游客消费游玩的同时又能体验独特的文化渲染，产业融合发展成效显著。除了文化产业，高新技术产业也可以通过渗透融合，实现快速发展。比如虚拟现实技术（VR 技术）属于高新技术产业内的高端前沿技术，将其与旅游业融合发展，将 VR 体验与旅游结合，让消费者有区别于传统旅游项目的特殊体验，是新业态构建背景下新产品所带来的绝对优势。高新技术产业将最新、最前端的技术融入其他产业，必然会大幅度带动传统产业或是产业

---

① 程晓利、祝亚雯：《安徽省旅游产业与文化产业融合发展研究》，载《经济地理》，2012 年第 9 期。

的传统形态的发展与进步。成都高新区、金融城、孵化园等地区都是高新技术产业集聚区，这些高新技术产业园区就能较好地实现高新技术的生产力。新会展中心举办的 VR 体验展，实现了旅游与高新技术的融合，较好地实现了两大产业的发展。

5.2.1.3 利用产业价值链延伸，实现产业交叉融合

实现多价值链延伸，以一种资源产品（如农牧产品）为中心点，根据其价值特征延伸出多种价值链条，各个企业分别聚集于每条价值链条上，采用先进的技术和工艺开发挖掘其不同价值成品，以做大每条价值链，并形成相关的配套服务行业，从而形成一个庞大而紧凑的产业集群。这一模式充分展现了传统三次产业的最大融合，即农业、工业、第三产业的融合。这种模式的中心层是农业，第二层是紧密围绕农牧产品而开展的各项不同类别的加工业，最外层则是因加工业的发展而配套产生的服务业，比如运输业、信息咨询业、科技服务等。这三个层次一环扣一环，它们并非简单累加，而是以第一中心层为主轴形成一个多价值链的集合[1]。

产业交叉融合主要是通过产业功能互补与延伸实现产业融合。打破原有的产业边界，通过产业间经济活动的功能互补和延伸来实现产业融合，并赋予原有产业新的附加功能和更强的竞争力[2]。产业交叉融合为第一、第二、第三产业之间的相互发展提供了有效途径。比如，文化产业的价值链可向旅游产业延伸，如建造不同特色的文化创意主题公园；也可将旅游产业向文艺演出、影视广播、传媒出版等文化产业延伸，形成如影视基地旅游、动漫产业园景点化、网络园区景点化、创意设计园区景点化

---

① 谢方、王礼力：《基于产业融合论西部产业集群发展模式创新》。
② 李洋洋：《我国文化创意产业与旅游业融合模式研究》，北京第二外国语学院 2010 年硕士学位论文。

等文化旅游产品①。成都东郊记忆文化园区、音乐公园等就是产业交叉融合的较好例子。此外，还可以将农业与旅游业相结合，发展旅游生态观光农业，延伸农业产业价值链。例如双流区的草莓种植园、成都三圣花乡、蒲江的石象湖等都是将传统种植业与旅游观光农业相结合的典型。

5.2.2 以发展规划、政策体系为重点，政府提供制度保障实现新业态构建

5.2.2.1 完善产业融合发展规划

制定产业融合专题规划。根据产业融合的需要，专题规划四川省产业融合的中长期发展，制定实施方案，启动一批重大项目，尤其是推进高新技术产业与其他产业的融合。制定专业型园区发展规划。以四川省各市域的高新区和经济开发区为核心，突破行政区界线的制约，大力发展专业型的配套园区。明确各开发区、专业园区的产业发展与功能定位，避免园区间的无序竞争。完善城市功能区规划。重点打造一批金融中心、研发中心、信息中心、等技术开发功能区②。此外，政府应当注重园区的打造，按照集中、集约发展的要求加快产业园区的建设，以产业园区为中心，增强产业的协作和配套能力，打造一批产业关联度高、产业带动力强的优势产业集群。实施大企业、大集团发展战略，提高产业的集中度和关联度，打造知名品牌、积极吸引外资利用跨国公司的资金实力和技术来促进四川省传统产业链的改造和延伸。

---

① 程晓利、祝亚雯：《安徽省旅游产业与文化产业融合发展研究》，载《经济地理》，2012 年第 9 期。

② 刘琦：《长沙市制造业与现代服务业融合发展战略研究》，载《湖南大学学报》，2008 年第 9 期。

5.2.2.2　设立产业融合的专项计划

设立技术创新平台建设专项。在高新技术产业领域、传统优势产业领域，支持建设一批技术研发、技术检测、项目孵化与成果转化、工业设计等专业型的创新与服务平台。设立名牌工程促进专项或发展基金，对获得名牌产品或商标、国家新产品或免检产品给予奖励，对名牌产品、名牌企业在财政、税务、信贷、投资等方面给予支持。借助名牌优势，推动企业重组，壮大名牌产品、名牌企业。建立数字化建设专项。推进电子商务、电子政务的建设，创建数字化企业、数字化楼宇、数字化园区。加强特色产业基地的专业网站建设，搭建产业创新信息服务平台①。

5.2.2.3　建立产业融合的政策体系

健全促进产业融合的财税金融支持政策。加大财政扶持力度，省、市、县（区）设立专项资金对产业融合的重大项目、重点产业进行扶持。研发、设计、创意、科技中介、科技投融资和担保等生产性服务企业可认定为高新技术企业，享受相应的优惠政策。健全市场准入政策。放宽银行、保险、证券、电信等领域的准入条件，全面实行"非禁即入"，引导和鼓励民营资本广泛参与生产性服务业，促进各类服务业资源的优化配置。加快国有企业改革，推进企业内置服务外包，培育生产性服务企业。探索促进区域发展的利益调整机制。完善财政、税收分享机制，加强对研发基地、孵化服务功能区的倾斜支持，建立区域协调中地方利益流失补偿机制，为产业集群的区域融合，营造良好的环境②。

---

①　刘琦：《长沙市制造业与现代服务业融合发展战略研究》，载《湖南大学学报》，2008年第9期。

②　刘琦：《长沙市制造业与现代服务业融合发展战略研究》，载《湖南大学学报》，2008年第9期。

5.3　以"点—线—面"协同驱动集群转型升级实施策略

对于"点—线—面"协同驱动集群转型升级这一路径而言，四川省产业集群应当以培育区域经济增长极为措施切入点，突出重点产业的发展与龙头企业的培育，打造特色产业集群。在产业选择上以高新技术产业为发展核心，拉动其他产业的发展，以此作为产业集群转型升级的基础力量。其次，以产城一体化为依托，打造产业集群，合理规划产业集群的空间布局，突破经济增长极的"点"发展，促进集群以"点"到"线"的空间扩展，更加利用空间拓展所带来的好处，从而为产业集群的转型升级提供有效动力。最后，在区域线性发展的基础上，将集群向省域外拓展，实现跨集群协同，打造创新系统，实现省域的知识、技术、服务、制度全方位的创新保障。

5.3.1　依据产业拉动能力，打造特色产业集群，培育区域经济增长极

国家和地区经济发展必须要具备较为完整的产业体系，按照三次产业划分，即是要求农业、工业、服务业协调发展。在产业融合背景下，三次产业之间存在紧密的关联，第一产业（农业）是基础，第二产业（工业）的支撑和拉动作用强劲，第三产业（服务业）的战略地位突出。根据前文现状分析，一方面，四川省2014年三次产业对经济发展的贡献率分别是5%、59.7%、35.3%，二、三产业对经济的拉动作用占据主导地位，因此，发挥二、三产业对第一产业的拉动作用是完善四川省产业体系的重要途径。另一方面，四川处于工业发展的中期阶段、服务业发展的初级阶段，要依据"非均衡协调发展"增长理论要重点培育一

批产业集群，尤其是特色产业集群的打造。优先实施创新驱动战略，并通过重点产业集群的知识、技术、信息、人才、管理、标准体系等对外输出拉动其他产业的发展，通过这些创新要素的渗透和嵌入，实现其他产业发展方式向创新靠拢，最终实现产业的内涵式创新，逐步打造四川产业集群品牌形成独具特色的产业集群。综上所述，利用产业间的关联关系发挥重点集群的带动作用，打造特色产业集群，是促进产业集群协同发展的重要策略。

首先，我们将第一产业中的农业进行特色改造，具体实施方式是用第三产业中的旅游业与农业结合，打造兼具这两大产业特色的特色集群，形成特色鲜明的休闲农业产业集群。其次，将重点放在高新技术产业上，充分发挥这一产业所具有的先进生产力，让其与传统产业结合（如传统制造业等），让传统产业焕发生机与活力，完成传统产业的转型升级，最终形成具有特色的产业集群。最后，我们关注的是服务业的发展，将制造业与服务业相结合，打造特色服务产业集群是实现其发展与转型升级的有效途径。总之，三大产业之间不是彼此独立的。而是联系紧密的。特色集群的打造，需要将三大产业内所包含的各个子产业进行结合，使他们相互促进，共同成长，实现特色集群的打造。

5.3.1.1　以旅游业推动现代农业发展，打造特色休闲农业产业集群

四川省要继续推进农业现代化发展，转变农业发展方式，创新农业经营体系，强化农业科技创新和成果推广应用；培育发展生物种业，大规模发展现代林业、现代畜牧业、现代水产养殖业，同时要继续发展茶叶、中药材、食用菌、花卉等特色效益农业，可发挥川猪、川菜、川烟、川茶等品牌优势，重点发展肉制品、粮油、茶叶、特殊果蔬等优势产业，集中打造具有特色的肉制品产业集群、茶叶产业集群、油菜产业集群、马铃薯产业集群、桑蚕产业集群、中药产业集群等促进现代农业良种化、规模

化、标准化和集约化发展。随着城乡居民生活水平的提高，农业不单可以通过传统的农林牧渔的方式发展，还可以将传统农业和旅游业、餐饮业相结合，通过旅游业的发展带动传统农业发展，促进以农家乐为主体的休闲农业蓬勃发展。

首先，继续推进"五大休闲农业产业带"的打造，通过产业带发散最终形成包围四川省的休闲农业圈。成都经济区重点打造以成都平原为核心的平原风光休闲农业与乡村旅游产业带，和以德阳、绵阳、阿坝等为重点的灾后重建新貌休闲农业与乡村旅游产业带；川西北经济区重点打造以甘孜、阿坝、凉山为重点的民族风情休闲农业与乡村旅游产业带；川东北经济区重点打造以巴中、达州、广安等为重点的红色故里休闲农业与乡村旅游产业带；川南经济区以乐山、宜宾、泸州等为重点的川南田园风光休闲农业与乡村旅游产业带。在发展产业带的基础上，要不断推进产业基地"景区化"建设，重点打造农业观光园区、农业体验园区、农业文化博览园、农业主题公园，因地制宜发展不同类型的休闲农业。在交通发达、农业环境较好的地区发展"农家园林型"农家乐，例如郫县、温江等郊区县城；在花果物产丰富的地区发展"花果观赏型"农家乐，例如龙泉桃花村、苹果村、双流草莓基地、浦江猕猴桃基地等；在自然风光优美的地区发展"景区旅舍型"农家乐，如都江堰、青城山、峨眉山等。为此，政府要主导建立和完善行业规范发展长效机制，制定完善的休闲农业与乡村旅游服务标准体系，有效地对休闲农业与乡村旅游景区（点）的食宿娱乐、游客中心、购物场所、安全设施等进行规范指导，提升经营管理和接待服务水平。例如，完善当地基础设施建设，尤其是道路交通建设和基本公共设施建设；出台相关政策规定农家乐星级标准，制定出合理的收费标准，并且根据旅游淡旺季的不同相应调整价格；各个地区规划农家乐数量，避免农家乐过度集中造成资源浪费；对提供餐饮、住宿的农家乐要制定餐饮卫生标准，定期检查卫生是否达标，保证游客的身体健康；相关农业部门和旅游部门成立管理委员会，解决休闲农业发展中遇到的问题，保证休闲农业有序推进。通过旅游业带动休闲农业发展，最终形成农业、旅游业、餐饮业、交通运输业等相融合的立体生态格局。

5.3.1.2 高新技术产业带动传统产业发展，打造特色工业产业集群

2015 年，四川成功纳入国家全面创新改革试验区，四川省政府应紧紧抓住四川建设全面创新改革试验区的重大历史机遇，强化科技创新，推动高新技术产业快速发展，同时带动传统产业转型升级。将高新技术产业和传统产业结合起来，大力发展高新技术产业，积极利用高新技术产业改造传统产业，提高传统产业的技术含量，把技术含量低、产品附加值低的劳动密集型产业向生产高附加值的产品过渡，最终提高产品附加值和市场占有率。以重点企业为依托，运用新工艺、新设备、新材料和新技术，改造饮料食品行业、纺织、冶金、建材等传统行业，提高装备和工艺水平，增强企业新产品开发和品牌创建能力。

围绕四川省 7 个国家级高新技术开发区建立完整的高新技术产业带，将传统产业嵌入高新技术产业带，形成高新技术带动传统产业集群化发展。第一，通过电子信息产业发展改造传统制造业。加快成—绵—自—乐电子信息产业发展，嵌入成都家具、鞋业产业集群、夹江陶瓷产业集群、郫县豆瓣产业集群等，通过"互联网＋制造"，一方面可以扩大四川省传统制造产业集群品牌的知名度和影响力，延伸传统产业的产业链，增加传统产业竞争优势；另一方面，可以应用自动化、数字化、智能化、网络化、供应链管理等先进技术装备和管理服务，有效提高产品加工效率和质量，节约生产成本，迅速扩大产业规模。第二，通过生物医药产业集群推动四川省农产品加工向保健农产品发展。通过向

成—德—自—泸—乐生物医药产业带嵌入宜宾白酒产业集群、蒙顶茶业集群等，充分利用生物医药产业集群资源和优势，发展保健白酒和养生茶叶等，一方面提高传统农产品附加值，提高劳动者收入，另一方面通过医药保健产业的发展带动当地休闲养生等相关产业发展，增加地区经济收入。第三，通过航空装备产业和新能源新材料产业发展带动汽车制造业发展。大力推动成—德—自—泸航空装备制造产业发展，攻克装备制造业核心技术，获取先进知识产权，努力实施重大科技成果转化，嵌入成—德—绵—南—资汽车产业集群，提高装备工艺和水平，增强企业开发新产品和品牌创建能力。同时，新能源的发展，可以为汽车制造产业提供汽车制造新材料和新能源，促进汽车节能减排，推动制造业生态化发展。

5.3.1.3 制造业带动生产性服务业发展，打造特色服务业产业集群

在产业结构调整背景下，四川省"十二五"规划提出面向新型工业化，优先发展生产性服务业。在现阶段，四川省应依托重点集群分布，以完善产品价值链为核心，依托制造业的壮大带动包括金融服务业、信息服务业、交通运输服务业及与生产活动相关的其他服务业在内的生产性服务业的协同发展。

第一，四川省要发挥工业优势，依托规划建设的天府新区和新川创新科技园，成都、绵阳、自贡、乐山、泸州、德阳、攀枝花7大国家级高新技术开发区和四川省重大装备制造、交通运输设备制造、电气机械及器材制造、电子通信设备制造等研发生产基地发展集群内的各具特色的专业化生产服务机构，并引导集群外服务机构集群化发展，形成区域性生产服务集聚区。

第二，以产业集群内部产业链优化升级为基础，采用传统制造业企业生产服务性部分的普遍脱离和外包形式。

分别从企业生产需求角度和集群发展需求角度完善生产性服

务业的服务链。首先，四川省各级政府着眼于当地装备制造、汽车制造等不同产业集群内企业个性化需求，在集群内引入以服务企业为重点的专业服务业和中介服务业，如各大西南高校、科研机构、物流公司、会计师事务所等机构，满足制造企业生产经营的产品研发、技术咨询、物流配送、人才匹配、法律财务、会议展览等具体化的需求；其次，四川省各地立足集群发展，在集群内形成以服务集群为重点的金融服务业和平台服务业，通过引入银行、信用担保机构、产权交易所等金融机构形成直接和间接交易场所，通过建立信息服务平台、电子商务平台等提供与产业相关的平台服务；最后，在优化集群内部服务业服务链的同时，通过整合外部服务机构，形成一般性的生产性服务集群，扩大生产性服务机构的功能辐射范围。

5.3.2　依托城镇能级结构，打造产城一体集群带

推动新型城镇化和新型工业化"两化"互动是四川省提升产业核心竞争力、城市综合竞争力的主路径。其中，工业化是核心，通过构建现代产业体系，推进四川成为国家级战略资源开发基地、现代加工制造业基地和西部国际物流中心、商贸中心以及金融中心；城镇化是依托，将城市群培育作为城镇化的主要形态，积极构建产城统筹、集约发展、特色鲜明的现代城镇体系，提升城市综合承载力，为产业集群发展提供支撑。因此，产业集群间协同创新要依托城镇化过程，以产城一体化为导向，按照城市势能的不同，合理规划产业集群布局。

依托城镇能级结构，构建产城一体的集群带与产业集群协同创新的关系在于：首先，可以根据城镇空间体系格局进行产业集群区位的合理选择与布局，即具有相关性的产业集群可以在地理位置上靠拢或者通过中间位置的城镇进行连接和传导，有利于降低集群间联结的通勤成本，也可以节约部分基础设施建设费用，

这为集群间协同创新提供了基本前提。其次，按照城镇能级大小可以进行合理的产业链环节的分工，即不同城市的资源禀赋和创新能力不同，发展的产业集群在产业链上也将处于不同位置，这样有利于扬长避短，进行无缝化的合作与对接，是集群间协同创新过程的起点。最后，产城一体的集群带有利于发挥城市创新主体的创新功能对集群的支撑作用，如高校、科研院所等的创新知识传递与科技成果转化，并与集群企业的技术创新进行整合，真正实现不同创新主体间的协同创新。

5.3.2.1 城市综合势能

以往的研究结果结合四川省特点显示，成都作为省会城市属于特大型城市，城市综合势能最强；绵阳、德阳、乐山、自贡、宜宾、泸州、攀枝花则属于 7 个大城市，城市综合势能居第二位；其余 8 个地级市则属于中等城市，综合势能排在第三位。并由此分别形成了成都平原城市群、川东北城市群、川南城市群、攀枝花城市群 4 大城市群，在各大城市群内部又按照城市能级的不同形成了以区域中心城市为圆心，以中小城镇为圆内散点，以强势产业、强势园区为链接纽带的城市圈。除此之外，处于城镇体系中最基层的中小城市依照主导产业、特色资源，依靠交通网络和专业优势联结形成了城市带，是加强城乡互动的关键地带。而四川省各个经济区划分与上述四川省城市群划分保持一致，这为奠定产业集群的协同和创新，促进资源、信息等快速流动，加强区际合作创造了基础条件。

5.3.2.2 构建产城一体的集群带

构建产城一体的集群带必须依托一定的城镇空间结构。产业集群的空间布局模式可以依托今后城市群的空间布局模式。大型产业园区主要围绕核心城市、区域中心城市分布，而产业细分领域可以围绕中小城市甚至中小城镇分布，实现产业推动城镇化发展，进而促进均衡协调发展。四川省当前 4 大城市群空间分布都呈现出一定的模式，但局限性较强。第一，成都平原城市群的布局模式目前属于"双走廊"形态分布，即绵—德—成—眉—乐以及雅安—眉山—资阳，城市数量众多且城市实力较强，但雅—眉—资一线城市综合势能较弱，发展相对滞后，未来可以呈"雁型"模式分布，提升和扩大成、德、绵等城市的辐射和拉动作用。以汽车产业集群为例，成都城市群是综合势能最强的城市群，可以将成—德—绵—南—资一线打造成四川的重点汽车产业集群带，发展囊括轿车、客车、SUV、货车、特种车辆等门类齐全的汽车整车体系，其中成都市汽车集群是集群带的中心基地，德阳、绵阳可以依托机械、装备制造、电子信息等优势成为汽车生产基地，而雅安、眉山等由于城市势能局限，工业发展基础较为薄弱，可以重点发展汽车产业服务集群，成为雁型布局模式的一条羽翼。除此之外，雅—眉—资一线农业较发达，可以重点打造农副产品生产加工、粮油加工和贸易以及现代中药产业集群带，依靠毗邻成都的优势，利用成都的现代农业科技提升农业产品附加值，发展出口贸易。其中，眉山是"双走廊"模式的交汇点，在雁型模式中也处于中间位置，可以成为成都、德阳、绵阳等大城市辐射作用的传导点，即眉山可以成为雁型布局结构中两翼的协同中心，从而传导强势一线对弱势一线的拉动作用。第二，川南城市群目前呈"轴线"形态分布，区域宜宾、泸州、自贡、内江主要沿长江干道分布，依靠交通优势和资源优势成为综合势能相当的区域中心城市，但城市间联系松散，不利于整体实力提升。未来可以向"三角"模式发展，构建宜宾、自贡、泸州三城市之间的联结网络体系，并加强与内江的联系。以油气化工产业集群为例，川南地区根据资源禀赋，主要形成沿江化工产业集群带。在三角分布中，宜宾可以打造成氯碱化工生产基地，自贡打造成硅氟新材料产业基地，泸州化工实力突出，可以发展天然气、煤化工以及硫磷钛化工等综合性化工产业。在三角模式中依托 3 个城市之间的联结关系可以形成化工综合性产城一体结构，还可以通过乐山的盐磷化工产业与成都石化产业基地之间形成跨区域协同关系。除此之外，宜宾、泸州、自贡还可以利用成都生物科技优势打造传统产业生物技术改造提升产业基地，以促进化工等传统产业的转型升级。第三，川东北城市群目前呈"散点图"形态分布，区域内中心城市综合势能较弱，且城市之间未形成有效联结，协同关系不明显。未来可以向"双核"模式发展，通过构造南充、达州双增长极，与广元、巴中、广安形成协同关系。如广元、南充、广安三地处于同一条轴线上，依托兰渝铁路、南充过境高速等交通线路可以联动形成农副产品深加工集群带；依托天然气资源丰富的优势建立以南充、巴中、达州为核心的"三角"型天然气化工产业集群，并与川南化工集群通过创新飞地模式形成跨南北的化工协同中心。第四，攀西地区城市群呈"单点"分布，攀枝花综合势能最强，但是对区域的带动作用较弱，与除西昌之外的凉山州联动效应不明显。未来可以向"极核"模式分布，通过产业链的联结形成产业集群的协同效应。如攀枝花和凉山州通过生物能源产业基地的建设形成区域联结关系——凉山州主要形成能源原料种植基地，攀枝花形成原料深加工基地，通过原料品种培育—原料种植—原料加工—副产物综合利用—销售等环节构成的产业链联结，形成攀枝花和凉山州一体化的生物能源基地。再如攀枝花利用西昌作为发展点，以钒钛钢铁产业链延伸为载体，促进凉山州工业基础设施建设，为凉山州城市基础设施建设和生产性服务业发展提供直接支撑。

5.3.2.3　强化产业与中小城镇融合

中小城镇是连接城市和乡村的纽带和通道，城镇化发展方向是双向城镇化模式和就近城镇化模式。截至 2010 年，四川有 1821 个建制镇，占全省城镇常住人口的 31%，其中成都平原地区共 777 个小城镇、川南地区 351 个小城镇、川东北地区 518 个小城镇、攀西地区 175 个小城镇①，数量虽然众多，但存在总体发展规模较小、缺乏产业支撑、基础设施不健全、地区分布不均衡等问题。今后产业要实施创新驱动，应当重新规划产业布局模式，如成都城市功能完善、城镇化水平高、基础设施完善，可以推动中小城镇走综合型发展道路，强化产业与城镇的融合；雅安等地农业发展区位条件较好，中小城镇可以走农业驱动型道路；德阳等地处于连接成都、绵阳的中间地带，第三产业较为落后，应当重点发展重大装备制造和高新技术产业基地；泸州、南充等地可以依托城市区位重点发展商贸、商务物流及会展业等产业；乐山、甘孜、阿坝、凉山州等地可以重点打造旅游产业集群，利用区域丰富的自然资源发展高原旅游、民俗旅游、观光旅游等。

5.3.3 建立省域创新系统，实现跨集群协同发展

根据 Cooke 的观点，区域创新系统包含的三个关键维度是：融资能力、利于创新学习的制度安排、利于学习的文化氛围。这与本文的研究要构建的省域创新系统有相似性，具备一定的借鉴意义。区域或者地方创新系统是国家创新体系的重要组成部分，是一种中观层次的创新系统，与国家创新系统在边界、功能、层次性、流动性等方面存在差异。区域创新系统与产业集群在地域关联、发展目的、学习效应等方面存在着一致性；区别在于区域创新系统中存在多个主导产业，囊括企业、大学、研究机构等众多创新主体；形成的原因在于区域内众多的大学、创新企业以及创新人才的集聚。区域创新系统的建立要求选择合适的主导产业，集聚各类创新主体、创新资源，培育创新环境，最终形成包含创新主体、创新资源以及创新环境在内的区域创新网络结构。

---

① 数据来源于《四川省统计年鉴 2011》。

因此，产业集群作为以企业创新为主体的网络化经济组织，是区域创新系统的重要组成部分。构建省域创新系统，也是促进多个产业间相互联结的重要方式，因而跨集群协同发展必须要以省域创新系统为支撑。

省域创新系统的主要任务是从区域创新的角度设计出一些子系统，由这些子系统来囊括众多的主体、活动和要素，是一种集成化的创新集聚方式，是对传统的创新分散化现象的改善，是一种创新集中战略。它有利于通过开放式创新集聚创新成果，抢占产业创新的制高点，化解过于激烈的创新竞争。这种设计可以对更大范围内的创新进行整合和传递，辐射范围也更广，是产业新战略、产业新技术、产业新链条、产业新商业模式等的有利孵化器和助推器。这些子系统的建立在四川省主要体现为政府主导型，即由政府牵头规划和前期建设，并逐步招大引强，促进传统产业转型升级和新兴产业壮大。本课题基于以往文献研究设计了省域创新系统，其基本框架如图 5-1 所示。

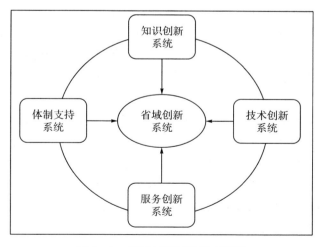

图 5-1　省域创新系统基本框架

5.3.3.1　知识创新系统构建

由于区域条件的特殊性，各个经济区内集群的知识存量和质量存在较大差异，知识流动的渠道、内容、程度也大不相同，但都各有优势，可以互相弥补彼此的知识落差。知识创新系统的构建主要是促进知识在区域范围内的快速、高效共享，以较低的知识获取成本获得较高的创新收益。知识创新系统主要包括科技研发、科技资源、科技信息等要素，围绕这些要素可以建立各个经济区内部和跨经济区的知识信息平台。四川省可以建立依托 5 大经济区科技优势的行业专利数据库、高层次创新人才交流平台、科技研发联盟、科技文献和技术成果信息数据库等。如从宏观层面可以建立四川省"7+3"产业专利文献数据库，构建知识产权保护网络。中观层面可以建立囊括成都、德阳、凉山、眉山等市在内的，以地奥、康弘等重点企业为技术主导，以成都生物制品研究所、四川省抗生素工业研究所、四川大学生物治疗国家重点实验室、华西医院、省中医研究院等企事业单位为知识创新来源的涵盖生物医学工程产品、血液制品、生物制剂以及诊断产品在内的生物医药产业知识创新系统。又如可以建立以自贡硬质合金、成都量具刀具公司、四川天虎工具等企业为主导的和四川大学、西南科技大学等院校为支撑的，涵盖成都、资阳、绵阳、自贡等地的，包括合金采掘、合金切割、耐磨零件改造等领域的超硬材料知识创新系统。再如建立以四川大学国家生物医学材料工程技术研究中心、西南交通大学、中国科学院成都有机化学研究所等事业单位为知识来源，以四川琢新、成都艾贝特血液技术、四川博奥等重点企业为主导的，涉及器官修复、方仿生材料、高分子材料、聚乳酸材料等细分领域的生物医学材料开发知识创新系统，促进地区相关生物工程产业集群的协同发展。

5.3.3.2　技术创新系统构建

技术创新是集群创新发展的关键，集群企业往往在技术研发和利用上具有优势，因此，技术共享是推动集群创新发展的主要选择途径。由于集群类型丰富多样，建立的技术创新系统也较多。如可以建立囊括南充、达州、泸州、巴中、广安、遂宁等在内的，以泸天化、川化、金象化工等企业为骨干，以中昊晨光化工研究院、中蓝晨光化工研究院、西南化工研究设计院、中科院成都分院、四川大学、四川天然气化工研究院等多家科研单位和大专院校为技术依托，中石油西南油气田分公司、德阳天然气公司等企业配套协作的天然气化工产品开发技术联盟。如可以建立囊括成都、德阳、绵阳、南充、资阳在内的，以南骏汽车、王牌汽车、川汽野马、一汽丰田、一汽大众、吉利汽车、沃尔沃、华晨金杯等企业为整车生产重点，以成飞模具、四川方向机厂、天兴仪表、建安、三力、飞虹轴瓦、四川华丰、金鸿曲轴、四川德鑫、博世底盘等为配套协作企业的整车生产以及零部件开发技术联盟，塑造"四川造"品牌。除此之外，根据四川省"7+3"产业规划，可以分别建立 7 大优势产业以及 3 大潜力型产业各自的技术开发联盟，如数字家电和集成电路技术创新联盟、钒钛稀土冶炼加工技术联盟、新能源研发技术联盟、新材料研发联盟、生物治疗技术研发联盟、农产品深加工技术联盟等具体技术创新合作组织，促进产业集群间技术优势的相互辐射，促进产业一般技术、关键技术以及核心技术的升级换代，整体提升产业集群发展速度。

5.3.3.3 服务创新系统构建

服务创新系统一般是指为产业集群创新提供直接和间接服务的功能系统，是创新服务的组成部分，包含众多中介机构和服务机构，是创新驱动过程中必不可少的组成部分。依托经济区集群发展特色，四川省构建的服务系统中主要包括校企协同中心、科技孵化园、技术转移服务平台、金融机构、投资机构、咨询机构、贸易机构、信息服务、检验检测机构等数量众多的服务组织，这些组织是促进科技成果转化，加快创新积累的重要服务型组织。建议政府尽快出台《四川省工业服务体系建设规划》，总体设计省域产业发展的服务框架与指导方针；建议制定《四川省促进产业发展投资的金融支持方案》规划，从融资角度为产业发展提供支撑；建议制定《四川省产业集群技术交易和国际合作的推进方案》，加快技术引进和消化，提升技术协作水平。

5.3.3.4 体制支持系统构建

体制支持系统主要是从政府作用角度建立支撑系统，目的是为了构建区域创新系统中的创新环境要素。四川产业集群发展处于起步阶段，内生创新驱动力不足，因此带有很强的政府主导性。从区域集群间协同创新需要出发，应当制定统一的、协调的集群创新发展政策。首先，管理体制上可以建立省域内跨区域的协同创新管理委员会，从立法、政策、企业引导等设计一些分委会，定期举行部门联席会议，合作制定发展目标与阶段实施计划。其次，要制定区域统一的财税政策，从税收减免和优惠、财政资金投入与分配等激励集群协同创新。再次，要建立科技金融深度融合机制，激励商业银行建立科技支行，建立协同创新基金以及科技中小型企业孵化基金；接着，建立促进"官产学研用"协同创新的法规和制度，逐步形成政府引导、企业主体、校企协作、多元投资、成果共享的协同格局；最后，要继续加强社会公共服务体系建设，营造科教文卫体等方面的和谐社会环境，同时重点打造适合创新的设施环境，包括交通、水电、土地等基础设施，图书馆、数据库、外部专利、实验室仪器设备等知识性设施，局域网、数据集成与分析平台、通信渠道等信息基础设施。

参考文献

蔡铂，聂鸣. 学习、集群化与区域创新体系 [J]. 研究与发展管理，2002，14（5）：16－20.

蔡晓明. 生态系统生态学 [M]. 北京：科学出版社，2000.

曹邦英，翟承业. 集聚视角下四川省文化创意产业发展研究 [J]. 特区经济，2016（09）：101－103.

陈浩义，孙丽艳，王文彦. 产业集群中技术创新信息流动模式及进化机理研究 [J]. 理论与探索，2015（5）：46－50.

陈健生，魏静. "新常态"下四川经济发展的新特征 [J]. 财经科学，2015（01）：110－118.

陈力，鲁若愚. 企业知识整合研究 [J]. 科研管理，2003（03）：32－38.

陈澍. 基于产业集群的特色产业园区发展支撑体系研究 [J]. 科技进步与策略，2010（13）：61－64.

陈玉罡. 并购的价值创造、产业重组与经济安全国际会议 [J]. 国际学术动态，2011（01）：55.

陈子曦，万代君. "成渝经济区"区域经济联系实证研究——基于城市经济联系视角 [J]. 经济问题，2011（03）：125－129.

党兴华，蒋军锋. 网络环境下企业技术创新过程中信息流网络结构研究 [J]. 中国软科学，2004（3）：85－89.

董长青. 中关村借专业园打造产业集群 [N]. 北京日报，2012－10－26003.

杜静. 产业集群发展的绿色创新模式研究 [D]. 长沙：中南大学，2010.

樊丽雅. 珠三角产业集群发展情况及转型升级对策研究 [J]. 当代经济，2012（4）：55－57.

樊钱涛. 知识源、知识获取方式与产业创新绩效研究——以中国高技术产业为例 [J]. 科研管理, 2011 (05): 29-35.

方建中. 产业转型升级的范式转换: 从分立替代到耦合互动 [J]. 江海学刊, 2013 (06): 71-77.

付淳宇. 区域创新系统理论研究 [D]. 长春: 吉林大学, 2015.

高巍. 基于体验经济的四川工业旅游发展研究 [D]. 成都: 西华大学, 2015.

郭培韬, 郭东强. 转型企业知识转移的生态学解释模型 [J]. 情报科学, 2015 (01): 89-94.

郭涛. 发展循环经济 中关村生态建设亮点纷呈 [N]. 中国高新技术产业导报, 2012-04-09002.

郭万超, 朱天博. 中关村创新力提升中存在的问题及解决途径——基于企业集群创新网络视角的分析 [J]. 城市问题, 2012 (3): 35-38.

韩立达. 基于产品生命周期分析的高新技术和先进适用技术向传统产业渗透机理 [J]. 科学管理研究, 2002 (04): 27-31.

何雄浪, 朱旭光. 成渝经济区产业结构调整与经济发展研究 [J]. 软科学, 2010 (06): 74-79.

何一清, 乔晓楠. 协同创新、协同创新网络与技术创新 [J]. 北方民族大学学报 (哲学社会科学版), 2015 (2): 133-136.

洪银兴. 现代化的创新驱动: 理论逻辑与实践路径 [J]. 江海学刊, 2013 (6): 20-27.

洪银兴. 关于创新驱动和创新型经济的几个重要概念 [J]. 群众, 2011 (8): 31-33.

胡金星. 产业融合的内在机制研究 [D]. 上海: 复旦大学, 2007.

胡平, 温春龙, 潘迪波. 外部网络、内部资源与企业竞争力关系研究 [J]. 科研管理, 2013 (4): 90-98.

胡雅蓓. 基于竞合关系的产业集群网络治理机制研究——以南京化学工业园区为例 [J]. 江淮论坛, 2012 (05): 41-48.

黄福江, 高志刚. 基于"钻石模型"的荷兰花卉产业集群要素分析及经验启示 [J]. 世界农业, 2016 (02): 12-15, 32.

黄燕. 主导产业：基本理论、现实偏差及近期战略发展思路 [J]. 中央财经大学学报，2001（4）：52－53.

霍国庆. 战略性新兴产业的研究现状与理论问题分析 [J]. 山西大学学报，2012（5）：229－239.

姜长云. 面向产业集群加快生产性服务业发展——以浙江为例 [J]. 广东商学院学报，2009（05）：42－47.

姜巍，徐文. 中国传统经济增长动力结构的特征、危机与提升 [J]. 经济问题探索，2011（8）：12－16.

焦军普. 产业国际化的内涵与演进路径研究 [J]. 经济纵横，2013（6）：41－46.

金碚，吕铁，李晓华. 关于产业机构调整几个问题的探讨 [J]. 经济学动态，2010（8）：14－20.

金明，刘子琳. 四川省三次产业结构分析及优化 [J]. 统计与决策，2015（18）：121－123.

李大庆，李庆满，单丽娟. 产业集群中科技型微小企业协同创新模式选择研究 [J]. 科技进步与对策，2013（24）：117－122.

李俭国，肖磊. 创新驱动与我国经济发展方式转变 [J]. 当代经济研究，2015（8）：68－70.

李俊华. 新常态下我国产业发展模式的转换路径与优化方向 [J]. 现代经济探讨，2015（2）：10－15.

李明惠，雷良海，孙爱香. 产业集群技术创新的动力机制研究 [J]. 科技进步与对策，2010（14）：41－44.

刘东皇. 中国经济发展动力结构转换研究 [J]. 社会科学，2016（1）：52－59.

刘刚. 基于产业链的知识转移与创新解构研究 [J]. 商业经济与管理，2005（11）：15－16.

刘光东，丁洁，武博. 基于全球价值链的我国高新技术产业集群升级研究——以生物医药产业集群为例 [J]. 软科学，2011（03）：36－41.

刘海波，李黎明. 官产学研合作创新与知识产权管理的研究 [J]. 科技促进发展，2013（7）：26.

刘恒江，陈继祥，周莉娜. 产业集群动力机制研究的最新动态 [J]. 外国经济与管理，2004（07）：2-7.

刘红玉，彭福扬. 马克思的产业思想与当代产业发展 [J]. 自然辩证法研究，2011（27）：64.

刘洪昌. 中国产略性新兴产业的选择原则及培育政策取向研究 [J]. 科学学与科学技术管理，2011（3）：87-92.

刘珂. 产业融合推动产业集群升级的路径探析 [J]. 郑州轻工业学院学报（社会科学版），2009（01）：82-85.

刘明霞. 跨国公司逆向知识转移研究述评 [J]. 管理学报，2012（03）：356-363.

刘尚高. 中关村核心区中介机构服务创新的启示 [J]. 前线，2015（05）：107-109.

刘运伟. 成渝经济区经济发展时空变化特征 [J]. 中国科学院大学学报，2015（02）：229-234.

陆文聪，胡雷芳，祁慧博. 知识密集型产业集群发展动力机制模型构建——基于人力资本集聚的视角 [J]. 科技进步与对策，2013（05）：65-68.

吕薇. 我国产业技术发展阶段与创新模式 [J]. 中国软科学，2013（12）：1-7.

罗伟节. 浙江省产业集群转型升级的战略研究 [D]. 杭州：浙江工业大学，2013.

庞瑞芝，周密，丁明磊，等. 区域创新网络与产业发展研究 [M]. 北京：经济科学出版社，2013.

彭璧玉. 组织生态学理论述评 [J]. 经济学家，2006（05）：111-117.

秦嗣毅. 产业集群、产业融合与国家竞争力 [J]. 求是学刊，2008（5）：59-63.

曲洪建，拓中. 协同创新模式研究综述与展望 [J]. 工业技术经济，2013（7）：132-142.

任雪. 基于生命周期理论的产业集群政府作用分析 [D]. 沈阳：沈阳理工大学，2014.

沈志渔，王钦，刘湘丽，等. 中国特色自主创新道路研究［M］. 北京：经济管理出版社，2011.

四川省四大城市群经济实力研究［EB/OL］. ［2015－07－20］. http：//www. sc. gov. cn/10462/10464/10465/10574/2014/1/8/10290302. shtml.

宋江飞，张劲松. 我国产业集群现状及空间聚集效应浅析［J］. 湖北社会科学，2010（8）：81－84.

宋韬，楚天骄. 美国培育战略性新兴产业的制度供给及其启示——以生物医药产业为例［J］. 世界地理研究，2013（01）：65－72.

宋伟，史静卷. 创新链知识产权风险产生机理与传导模式研究［J］. 科技创新论坛，2012（2）：2.

苏晓亮. 产业融合环境下的移动信息产业集群发展研究［D］. 广州：中山大学，2010.

苏月，关镇和，刘先宝，等. 浅谈生物医药产业技术创新战略联盟［J］. 中国生物工程杂志，2010（07）：112－115.

孙长青. 长江三角洲制药产业集群协同创新研究［D］. 上海：华东师范大学，2009.

藤泰. 中国经济发展需要新动力［N］. 中国证券报，2008－10－13.

田钢，张永安. 集群创新网络演化的动力模型及其仿真研究［J］. 科研管理，2010（01）：104－115，125.

王福涛. 创新集群成长动力机制研究［D］. 武汉：华中科技大学，2009.

王福涛，钟书华. 创新集群的演化动力及其生成机制研究［J］. 科学与科学技术管理，2009（08）：72－77.

王俊倩，卢星名. 基于协同创新的产业集群创新机制研究［J］. 中国管理信息化，2014（16）：107－108.

王珊珊，王宏起. 高新技术企业集群生态化发展模式与策略［J］. 科学管理研究，2008，28（2）：149－151.

王树祥，张明玉，王杰群. 生产要素的知识属性与知识价值链研究［J］. 中国软科学，2014（04）：160－168.

王瑜. 增长极理论与实践评析［J］. 商业研究，2011（4）：33－37.

王志. 产业集群生态化发展研究 [D]. 青岛：中国海洋大学，2008.

王子龙，谭清美，许箫迪. 策略联盟及其协同创新模型研究 [J]. 管理评论，2006（3）.

魏鹤群. 中国主导产业变迁和经济发展模式的变革 [J]. 经济研究导刊，2012（24）：5－7.

魏琪嘉. 全球产业的发展趋势 [J]. 经济研究参考，2014（54）：24－25.

魏守华. 集群竞争力的动力机制以及实证分析 [J]. 中国工业经济，2002（10）：27－34.

吴昌南，曾小龙. 西方跨国公司逆向知识转移研究综述 [J]. 经济评论，2013（01）：145－151.

吴承忠，李雪飞，丛琳. 北京市朝阳区文化创意产业集聚区空间演化特征 [J]. 北京学研究：文化产业空间，2013：473－490.

吴福象，蒋天颖，孙伟. 网络位置、知识转移对集群企业竞争优势的影响———一项基于对温州乐清低压电器产业集群的实证研究 [J]. 科研管理，2013（12）：48－57.

吴金明，邵昶. 产业链形成机制研究—"4＋4＋4"模型 [J]. 中国工业经济，2006（4）：36－43.

吴岚. 西部城市科技创新资源整合研究——以昆明市为例 [J]. 西南民族大学学报（哲学社会科学版），2011，（28）：156－157.

夏来保，孟祥芳. 基于产业集群生命周期视角的中介机构服务创新 [J]. 科技经济市场，2011（11）：102－103.

徐建中，王莉静. 企业创新下的企业生态化发展研究 [J]. 华东经济管理，2011（09）：105－108.

徐升华，杨同华，邹家成. 生态产业集群内知识转移影响因素的分析 [J]. 情报科学，2014（10）：124－129.

徐泰琳. 长三角产业集群模式比较及发展策略 [J]. 经济与政治，2010（3）：90－95.

徐元旦. 我国产业集群创新能效的形成机理与实现途径 [J]. 国际技术经济研究，2007（3）：42－46.

许旭，金凤君，刘鹤. 成渝经济区县域经济实力的时空差异分析 [J]. 经济地理，2010（03）：388－392.

严奇春，和金生. 知识创新视角下的产业融合分析［J］. 科技进步与对策，2013（03）：55－59.

颜怀海. 对优化发展四川优势产业的思考［J］. 现代管理科学，2010（03）：57－59.

杨斌，董少军，刘倩，等. 四川省新型城镇化空间体系构建研究［R］. 四川省社科重大项目，2014.

杨刚，王磊. 区域创新集群知识转移模式研究［J］. 图书情报工作，2012，56（20）：98－99.

杨小京. 生产性服务业集群式发展研究［J］. 经济纵横，2015（06）：31－34.

叶一军，顾新，李晖，等. 跨行政区域创新体系下创新主体间协同创新模式研究［J］. 科技进步与策略，2014（16）：29－33.

易八贤，王广平，姬海红，等. 美国孤儿药法案30年历程与我国新药创新制度体系完善［J］. 中国新药杂志，2014（10）：1107－1114.

岳中刚. 战略性新兴产业技术链与产业链协同发展研究［J］. 科学学与科学技术管理，2014（2）：154－161.

曾绍伦，冉景亮，曾凡英，等. 区域特色产业集群发展与产业结构调整分析—以自贡市盐化集群为例［J］. 生态经济，2010（12）：108－112.

曾昭宁，宋晓强. 我国地区产业结构趋同及其发展对策研究［J］. 特区经济，2007（12）：209－210.

张佳睿. 美国生物医药产业发展的经验及启示［J］. 商业研究，2015（12）：24－28.

赵波，张秀利，郭亚敏. 产业结构形成与升级的动力探究［J］. 商业时代，2011（4）：122.

赵长轶，胡园园，顾新. 四川省战略性新兴产业发展现状、问题与对策研究［J］. 天府新论，2013（03）：61－64.

赵大丽，高伟，李艳丽. 知识转移方式对区域创新能力的影响研究——基于2001—2008年省际数据的分析［J］. 科技进步与对策，2012（16）：32－37.

郑大庆，张赞，于俊府. 产业链整合理论探讨 [J]. 科技进步与策略，2011（2）：64－68.

郑勇军，汤筱晓. 集群间产业链整合：提升产业竞争力的重要途径—以中国沿海地区计算机制造业集群为例 [J]. 工业技术经济，2006（7）：61－64.

周民良. 中国主导产业的发展历程与未来趋势 [J]. 经济学家，1994（3）：47－58.

朱传宝. 中小企业产业集群的协同管理研究 [J]. 科技进步与策略，2010（8）：63－66.

朱洪瑞，刘家顺. 新常态下中国经济发展动力探讨——以煤炭产业转型升级动力分析为例 [J]. 煤炭经济研究，2015（4）：6－21.

邹克俭，李思瑶. 深化区域合作 促进协同发展——推进成德绵同城化发展的思考 [J]. 成都行政学院学报，2014（06）：77－80.

左志平，刘春玲. 集群供应链绿色合作行为演化博弈分析 [J]. 科技管理研究，2015（12）：220－223.

BR Koka，JE Prescott. The Evolution of Inter-firm Networks：Environmental Effects on Patterns of Network Change [J]. Academy of Management Review. 2006，31（3）：721－737.

Cooke. P. UrangaM. G. Etxebarria. G. Regional Innovation Systems：Institutional and Organizational Dimensions [J]. Research Policy，1997（26）：477－485.

Teece，D. Technology transfer by multinational firms：the resource cost of transferring technological know-how [J]. The Economic Journal，1977，（87）：242－261.